U0420138

前程无忧

——大学生职业发展与就业创业指导

主　审　苏建国　李忠旭

主　编　周　勇　付　岩　王若金

副主编　王丽莉　李丽娜

北京理工大学出版社

BEIJING INSTITUTE OF TECHNOLOGY PRESS

图书在版编目（CIP）数据

前程无忧：大学生职业发展与就业创业指导／周勇，付岩，王若金主编．—北京：北京理工大学出版社，2018.8(2023.3 重印)

ISBN 978－7－5682－6185－2

Ⅰ.①前…　Ⅱ.①周…②付…③王…　Ⅲ.①大学生－职业选择－高等职业教育－教材　Ⅳ.①G647.38

中国版本图书馆 CIP 数据核字（2018）第 192993 号

出版发行／北京理工大学出版社有限责任公司
社　　址／北京市海淀区中关村南大街 5 号
邮　　编／100081
电　　话／（010）68914775（总编室）
　　　　　（010）82562903（教材售后服务热线）
　　　　　（010）68944723（其他图书服务热线）
网　　址／http：//www. bitpress. com. cn
经　　销／全国各地新华书店
印　　刷／涿州市新华印刷有限公司
开　　本／787 毫米×1092 毫米　1/16
印　　张／16
字　　数／380 千字
版　　次／2018 年 8 月第 1 版　2023 年 3 月第 5 次印刷
定　　价／39.00 元

责任编辑／李慧智
文案编辑／李慧智
责任校对／周瑞红
责任印制／施胜娟

图书出现印装质量问题，请拨打售后服务热线，本社负责调换

前　言

“以就业为导向，培养高技术型人才”是高职教育的办学指导方针。随着就业形势的日益严峻，做好高职院校学生的就业工作已成为当前高职院校改革和发展的一项紧迫任务；而要做好学生就业工作，就需要学校从事就业指导工作的相关部门认真探寻就业指导的客观规律，为大学生提供及时而科学的指导和服务。

创业是一个激动人心的词汇，是实现人生价值、创造社会财富、促使历史进步的途径之一，也是我们当前改革创新、制度创新、理论创新的重要实践手段。创业是时代的产物，在世界范围内发展迅猛。然而，市场风云变幻莫测，商海浪潮此起彼伏，适者生存、优胜劣汰的竞争法则，使多少创业者屡战屡败，但也有一部分人在残酷的商战中，立于不败之地。创业不是一件易事，它不仅需要胆识、资金和人才，还需要有完善的创业战略和经商技法。

本书以高职生的职业生涯规划为起点，在此基础上对学生们的就业进行指引，开发学生们的创业意识，用三个篇章详细阐述了就业和创业的策略及方法。同时，本书重点突出了高职院校的特点，结合具体情况对高职生的择业提供方法和指导，实用性、针对性和可操作性强。本书可作为高等职业院校就业指导和创业教育教学用书，也可作为学生补充就业、创业知识的参考用书。

本书由吉林交通职业技术学院的老师编写，其中，由周勇、付岩、王若金担任主编，由王丽莉、李丽娜担任副主编，由苏建国、李忠旭主审全稿。

由于作者水平有限，加之时间仓促，书中难免有不足之处，望广大读者及同行批评指正。

编　者

2018 年 6 月

目　　录

第一篇　职业生涯规划篇

第二篇　就业篇

第三篇　创业篇

第一篇

职业生涯规划篇

职业与人的一生密切相关，选择职业就是选择未来和人生。人人都希望有一个理想的职业，能够充分发挥自己的才能，成就一番事业。因此，认识社会职业、掌握职业基础知识，对自己的职业生涯进行规划，是职业生涯成功的基础条件。

本篇主要了解职业的基本知识、高职生就业的基本形势及预测、职业素质的培养、职业目标与职业选择、职业生涯设计的相关知识以及职业适应与发展的基本知识。

第一章 概 述

【学习导入】这是他们的职业吗？

程先生是一名公务员，同时他又是一名健身爱好者，他偶尔会在健身会所教授别人练健美操，并获得一些报酬；马老板是某地有名的富商，直到有一天，他被公安局抓走，人们才知道他一直从事地下“六合彩”活动。请问：程先生是否从事了教练职业？而马老板是否从事营销职业？

分析职业有硬性条件。程先生只是偶尔教授健美操，所获得的收入不是稳定的，所以只能说程先生的职业是一名公务员。当然如果他经常从事健美操的教授，并获得稳定收入，则可以说健美操教练是他的第二职业；而马老板从事的“六合彩”是非法活动，他的收入是非法所得，所以他不是从事营销职业。因此，只有具备了比较稳定的收入和合法活动这两个硬性条件，才能称之为职业。

第一节 认识大学

告别中学时代，迈进大学校门，人生的历程翻开了新的一页，人生跨入了新的阶段。莘莘学子满怀希望和憧憬：人生的理想将在这里确立，未来的发展将在这里奠基，美好生活将在这里开始。面对崭新的学习生活环境，学生们既会充满好奇和兴奋，也容易遇到不适，产生错误的思想观念。尽快适应大学生活，为今后的健康成长成才打下良好基础，是学生们面临的首要问题。

一、认识大学生活的特点

大学曾是我们寒窗苦读的目标，大学曾是我们梦寐以求的地方，如今身处大学校园，你对大学又有怎样的认识呢？是有一种“不识庐山真面目，只缘身在此山中”的感觉吗？

有人说大学是一面镜子，也有人说大学是一个金矿，更有人说大学是一个世外桃源。当昨日梦想变成今天的现实，当我们步入向往已久的大学殿堂，你是否想过怎样在镜子前正视自我？怎样在金矿中寻找自我？怎样在世外桃源里赢得自我？

大学是一个崭新的人生舞台。在这个舞台上，我们可以尽情地追逐着自己的兴趣与理想，为自己的事情做决定，将所学理论付诸实践，更可以从容地支配属于自己的时间。大学是教人独立思考、掌握学习方法、培养自学能力的地方。大学是一个让学生适应社会、适应不同工作岗位的平台。大学不能保证教师所教的每一项技术在几年后仍然适用，也不能保证你可以学会每一项技术，但是大学可以教会你独立思考的方法，培养举一反三、无师自通的能力。这些能力能够帮助你适应瞬息万变的未来世界。

和中学时代相比，大学生活有以下几个特点：

（一）豁然开朗的个人自由空间

在中学的时候，由于面临着高考的压力，绝大部分学生的个人自由空间十分狭小，在学校有老师逼着学，回到家有家长看着学。进入大学以后，每天的上课时间大大减少，更重要的是下课后，所有的时间将由大学生自己安排，所以学生的个人自由空间豁然开朗。

（二）极其丰富多彩的业余生活

在中学里，学生整天除了学习就是学习，基本上没有什么业余生活。进入大学以后，大学生的业余生活则是极其丰富多彩的：有共青团组织、学生会、学生社团组织的各种各样的校园文化活动。

（三）学习方式、内涵及内容的深刻变化

在中学里学生的学习方式基本上是以被动地接受课堂上的满堂灌为主，然后下课做好复习，而在大学里，学生的学习方式则以自学为主，课堂上老师主要起点拨作用；在中学里学习就是死记硬背和掌握理论知识，而在大学里学习将十分注重思维的锻炼和理论知识的应用；在中学里学习的内容基本上就是科学文化知识，而在大学里不但要学习科学文化知识，还要学习怎么做人、怎么做事。

（四）要求学会高度的自我管理

进入大学以后，由于个人自由空间的豁然开朗、业余生活的极其丰富多彩和学习方式、内涵及内容的深刻变化，再加上父母、亲戚、朋友不在身边，衣、食、住、行、学等日常生活都要自己安排，特别是同学们来自五湖四海，兴趣爱好、生活习惯可能存在差异，主动地加强沟通和交流、互相理解和关心成为一种必然需要。大学生要尽快适应新的环境，既要学会过集体生活，又要学会独立处理学习、生活中遇到的各种实际问题，因此，大学生具备高度的自我管理能力将非常必要，也十分重要。

二、明确大学生活的两大目标

在进入大学以前，绝大部分学生是以升学为主要目标。进入大学以后，许多学生没有了明确的目标和方向，在平时的学习、生活中处于迷茫彷徨的状态，从而导致了大学生涯的碌碌无为。因此在开展“大学生涯规划指导”活动中，必须要帮助学生明确在大学里的目标。笔者以为，在大学里大学生有以下两大目标：

（一）成人

即从幼稚走向成熟。大学是学生从校园走向社会的桥梁，而社会对人的首要要求就是成熟。另外，大学生又正处于世界观、人生观和价值观的成熟期，所以在大学里大学生应该通过各种锻炼和实践，逐步摆脱幼稚，最终使自己具备成年人的思维方式和行为特征。

（二）成才

许多大学生在大学里能认识到这一目标，但他们大多有的只是一个模糊的概念。所以加强对学生这方面的指导，也是大学生涯规划指导方针的一个重要内容。笔者认为，大学生针对自己的“成才”目标，要做好“长远计划”和“短期准备”。所谓的长远计划就是为自己将来一生的事业发展打下坚实的素质基础，所谓的短期准备是指为自己的毕业就业准备必要的知识技能。

三、从大学生活中收获

上大学要收获什么呢？关键不是大学能给予我们什么，而是我们能在大学里学到什么，这主要取决于我们的主观能动性。大学时期恰是学会做人、做事、做学问，学会生活的黄金时期。

1. 学会做人

做人是人从出生到生命尽头都在学习的学问。当我们还在蹒跚学步、咿呀学语的时候，父母就开始充满希望地引导我们要学做一个好人，并在以后的日子里不断地告诉我们应该如何为人处世、待人接物。等我们背起书包上了学，老师在传授知识的同时，更是谆谆教导我们要学做一个有所作为的人。身体发肤受之父母，我们无法选择，但是否做个好人、做个有价值的人，却是可以选择的。学习做人非常重要，不知道如何做人，就不能真正地掌握生存本领；不知道如何做人，就不能成为一个纯粹的、有道德的人；不知道如何做人，就不能成为一个高尚的、有价值的人！学会做人，不仅仅指道德和伦理意义上的“做人”，更是一种对健全和完美人格的追求和修炼，使自己在情感、精神、交际、合作、审美、体能、道德、创造等方面获得相对全面而充分的发展。

2. 学会做事

会做事是指采取正当的手段，运用自身能力，顺利实现目标的过程。社会上曾传出这样的声音：大学生有文凭没素质，有知识没能力！虽然这不是大学生群体的主流现象，但是也说明了大学生能力培养有所欠缺的事实。那么，我们应该如何培养自己“做事”的本领呢？

1）主观上要有积极做事的意愿。即使有能力、有机会，但是本人不愿意发挥作用，也无法达到学会做事的目的。

2）从小事做起，全面提高能力。大事、小事是相对的，积小事而成大事。一屋不扫，何以扫天下？眼前的小事不做，怎么去做看不见的大事呢？

3）提高自身能力的同时，要学会利用外界的力量。

4）要审时度势，把握机会，找到自己的擅长所在，避免英雄无用武之地。

5）做事要有利于社会，一个人能力再强，如果不用在正道上，也无法被社会接受。

6）要注重培养责任意识、合作意识、创作意识，竞争意识等。

3. 学会做学问

大学不同于小学、初中、高中的根本原因在于大学除了学习人类已有的、现成的知识成果外，更注重得出结论的过程和发现真理的方法，培养人做学问的思维。学会做学问，首先要树立科学的知识观，在继承前人优秀成果的同时，更要学会通往科学境地的方法。其次要学会学习，学会自主学习、创新学习、科学学习、终身学习和全面学习。最后要学以致用。“不闻不若闻之，闻之不若见之，见之不若知之，知之不若行之”。学而不用，浪费知识；学以致用，创造价值！

4. 学会生活

生活是人生的重要组成部分，满意度高的生活状态会让我们事半功倍。学会生活，包括学会独立生活、学会时间管理、学会情绪管理、学会健康管理等。

1）学会独立生活。部分家长缺乏对孩子独立生活能力的培养，导致孩子在遇到问题时都很被动。考入大学之前，除了学习之外的所有事情都由家长包办。考入大学之后，家长包办的条件不存在了，于是孩子不得不独自面对毫无准备的大学生活。独立生活能力的差异导致同学之间生活状态也会不同。

学会独立，首先要提高独立意识。依赖和懒惰是人的本性，要克服与生俱来的本性谈何容易？因此需要有强烈的意念和坚定的信念。其次，要主动把握和创造独立生活的机会，让自己得到更多的锻炼。最后，要提高自身解决问题的能力，在需要独自面对生活的时候才会更加游刃有余。

2）学会时间管理。时间不可缺少，也无法替代；时间不可存储，也无法增减；但时间却可以管理。如何管理呢？首先，制订一个合理的计划，时间只给有合理安排的人；其次，要分清主次，把更多的时间花费在解决主要问题上；再次，确立正确的目标，并给目标设以优先级别，避免将大量的时间用于内耗上；最后，寻找解决问题的最佳途径，快速解决问题。

3）学会情绪管理。情绪不但会影响人们的生理健康，更可能影响人生事业上的成败。一个好的心态不仅能够让我们以更健康的体魄去投入自己的事业，还能够让我们以愉快、乐观的心情去跨过发展道路的一切坎坷。

如何学会情绪管理？第一，体察自己的情绪。情绪有很多种，常见的积极情绪有爱、希望、信心、同情、乐观、忠诚等，时刻体察自己的情绪，学会调整、控制情绪。第二，从积极的角度思考问题。每个人都可能会遇到不愉快的事，更多地考虑这件事的积极影响，会有利于情绪的控制。第三，学会适当地表达情绪。把自己的感受用对方可以接受的方式来表达和沟通，有一定的难度，需要用心体会和揣摩，但只要我们有这个意识，相信功夫不负有心人。第四，遇到影响情绪的事，不要急于马上解决问题，给自己一个缓冲，时间是情绪管理的特效药。第五，坚定必胜的信念，相信办法总比困难多。第六，用适宜的方式来舒缓情绪。有些人会听听音乐、大哭一场、大声喊叫、找朋友聊天、深呼吸、散步、逛街、进行体育运动等。舒缓情绪的目的是让自己过得好一点，给自己一个理清事情缘由的机会，也让自己能够更加从容地面对未来。如果舒缓情绪的方式不当，如酗酒、摔东西等自我摧残与麻醉，这并不能达到控制情绪、有利于问题解决的目的，而只是暂时逃避痛苦，而后需要承受更多的痛苦，这就不是“适宜”的缓解情绪的方式。

4）学会健康管理。我们自身的健康情况如何？是不是该为自己的健康做点什么呢？现在的我们已经习惯享受各种便捷的服务：吃饭可以叫外卖，购物可以网购，娱乐直接通过网络资源来享受，学习可以通过网上共享资料实现，即便出门也是直接网约车。这样的便捷生活使得大学生被动运动越来越少，对身体的锻炼完全依靠主动运动来完成，其效果并不理想。大学生正值青春年少，身体状态是一生中最好的阶段，很多同学有不吃早餐、经常通宵熬夜等不良生活习惯，短期看似乎对身体健康没有影响，其实已经存在潜在危机。带着这样的危机去迎接日后紧张的工作，健康状况怎能让人不担忧！

第二节 职业导论

一、职业的基本知识

（一）职业的含义和分类

1. 职业的含义

对于职业的含义，不同的学者有着不同的回答。美国著名教育家、哲学家杜威认为，职业不是别的，是可以从中得到利益的一种生活活动；而美国著名社会学家阿瑟·萨尔兹认为，职业是指人们为了获取经常性的收入而从事的连续性的特殊活动，这种活动具有市场价值，并决定着人们的社会地位。日本劳动问题专家保谷六郎认为，职业是有劳动能力的人为了生活所得而发挥个人能力，为社会做贡献的连续活动。我国的一些学者从“职业”一词的词义上进行了分析，认为“职”指职位、职责，包含着权利和义务的含义，“业”指行业、事业，包含着独立工作、从事事业的含义。

综上所述，职业是参与社会分工，利用专门的知识和技能，为社会创造物质财富和精神财富，获取合理报酬作为物质生活来源，并满足精神需求的工作。职业从本质上反映了人和社会的关系，它既是人们的生活方式、经济状况、行业行为、文化水平、思维情操的综合反映，也是权利、义务、职责的象征。由此可以说，职业是人的社会角色的一个极为重要的方面。

事实上，在社会劳动中人们都有自己特定的职业，如会计、医生、律师、教师、建筑师等。离开了职业，也就离开了社会劳动，因此，职业就是人们从事劳动的形式，并且随着劳动分工的产生而产生，随着社会分工的发展变化而变化，可以说，社会上有多少种劳动分工就有多少职业划分。如果劳动分工不存在了，职业也就消失了。当劳动分工决定着劳动者的经济利益的差别时，职业就决定和影响着劳动者的劳动收入；在物价一定的条件下，正是劳动收入决定着劳动者生活水平的差别。

2. 职业的分类

在原始社会中，为了生存，人们最早的劳动是简单劳动，男人打猎，女人采集。随着人群的不断进化和劳动工具的不断改善，社会分工也不断发展，从而形成专门的职业。随着生产力的发展，社会分工也越来越细，职业也就越来越多，老的职业不断消失，新的职业也不断涌现。如过去的铁匠、炉匠等消失了，而现在则又出现了心理咨询师、网络维护师、时装模特、计算机编程员等新型职业。职业是人类文明和社会分工的标志。

社会分工是职业分类的依据。在分工体系的每一个环节上，劳动对象、劳动工具以及劳动的支出形式都各有特殊性，这种特殊性决定了各种职业之间的区别。世界各国国情不同，其划分职业的标准有所区别。

(1) 根据西方国家的一些学者提出的理论，在国外一般对职业分有3种分类方式

1) 按脑力劳动和体力劳动的性质、层次进行分类。

这种分类方法把工作人员划分为白领工作人员和蓝领工作人员两大类。白领工作人员包括：专业性和技术性的工作人员、农场以外的经理和行政管理人员、销售人员、办公室人员。蓝领工作人员包括：手工艺及类似的工人、非运输性的技工、运输装置机工人、农场以外的工人、服务性行业工人。这种分类方法明显地表现出职业的等级性。

2) 按心理的个别差异进行分类。

这种分类方法是根据美国著名的职业指导专家霍兰创立的“人格－职业”类型匹配理论，把人格类型划分为六种，即现实型、研究型、艺术型、社会型、企业型和常规型，与其相对应的是六种职业类型。

3) 依据各个职业的主要职责或“从事的工作”进行分类。

这种分类方法较为普遍，以两种代表示例。其一是国际标准职业分类。国际标准职业分类把职业由粗至细分为四个层次，即8个大类、83个小类、284个细类、1 506个职业项目，总共列出职业1 881个。其中8个大类是：①专家、技术人员及有关工作者；②政府官员和企业经理；③事务工作者和有关工作者；④销售工作者；⑤服务工作者；⑥农业、牧业、林业工作者及渔民、猎人；⑦生产和有关工作者、运输设备操作者和劳动者；⑧不能按职业分类的劳动者。这种分类方法便于提高国际职业统计资料的可比性和国际交流。其二是加拿大《职业岗位分类词典》的分类。它把分属于国民经济中主要行业的职业划分为23个主类，主类下分81个子类，489个细类，7 200多个职业。此种分类对每种职业都有定义，逐一说明了各种职业的内容及从业人员在普遍教育程度、职业培训、能力倾向、兴趣、性格以及体质等方面的要求，有较大的参考价值。

（2）我国的职业分类

1999 年 5 月出版的《中华人民共和国职业分类大典》，是中国第一部具有国家标准性质的职业分类大全，它第一次将中国的职业进行了全面、系统的划分，具有较高的权威性。在这部大典中，职业被划分为 8 大类、66 个中类、413 个小类、1 838 个细类（职业）。这 8 个大类分别是：

第一大类：国家机关、党群组织、企业、事业单位负责人，其中包括 5 个中类，16 个小类，25 个细类；

第二大类：专业技术人员，其中包括 14 个中类，115 个小类，379 个细类；

第三大类：办事人员和有关人员，其中包括 4 个中类，12 个小类，45 个细类；

第四大类：商业、服务业人员，其中包括 8 个中类，43 个小类，147 个细类；

第五大类：农、林、牧、渔、水利业生产人员，其中包括 6 个中类，30 个小类，121 个细类；

第六大类：生产、运输设备操作人员及有关人员，其中包括 27 个中类，195 个小类，1 119个细类；

第七大类：军人，其中包括 1 个中类，1 个小类，1 个细类；

第八大类：不便分类的其他从业人员，其中包括 1 个中类，1 个小类，1 个细类。

第三节 职业认知

个人职业生涯成功与否，既受到个人各方面条件的影响，同时也受到他所生活的客观周围环境的影响。所以职业生涯机会评估主要是分析内、外环境因素对自己职业生涯发展的影响。只有通过充分分析了解环境的特点、环境的发展变化、自己在环境中的地位等有利条件和不利条件，同时结合自我评估，才能科学地制定个人职业发展目标、路线和实施方案，才能成功地规划好个人的职业生涯。

一般来说，职业认知主要包括对社会环境的认知、对行业环境的认知和对组织环境的认知 3 个部分。

一、职业环境认知

（一）社会环境认知

职业所处的社会环境，不仅影响我们的职业，还影响我们生活的方方面面。因此，对社会大环境进行分析，了解所在国家或地区的经济、法制建设发展方向，有助于寻求各种发展机会。影响职业生涯的社会环境因素包括以下几方面：

1. 经济发展水平

当经济发展非常景气时，百业兴旺，就业渠道、薪资提升和职业发展的机会就会大增。

反之，就会使人的职业发展受阻。在经济发展水平高的地区，企业相对集中，优秀企业也就比较多，个人职业选择的机会就比较多，因而有利于个人职业的发展；反之，在经济落后的地区，个人职业选择的机会就比较少，个人职业生涯也会受到限制。

当然，除了一个地区的经济形势外，各地区的劳动力市场的供求状况、劳动力价格的市场化程度、人们的收入水平等因素都对职业的选择及发展产生重要的影响。

2. 社会阶层

人类社会存在着严格的层次划分，它像金字塔一样层次分明。每个社会都存在不平等，差别在于划分的原则不同，有的是基于宗教信仰，有的则基于经济状况，有的是基于教育状况。社会上所存在的不平等现象都会影响个人的职业生涯。

社会阶层算是相对比较封闭的一种形态，因为人往往只喜欢和自己所属阶层的人聚合。社交圈为某一类型的人提供机会，“生存机会”多半即由社交圈决定。虽然社会阶层深深地影响个人的职业生涯，但是阶层界限并非牢不可破。它不但有变动的可能，而且是被人接受的。事实上，很多人为了提升自己的社会地位，有时候需离开原来的阶层，加入工作及生命旅程中的新阶层，教育和婚姻就是非常重要的影响因素。

企业只就社会阶层来挑选员工的时代正在逐渐改变，但是，社会阶层在目前仍是影响个人职业生涯的一大束缚。

3. 地域的发展

从整个国家范围来说，经济的发展和科技的进步，以及生产率的提高、职业化速度的加快、就业岗位的增加，往往都是在发达地区进行的；而对于经济发展较为缓慢和落后的区域，其就业信息、岗位相对较少，造成职业提升也相对缓慢。因此不同的经济区域呈现出了各自的发展特点。我国就业区域主要可划分为几大模块：珠江三角洲、长江三角洲、京津冀经济圈、中西部地区、东北老工业基地和其他地区。

4. 社会文化环境

社会文化是影响人们行为、欲望的基本因素。它主要包括教育水平、教育条件和社会文化设施等。在良好的社会文化环境中，个人能力受到良好的教育和熏陶，从而为职业生涯打下了更好的基础。

5. 社会价值观念

一个人生活在社会环境中，必然会受到社会价值观念的影响，大多数人的价值取向，在很大程度上都是为社会主体价值取向所左右的。一个人的思想发展、成熟的过程，其实就是认可、接受社会主体价值观念的过程。社会价值观念正是通过影响个人价值观念而影响个人的职业选择。有些职业可能现在还不被人们所接受，但是未来的发展空间却很大，如果你要从事这样的行业，就要承受来自传统社会价值观的一定的压力。

6. 政治制度和氛围

政治和经济是相互影响的，政治不仅影响到一国的经济体制，而且影响着企业的组织体制，从而直接影响到个人的职业发展。政治制度和氛围还会潜移默化地影响个人的追求，从而对职业生涯产生影响。分析和了解影响职业的社会环境因素，有助于我们个人制定正确的职业生涯规划，使个人在变化的社会环境中不断取得职业生涯的新发展。

7. 科学技术的发展

科技的发展会带来理论的更新、观念的转变、思维的变革、技能的补充等，而这些都是职业生涯规划中不可或缺的要素。科学技术的发展，有时候直接决定着一个行业的兴衰。认清科技的发展对不同行业可能产生的变化，对职业选择有很大的帮助。

8. 国际贸易状况

我国加入 WTO 后，国际贸易更加频繁。大学生应该不断提升自己的国际竞争能力，在经济全球化的大环境下，为自身的职业生涯发展、中国经济的发展贡献自己的力量。

（二）行业环境认知

行业环境将直接影响着企业的发展状况，进而也影响到个人的职业生涯发展。现在有些行业是新兴行业，有些则已经退出了历史舞台。所以一个人在职业选择前，进行行业分析必不可少。我们周围常常会有人说某个行业比另一个行业要好，这说明，从普遍意义上讲，能否获得更多的提升机会，薪水是否比平均水平更高一些，是我们绝大多数人对行业的初步分析，也是我们选择行业的依据。通常，行业与企业的生存空间紧密相连，对公司来说，行业的性质决定着其未来的发展方向和发展程度。从成长性上看，选对了行业，个人在择业方面也就成功了一半。那么，行业环境分析又包含哪些内容呢？行业环境分析包括对目前从事或拟从事的目标行业的环境分析，其内容应包括行业的发展状况，国际、国内重大事件对该行业的影响，行业发展前景预测，等等。

1. 行业发展现状

对行业发展现状进行分析，首先，一定要结合社会大环境的发展趋势。由于科学技术的飞速发展，会使某些行业如同夕阳坠落，逐渐萎缩、消亡；更有许多极具发展前途的朝阳行业不断出现、发展起来。我们应了解目标行业是什么行业，这个行业目前是怎样一个发展趋势，是一个逐渐萎缩的行业还是一个朝阳产业。其次，还要了解行业的“冷热”。伴随科学技术发展和大众文化取向等诸多因素，每个时代都有所谓的“热门”行业和“冷门”行业。目前，通信、人力资源、环保、自动化、广告媒体、生物医药、化工、房地产等行业发展迅速，相应的人才需求旺盛，这势必吸引众多求职者的眼球。但大学生求职时，如果仅仅将眼光放在行业的“冷热”上，必然会错过很多好的就业机会，也会给自己的求职增加难度。大学生要善于发现那些适合自己个性和能力的职业。再次，还要分析职业生涯规划目标行业处于生命周期的哪个阶段，是行业发展的引入期？成长期？成熟期还是衰退期？最后，还要分析目标行业未来有什么样的发展优势，自己想从事的行业中要面对的竞争者形势如何，现在正急需人才，还是已经处于人才饱和期。

2. 国际、国内重大事件对该行业的影响

行业的发展容易受到国际、国内重大事件对该行业的影响，进而影响到该行业能否提供较多的就业机会。比如2008年的北京奥运会、2010年的上海世博会、2010年的广州亚运会给建筑业、旅游业和服务业提供了较大的发展和较多的发展机会。

3. 行业发展前景预测

行业发展前景预测可以从两个方面进行：一方面是行业自身的生命力，是否有技术、资金支持等；另一方面也要考虑和研究国家对相关行业的政策。例如我国对IT行业每年都有较大的资金支持，鼓励IT行业大力发展。再例如，我国近年来狠抓环境保护，推行可持续发展战略，保护生物多样性，在农业生产中控制化学制品的使用，开发“绿色食品”等，使环境保护产业如初生朝阳，充满生机，导致环保设备生产、环保技术咨询等行业迅速发展，提供了大量就业岗位。而这时如果不了解情况，为了一时利益，盲目进入那些污染后果严重的行业谋职，必将会给自己的职业生涯造成严重的不良影响。

当然作为初踏入社会的毕业生来说，我们可以通过上网、去书店、找懂行的人、参加各种会展或会议，甚至可以深入这个行业的企业去从事工作，来了解行业的环境。

二、用人单位认知

用人单位认知又称企业内部环境分析，对于学生们来说即用人单位分析，它对个人的职业生涯有直接的影响，所有的人都处于企业的小环境之中，个体的发展与企业的发展息息相关。对企业环境进行分析，可以使个人及时地了解企业的实际发展状况前景，把个体的发展与企业的发展联系在一起，并融入企业之中。这有利于个人做出合适的职业生涯规划。

个人在选择组织（企业）时有必要通过个人可能获得信息的一切渠道，比如，可以通过公司所在地的新闻出版机构的新闻线索，来了解该组织（企业）产品及服务的详细情况和财政经济状况；通过有关书籍和企业发展史、当地各种商业活动、企业人物获奖的细节也能了解到可供参考的资料信息；另外公司的网站上介绍公司价值观念的那些主页也会透露一些企业文化的有关线索；还可以通过参观或参加面试时的谈话来充分了解和考虑各种因素。

企业环境分析包括：用人单位的声誉和形象是否良好？组织（企业）实力怎样？在本行业中的地位、现状和发展前景怎样？所面对的市场状况如何？产品和服务在市场上的发展前景怎样？能够提供哪些工作岗位？是否与自己适合对路？有无良好的培训机会？企业领导人怎样？企业管理制度怎样？是否先进开明？企业文化是否与自己期待吻合？福利待遇是否完善等若干方面。具体包括以下6个方面：

（一）企业实力

企业在本行业中是具备了很强的竞争力，还是处于一个很快就会被并吞的地位，发展前景是什么？在激烈的市场竞争中，不一定是最大、最强的企业就能生存，即不是强者生存而是适者生存。只有适应环境，适应发展趋势的企业才能生存。

企业在社会中的地位和声望如何？企业目前的产品、服务和活动范畴是什么？企业的发展领域在哪些方面？发展前景如何？战略目标是什么？技术力量和设施是否先进？在本行业中是否具备很强的竞争力？是发展扩张，还是倒退紧缩？是否处于一个很快就会被吞并的地位？谁是竞争对手？企业目前的财政状况如何？企业是真正在“做大”“做强”，还是空有其壳？有没有长久的生命力？企业的组织结构是怎样的？是扁平的还是等级制的？等等。

（二）企业结构

企业结构是指对工作任务如何进行分工、分组和协调合作，是企业组织内部各个有机构成要素相互作用的联系方式或形式，以求有效、合理地把组织成员组织起来，为实现共同目标而协同努力。企业结构是管理人员达到企业目标的一种手段，是企业管理的重要组成部分。

企业结构有“三角形”和“菱形”两种。在三角形的企业结构中，处于企业最高层的管理者、执行者、办公人员和部门主管等只占全体员工的15%，而由于不存在足够的空间让更多的人进入企业管理的更高层次，大部分工作者的生涯呈现在三角形中更低的部分；在新出现的菱形工作结构中，除了5%～10%的高层执行者和管理者外，还有50%～80%的员工称为企业中的核心员工。组织形态从三角形到菱形的转变，意味着个人职业生涯将会受到企业向菱形转变的影响。在大型企业中，团队结构一般作为典型的职能结构的补充；而在小型企业中，可以拿团队结构作为整个组织形式。在投资银行、顾问公司等新型管理行业中，团队结构几乎成为公司开展业务的重要组织形式。

因此，现代社会成功的组织特征之一是保持扁平化的管理结构，从管理导向的系统转化为团队导向的系统；每一团队成员都拥有足够的专业知识，团队由一些服务提供者和其他自我管理、独立对利润负责的成员组成。

（三）企业主要领导人

企业主要领导人的抱负及能力是企业发展的决定性因素。很多成功的大企业都有一位出色的企业家作为掌舵领航人。当然炒老板鱿鱼也是职场的一道“家常菜”。因此，需要了解以下信息：企业主要领导人是真心要干一番事业，还是想捞取名利？管理是否先进开明？他有足够的能力带领员工开创新天地吗？他有没有战略眼光和措施？他尊重员工吗？

（四）企业文化和企业制度

组织文化（又称企业文化），是企业在长期生产经营过程中逐步形成与发展的、带有本企业特征的企业经营哲学。它可以分为企业的物质文化、制度文化、行为文化和精神文化四大层次。

1）物质层面是组织文化的表层，包括设备、产品和生产环境，还有视觉形象、厂房外观、颜色、服装等。

2）制度层面是组织文化的浅层，包括管理体制、规章制度、经营机制、奖惩办法及行为准则、道德规范等。

3）行为层面是组织文化的中层，包括会议、活动、典礼仪式、领导风格、行为语言及习惯等。

4）精神层面是组织文化的核心，包括企业经营理念、发展目标、价值趋向、标语口号等。精神层面的核心是企业的核心价值观，即企业全体员工共同信奉的价值标准和基本信念。

组织文化是企业宝贵的无形资产，是凝聚员工最重要的法宝。组织文化是决定在一个组织内发展前必须了解的信息。如果到一个组织文化与个人价值观相抵触的单位工作，往往会发现自己不仅处处受到限制，而且自认为很得意的成绩往往得不到应有的赞许，不利于自身的成长。

一个企业除了很好的福利、吸引人的薪酬、舒适的工作环境和出色的管理之外，优秀的企业还会创造积极的企业文化，让员工感到快乐和被尊重，从而使员工工作更有创造性。员工与企业相互配合是否良好的关键在于企业文化。因为企业文化决定了一个企业如何看待其员工，故员工的职业生涯是为企业文化所左右的。一个主张员工参与管理的企业显然比一个独裁的企业能为员工提供更多的发展机会；渴望发展、追求挑战的员工也很难在论资排辈的企业中受到重用。所以企业文化是个人在制定职业生涯规划时要考虑的重要因素。因此，在求职时选择让你觉得最舒服的企业文化氛围，才是至关重要的。

企业制度涉及的范围比较广，企业员工的职业发展，归根到底要靠企业管理制度来保障，企业制度包括管理制度、用人制度、晋升制度、绩效考核制度、奖惩制度、薪酬制度、培训制度等，尽可能了解这些信息，了解企业在组织结构上的特征与发展变化趋势，分析这种安排对自己的未来可能带来什么样的影响。特别要注意企业的用人制度如何，能否提供教育培训机会，提供的条件是什么；自己将来有没有可能在该企业担任更高级的职务或担负更大的责任，个人待遇提升的空间有多大，是基于能力还是工作年限；企业的标准工作时间怎样，是固定的还是可以变通的。当然，也还要考虑企业提供的薪酬和福利待遇与行业内其他公司比较如何。

当然企业价值观、企业经营哲学也只有渗透到制度中，才能使制度得到切实的贯彻执行，没有制度或者制度定得不合理、不到位的企业，员工的职业发展就难以实现。

（五）企业内部人力资源规划状况

现在，大型的比较正式的企业一般都制定人力资源规划。通过人力资源规划，可以预测组织未来的人力资源需求总量和人力资源供给总量，这包括企业未来需要什么类型的人才和各种类型人才需要多少，哪些需要从本企业的员工中培养出来。一方面如果求职者知道企业的人力资源规划，知道企业未来对人力资源的需求，就会知道自己加入企业后职业发展是否有机会和会有什么样的机会，进而把企业的人力资源需求与自己的职业发展目标相结合，制订比较恰当的职业发展计划；另一方面，如果企业对员工进行职业生涯开发，有目的地对员工进行培养和培训，对求职者来讲，是实现个人发展的重要保证。

（六）企业性质

企业是党政机关，还是社会团体？是事业单位，还是企业单位？是集体所有，还是个体所有？是外资独资，还是合资？这些企业性质都能影响个体的职业生涯规划。

案例

对大东热传输有限公司的认知

公司简介：大东热传输有限公司成立于1997年，是通过引进国外技术建立的一家国内大型电解铝独资企业。

公司总投资额为2.8亿元，设计产量为12 000吨铝复合材料。主要产品为铝复合板带箔，主要应用于汽车热交换器（空调、加热器、蒸发器、冷凝器、水箱、油冷器和中冷器）。国内客户主要是汽车热交换器厂，海外客户主要集中在全球热交换器生产厂家在亚太地区的配套厂商。

公司于1999年投产，其销售量从1999年的不到300吨增长到2002年的9 800吨。在公司的销售结构中，海外销售量和国内销售量各占50%。目前大东公司在中国该行业内处于市场领导者地位，其市场占有率为75%，主要客户有：上海德尔福、上海汽车配件厂、上海协和、青岛东洋、广州豪华、法雷奥（Valeo）中国等公司。公司在除日本外的亚太地区居于领先地位，在亚太市场上的占有率约为30%，其亚太市场主要以泰国、韩国、澳大利亚、伊朗、印度等地为主，其竞争对手主要是来自日本和德国的同类生产厂商。

公司的盈利情况目前保持着良好的态势，由1999年的亏损2 000万元发展到2002年的净盈利3 500万元。

为了加强公司的竞争优势，公司陆续通过了QS9000质量保证体系和ISO14001环保体系认证，上述体系认证意味着公司持续给客户提供稳定质量的产品有了保证，为公司的可持续发展奠定了坚实的基础。

内部主要生产环节的情况：

在大东公司生产流程中，从原材料投入到产出成品，生产要经过十多个工序，在整个工序里面，复合层的铸锭铸造、热轧、复合、冷轧、薄纵剪为关键工序，这些工序涉及公司的核心技术机密，如果公司的核心机密外泄，将削弱公司的核心竞争优势。

公司的设备除了热轧机（从意大利进口的二手设备）、薄纵剪（意大利OMM公司制造）外，其余设备均为中国当地生产。大东公司的核心技术虽然引自国外，但公司已经掌握了复合层铸锭的生产、复合材料的设计、复合材料的热轧、复合材料的质量控制等关键技术。

公司的效率处于一个不断提升的过程，产量从最初的不到400吨增长到2002年的9 800吨，公司成品率从当初的40%提高到目前的55%，在公司当前的规模下，公司每提高1%

成品率，则可增加息税前利润100万元。

由于公司于1997年才成立，因此公司的员工十分年轻，平均年龄为28岁。年轻的员工容易接受新的观念和方法，但也存在工作经验不足的缺点，需要在工作中给予更多的培训和支持。

公司优势、劣势、机会和威胁：

在2003年度营销计划纲要上，公司对所处环境及竞争情况进行了分析，列举出的优势、劣势、机会和威胁如下：

1. 优　势

（1）中国国内唯一一家专门生产汽车铝热传输材料的生产商，在客户群里产品具有较高的美誉度。

（2）具有完整的生产汽车铝热传输材料的生产线。

（3）掌握汽车热传输复合材料的核心生产技术，可以对要进入该行业的其他铝板带生产商形成技术壁垒。

（4）对客户的工艺和要求比较熟悉。

（5）灵活的交货周期。

（6）同国外客户相比，距离国内客户最近，有利于对客户的要求做出迅速反应，有给客户提供全面解决方案的能力。

（7）高效的海外和国内销售渠道。

（8）与技术输出方有密切的技术方面的联系。

（9）强大的新产品的开发能力。

（10）QS9000质量体系和ISO14001环保体系认证。

2. 劣　势

（1）热轧机设备陈旧，成为限制公司产品质量提高的瓶颈。

（2）热轧机较高频率的非计划性停机，造成及时交货的不确定性和较高的设备维护费用。

（3）由于客户的要求多为小批量多品种，导致公司制品的大幅增加。

（4）热传输材料本身过高的要求使成品率较低，公司生产废料尚不能100%回收利用，导致生产成本的大幅增加。

（5）公司当初的设计产能和未来的市场需求不匹配，不能充分满足市场的需求。

从以上企业环境的分析来看，该报告已经从企业实力、企业文化和企业制度、企业内部人力资源规划状况、企业性质等方面做出较全面的分析。目前大东公司在国内铝热传输领域处于领先地位，但是在国内汽车行业和铝加工行业快速发展的形势下，大东的发展也面临着许多不确定因素。如何构建持续竞争优势、确保领先地位是管理层近来关心的一个问题。

（资料来源：考试大论坛、考试大网）

（三）国家政策认知

1. 现行的大学生就业政策

党和国家为推动高等教育更加主动地适应经济社会发展，要求各地、各部门和各高校高度重视毕业生就业工作，努力适应新时期高校毕业生就业工作的迫切需要，积极探索、总结行之有效的做法和经验，扎扎实实做好相关工作，并出台了一系列相应措施：

第一，地方和高校要把毕业生就业状况作为确定高等教育事业发展规模的重要依据，坚持年度招生计划安排与毕业生就业率适度挂钩，对就业率明显偏低的地方和高校，区分情况，原则上要减少招生。控制招生或调减增幅；在年度招生计划安排中，对毕业生就业率偏低的专业应严格控制或减少招生规模；在制定和实施高校发展规划的工作中，要明确树立“就业意识”，充分考虑就业因素，主管部门要将毕业生就业率作为核定高校事业中长期发展规划的重要参数。

第二，进一步优化调整高校专业设置及学科专业结构，加快改革人才培养模式，把毕业生就业率作为评议高校设置的主要依据和参数，对毕业生就业率低的地区，控制新增高校的数量；加强地方教育行政部门对本科专业设置、调整的统筹管理和宏观调控，各地教育行政部门应根据本地区高校毕业生的就业情况，确定本地区控制增设的专业。从 2003 年开始，对连续三年本专科 7 月份毕业生就业率低于本地区平均就业率的高校，控制其专业总数，每增设一个新专业的同时，撤销一个旧专业，引导学校进行专业结构调整。

第三，高等院校必须明确以就业和社会实际需求为导向，调整专业结构，改革培养模式，加强实践环节的教育教学，保持同经济和社会的直接、密切沟通与联系。要特别对可能面临就业困难的毕业生有针对性地强化短期职业技能训练。

第四，把毕业生就业状况纳入高校评估指标体系，使评估结果更加全面地反映学校的实际状况；将毕业生就业率作为高校教学评估方案中的重要指标，凡就业率低的学校，一般不得评为优秀；在研究生教育质量评估指标体系中列入与“就业率”相关的内容，对培养单位的教育教学进行合理引导；将教育部直属高校毕业生就业率收入每年编印的蓝皮书，作为反映学校办学状况的一项重要指标。各地要按照有关文件要求，责成高校将毕业生就业工作纳入学校工作的重要议事日程，把高校毕业生就业工作作为考核高校领导干部政绩的重要内容。

第五，将学位工作与毕业生就业率适度挂钩，在审核新增硕士、博士学位授予单位工作时，将各有关高校本科毕业生和毕业研究生就业率作为依据之一；在新增学位授权点（主要是硕士点）审核工作中，将各学科以及各有关高校毕业研究生就业率作为增列硕士点的重要参考因素。

第六，加大就业经费投入，加强就业指导教师队伍建设，对毕业生就业工作做得好的学校，主管部门应适当核拨经费，支持其就业指导中心的建设；主管部门要对所属高校毕业生就业服务信息网络建设给予适当投入，以便充分利用现代化手段为毕业生提供方便、快捷、周到的就业指导和服务；高校必须尽快建立健全毕业生就业指导服务机构，在经费、办公条件、人员等方面给予充分保证，切实把就业指导教师队伍建设摆到重要位置。

2. 毕业生就业的一般性政策和规定

1）统一使用报到证的规定。

根据教育部规定，目前全国统一使用全国普通高等学校毕业生就业报到证和全国毕业研究生就业报到证。报到证由教育部授权各省（自治区、直辖市）主管毕业生调配部门审核签发，特殊情况可由教育部直接签发。用人单位一律凭该报到证接收毕业生，各地公安机关凭报到证办理户口手续。

2）报到期限的规定。

毕业生的报到期限一般为一个月。一旦由于某种特殊原因，如生病、外出遇灾未归等不能按期报到，应采取书信、电话、E－mail 等形式向接收单位请假说明情况。否则，用人单位有权拒收。毕业离校时尚未就业并派回生源地的毕业生可在两年择业期内继续选择就业单位，报到期限随之适当延长。

3）报到后工资、工龄的规定。

国企和事业单位，根据劳动部规定：毕业生上半月报到的，发给全月工资；下半月报到的，发给半月工资，根据劳动部规定：高等院校、中专学校和技工学校学生延期毕业的，应从他们正式报到之日起计算工龄。

4）见习试用期的规定。

根据国家有关文件规定，大学毕业生到达工作岗位后，事业单位实行见习试用期一年，私企按照双方约定算，见习试用期一般为 3 ~6 个月。见习期满后，经考核合格后转正定级。否则，可延长见习期半年到一年。延长见习期考核仍不合格的，待遇比定级工资标准低一级。

5）定期服务的规定。

根据国家有关文件规定，经见习合格后，毕业生必须在就业的工作单位连续服务五年（毕业研究生无见习期）。服务期满后允许合理流动。服务期满要求流动的，要按照干部管理的有关规定办理。

6）用人单位不得拒绝接收的规定。

现有高校毕业生就业方案是经过学生和用人单位双向选择后以协议形式固定了的，协议双方必须严守信誉，不得随意变动就业方案。用人单位不得拒绝接收或退回学生。如发现错派或确属调配不当，由用人单位和派出学校协商解决，不能单方面将学生退回。毕业生报到后，由于本人坚持无理要求造成用人单位退回者，责任自负。

7）到非公有制单位就业的规定。

国家鼓励毕业生面向多种所有制单位就业和多渠道就业。毕业生可以到外商独资、合资企业就业，也可以到个体、民营企业就业。到非公有制单位就业的毕业生，其档案及户口关系按国家和各级政府关于毕业生就业政策和有关规定进行管理。

8）凡纳入国家就业方案的毕业生，可免交城市增容费。各有关部门也不得向毕业生收取上岗押金、风险抵押金等不合理费用。

9）违反就业协议处理的规定。

毕业生同招聘单位达成了就业意向后，应及时与其签订《高校毕业生就业协议书》。协议一旦签好，毕业生、用人单位、学校三方都应严格履行，如有一方提出更改，须征得另两方同意，并由违约方承担违约责任。

10）改派工作的规定。

改派的相关规定以各地区或院校具体规定为准，由本院校的教师做出相关解释。

在校保留档案的毕业生要求就业时，应由学校开具同意办理就业手续的证明，并说明学生的毕业时间、所学专业、就业单位。

11）结业生就业规定。

有接收单位的结业生，可参照毕业生的派遣方式办理派遣手续，必须在报到证上备注栏上注明“结业生”字样；在规定时间内无接收单位的，由学校保留其档案，户口关系转至生源地，自谋职业。

12）华侨和港澳台地区毕业生就业规定。

华侨和来自港澳台地区的毕业生愿意留大陆工作的，学校可根据国家有关规定提供必要的帮助。留在大陆工作的港澳毕业生，可保留香港澳门身份证以及港澳同胞回乡证，便于他们往返探亲使用。

3. 毕业生就业的其他政策

（1）应届毕业生报考国家公务员的政策

国家行政机关、其他国家机关和参照国家公务员制度管理的事业单位从高等学校应届毕业生中录用国家公务员，一律实行考试考核，择优录用的办法。高校应届毕业的研究生、本科生、大专生（非委培、定向生），符合国家规定的报考条件均可报考。被录用为公务员的毕业生与组织者人事部门签订就业协议书，属于就业范围。

（2）应届毕业生到部队就业的政策

根据原国家教委、解放军总政治部1997年联合通知中的规定，高等学校应届毕业生参军应具备如下条件：

1）拥护党的基本路线，忠于祖国，热爱军队，志愿献身国防事业，符合公民服现役的政治条件。

2）学习成绩平均在良好以上。

3）本、专科毕业生的年龄不超过25周岁；毕业研究生的年龄视具体情况而定。

4）身体健康，具体条件参照人民解放军院校招收学员的体格检查标准执行。到军队基层指挥岗位的毕业生还应具备良好的气质和强健的体魄。到专业技术岗位的毕业生的视力和身高，在不影响工作的前提下，可适当放宽。为吸引地方高校毕业生到军队工作，通知中明确实行鼓励政策，参军的毕业生，在首次评授军衔、评任专业技术职务、确定专业技术等级以及住房分配等方面，与同期入军校学习的毕业学员享有同等待遇。大专毕业生见习期满可定为排职，少尉军衔；本科毕业生见习期满可定为副连职，中尉军衔；硕士研究生可定为正连职，上尉军衔；博士研究生可定为正营职，少校军衔。

军队接收大学毕业生与应征入伍不同，其主要区别如下：征兵入伍属于服兵役，具有义务性，属于当兵服役。而接收地方高校毕业生，是指接收高校应届毕业生，直接来担任军官或文职职务。

高校毕业生参军入伍的程序是：毕业生根据部队需要报名；部队对毕业生进行考核、体检，与接收对象签订协议；毕业生就业主管部门签证、派遣；部队统一办理接收对象入伍手续；组织入伍的毕业生军训，见习锻炼；对见习期满的毕业生定岗位任职。

（3）应届毕业生自费出国留学的政策

随着改革开放的深入和我国加入 WTO，部分学生将获得机会到国外深造或到境外企业去工作。符合国家规定申请自费留学的毕业生，不参加就业，也不再交纳教育培养费。凭国外大学录取通知书，在学校规定时间内提出申请，经教务处和就业指导中心审核同意后，不列入就业计划。集中派遣时还未获准出境的，学校可将其档案、户籍关系转至生源地，毕业生继续办理出国手续或自谋职业。

（4）患病毕业生和残疾人毕业生的政策

毕业生离校前应进行健康检查，因病不能工作的，应回家休养。一年以内、半年以上治愈的（须经学校指定医院证明能坚持正常工作的），可随下一届毕业生就业；半年内治愈的，可到原就业单位就业；一年后仍未治愈或无用人单位接收的，户口关系转至生源地，按社会待业人员办理。毕业生报到后，接收单位应组织复查。单位在 3 个月内若发现毕业生因健康问题不能坚持正常工作，经县级以上医院检查确属在校期间的旧病复发，报主管部门批准，可将毕业生退回学校，按照有关规定处理；如属新生疾病，按在职人员病假期间的有关规定处理，不得把上岗后发生疾病的毕业生退回学校。对患有精神病（需县级以上医院证明）的毕业生，见习期内复发的，用人单位可将其退回学校，由学校退回家庭所在地。对残疾毕业生的就业，仍按原教育部、国家计委、劳动人事部、民政部《关于做好高等学校招收残疾青年和毕业分配工作的通知》（〔85〕教学字 004 号）文件精神处理。即学校录取的残疾考生，毕业后应按其所学专业，由学校帮助推荐就业，确有困难的，按有关规定由生源所在地民政部门负责安置。

（5）自谋职业和创业的政策

国家鼓励和支持毕业生自主创业、自谋职业。

1）从事社区服务的自主创业的毕业生，经县以上主管税务机关逐年审核批准，可免征营业税、个人所得税三年，城市维护建设税和教育费附加随营业税一并免征。

2）毕业生创办从事咨询业（包括科研、法律、会计、审计、税务等咨询）、信息、技术服务的独立核算企业或经营单位的，经税收部门批准，免征所得税两年。

3）自主创业的毕业生新办的从事交通运输、邮电通信的企业或经营单位，经税务部门批准，第一年免征所得税，第二年减半征收所得税。

4）自主创业的毕业生新办的从事公用事业、商业、物资业、对外贸易业、旅游业、仓储业、居民服务业、饮食业、教育文化事业、卫生事业的企业或经营单位的，经税务部门批准，免征所得税一年。

5）高校毕业生到边远贫困地区创办企业，经主管税务机关批准，可减征或免征企业所得税三年。

（6）第二学士学位毕业生就业政策

国家规定，在校生攻读第二学士学位，修业期满，获得第二学士学位后，原则上按第二学士学位推荐就业。这和普通高校招收的本科生的就业基本一样，即一是服从国家需要，二是坚持学以致用。在职人员攻读第二学士学位，修业期满，不论是否获得第二学士学位，均回原单位安排工作。已获得第二学士学位的毕业生工作后的起点工资与研究生班毕业生工资待遇相同。未获得第二学士学位者，仍按本科生对待。

（7）考研毕业生就业政策

多数考研的毕业生在择业时考研结果未定，应在协议中向用人单位声明，并且双方应达成共识，如果被录取为研究生，就业协议自动失效；否则，不能签订就业协议。

（8）委托培养、联合办学毕业生就业政策

委培生是指用人单位（或地区）委托高校培养的学生。委培生要按委培协议派遣，确因委培单位关、停、并、转不能接收的，应由委培单位主管部门出示证明，经市毕业生就业主管部门审核同意，就地就近安排就业，跨市安排就业的要报省毕业生就业主管部门审批。

学校与地方联合办学培养的毕业生原则上回联办地区就业，如因特殊情况确需改变就业去向的，须由联办地区毕业生就业主管部门同意，报省毕业生就业主管部门审核批准后，方可改变就业去向。

（9）定向生的种类及其主要就业政策

定向生，即定向招生、定向就业的毕业生，主要有两种：①贫困地区定向生；②行业定向生。定向生原则上按照入学时的合同就业。如遇家迁、升学、留校、参军等特殊情况，要出具相关证明材料，征得原定向地区（单位）的主管部门和所到地区（单位）的主管毕业生接收部门的同意，并报送省毕业生就业主管部门审查批准后，才允许改变就业单位。

（10）毕业生二次择业政策

毕业生二次择业是指截止到毕业生集中派遣时，仍未落实接收单位的毕业生，要派回生源省、市、区参加二次就业，原则上由省、市、区推荐就业，毕业生也可继续选择单位，在规定时间内落实工作的，毕业生就业主管部门可以为其办理二次派遣手续。

（四）当代职业发展的趋势认知

社会职业发展趋势是社会进步、科技发展和人们物质文化需要所带来的职业发展方向或职业走向，包括催生新的职业类别。

1. 影响我国职业发展趋势的因素

我国未来的职业发展受到社会发展、世界经济全球化、信息化、科技产业化、文化创意产业化和职业自由化趋势的影响较深并呈现同步发展的趋势。

（1）社会的发展

职业是社会发展的结果。随着我国社会的发展，职业的数量、类型、结构、要求都发生着深刻变化。在不同的历史时期，由于人们的价值观念发生变化，职业的结构、要求也随之变化，中华人民共和国成立后至现在曾出现过的“从军热”“经商热”等都充分说明这点。

（2）世界经济全球化和经济区域化

20世纪90年代起世界经济发展有两个主要趋势，即经济全球化和经济区域化。经济全球化就是生产要素在全球范围内以空前的速度和规模流动，实现优化配置，并为此而逐步削减各种障碍和壁垒。世界经济全球化的主要特征是：生产全球化、资本全球化、市场全球化。经济区域化是越来越多的国家实施的联合图强的战略，它依仗集团的力量以促进和维护本国战略利益，增强综合国力和区域内参与竞争的能力，从而抵御来自区域外的竞争。

世界经济已形成以欧盟、北美自由贸易区和亚太经济合作组织三大经济板块为中心的格局。当今世界任何一个国家都不可能长期游离于国际分工和世界经济大循环之外。三大经济板块的形成和发展，迫使许多国家政府在制定国民经济发展战略时，必须放弃以本国为中心的旧模式和旧观念，必须参照本国所在地区经济贸易集团的共同利益，并根据形势的变化随时调整本国的外交战略，尤其是经济发展战略。世界经济全球化和经济区域化正促使世界的经济力量超越国界，带来更多的贸易、更多的机会、更大的繁荣。众所周知，经济领域是集中职业种类和数量最多的社会生活领域，而世界经济全球化和经济区域化就要求我国积极参与到经济全球化和经济区域化的进程中，调整产业结构，提交参与国际分工的能力。当然这也会促使我国社会职业结构和种类产生变化。

（3）信息化趋势

信息化是指由计算机和互联网生产工具的革命所引起的工业经济转向信息经济的一种社会经济过程。它包括信息技术的产业化、传统产业的信息化、基础设施的信息化、生产方式的信息化、生活方式的信息化等几个方面。信息化是一个相对概念，它对应的是社会整体及各个领域的信息获取、处理、传递、存储、利用的能力和水平。例如，你从职业生涯发展规划师那里获得信息，就是信息技术产业化的例子。

信息化给我国的经济发展尤其是职业发展带来了诸多机遇。它对工业化、城镇化、市场化和国际化的作用是显而易见的，这“四化”的发展都离不开信息化的支撑作用。在全球知识经济和信息化高速发展的今天，信息化是决定“职场”成败的关键因素，也是影响个人职业生涯规划成败的关键因素，还是实现跨地区、跨行业、跨所有制，特别是跨国经营的重要前提。

（4）科技产业化趋势

科技产业化是最近几年出现的一种以科学技术迅速发展和科学技术成果快速实现产业化的一种发展趋势，其目的是使国家的科技产业化水平和能力在世界范围内占领在某些或某一科技领域的制高点并保持一定的市场份额。

科技产业化给职业发展带来巨大冲击。科技产业化，促使许多新技术、新产品和新工艺不断出现。这些新技术、新产品和新工艺的研究、开发、应用必然导致部分职业的新旧更替和一些新职业的产生。比如，随着通信事业的发展，就出现了许多通信手段的研究、通信设备的开发和维修等职业。再如，科技产业化的发展对传统印刷业带来了巨大冲击，计算机汉字照排技术的运用，使印刷业告别了铅与火的时代，汉字录入、照排职业快速发展。此外，科技产业化不仅导致职业数量结构的变化，还会使职业的社会地位发生深刻变化。总之，随着科技产业化的发展，脑力劳动职业发展速度越来越快，体力劳动职业将越来越少。经济部门和服务性行业的职业越来越多、行政管理等行业的需求越来越少。

（5）文化创意产业化趋势

文化创意产业化，本质上是以创意和知识为核心的产业，核心价值是其产品具有精神内涵，是指文化资源与其他生产要素的紧密结合。文化创意产业化是文化与科技、经济互相渗透、互相交融、互为条件、优化发展的经济模式。它虽然也要求高度发达的高新技术，但又不完全依赖高新技术。它强调人的主体地位和主导作用，强调的是以文化为发展经济基础的理念，依靠的是文化资源优势，既可以在发达国家发展，也可以在发展中国家发展，甚至在经济欠发达地区也可以通过发展文化创意产业，使人文资源和文化优势成为新的经济增长点。

2006 年 12 月、2007 年 11 月我国在北京举办了两届中国国际文化创意产业博览会，引起了人们对文化创意产业的极大关注，文化创意产业也如雨后春笋般出现，成为一种职业发展趋势。2008 年，创意产业就成为我国新一轮经济发展水平与国家软实力竞争的重要指标。

（6）职业自由化趋势

在这样一个日新月异的高科技信息时代，固定职业的模式再也不能保证最为有效地完成各种任务。因为我们最有效率的生产方式已经发生了改变。事实上许多成功的组织在实现其目标的过程中，对固定职业的依赖性已经大大减少。这就是为什么今天传统的固定职业中有相当一部分正在被临时性工作、项目分包、专家咨询、交叉领域的合作团队或者自我管理的自由职业者所代替。

自由职业者英文简称为“SOHO 一族”，SOHO 是英文 Small Office Home Office 4 个单词的头一个字母的缩写，指在家办公的自由职业者，他是独立工作、不隶属于任何组织的人，不向任何雇主做长期承诺而从事某种职业的人。具体讲，他们自己制订工作计划，灵活安排时间，与客户之间不是雇佣关系而是合作和服务关系，他们在自己的指导下自己找工作做，经常但不是一律在家工作。自由职业的领域主要有写作、编辑和出版类工作的技术撰稿人、自由职业编辑、编剧自传撰稿人、宣传小册子撰写人、自由职业的新闻工作者；生活管理类工作的色彩顾问、礼品经营、形象顾问、家庭护理员、理疗师、医疗助理、宠物饲养服务、个人购物服务、私人侦探、自尊教练、旅行顾问、包办伙食服务、化妆艺术家、摄影师、花草养护、维修服务、个人培训员、团聚联谊策划、瑜伽教练、打扫房间、整理物品、采购礼品、食品采购、安排婚礼、洗衣服；咨询服务类工作的租约谈判、店貌策划、信用建立、广告与营销策划、形象设计、商业礼仪指导；市场开发和推销类工作的 T 恤衫设计、桑拿设备、狗食、餐具刀叉销售等。

自由职业化趋势还包括人们从事第一职业的同时，可能兼职做第一、第二份工作。除了有的行业和组织不允许兼职之外，多数组织对工作人员的业余之外的兼职采取宽容的态度。

有人认为所有没有正式单位的人员都可以叫作自由职业者，包括待业人员、失业人员等。这种观点是错误的。所谓自由职业，即首先要有职业，而后再有自由。一个人没有职业，找不到职业，是不可以叫作自由职业者的。作为一名自由职业者，必须至少有一项能够安身立命的本领，比如写作、摄影、动画制作等。那些一无所有、一无所长的待业人员或失业人员是不能被称作自由职业者的。成为自由职业者并不是一件容易的事情，要成为自由职业者，必须是具有一定的知识与技能，有社会生存能力，还要有坚强的意志。缺乏生存的技能、缺乏相应的社会关系的人，是没有资格做一名自由职业者的，应该看到，要成为自由职业者的人绝不是无能者和平庸者。

2. 世界未来职业发展趋势

根据《美国新闻和世界报道》与国内外关于未来职业发展趋势的调查，随着世界经济、社会文化和科学技术的发展，社会上的行业结构将发生很大的变化，未来社会对人才需求的情况也会发生重大调整。

《美国新闻和世界报道》的专家对未来社会的职业发展趋势进行了预测，并提出了未来世界的20个主导行业，这20个主导的行业是：执法、法律、信息服务、社会工作、医疗服务、公共事务、金融、技工、电信业、工程技术、科学研究、销售、医学、传媒、教育、咨询业、广告业、艺术、娱乐、工程学等。这项调查是几年前进行的，是对未来美国和发达国家的职业发展趋势进行的预测。这些职业主要是高新技术行业和围绕经济发展的管理及新型服务性行业，都与经济和社会发展密切相关。由此我们可以看到世界未来职业的发展方向。

3. 我国未来职业发展趋势

随着社会、政治、经济、文化、科技等方面对外交流的广泛和深入，我国的社会发展逐步跟上世界潮流，某些方面的发展甚至处于世界前列。因此我国未来职业的发展趋势与世界未来职业发展趋势有一定的相似之处。但是由于我国的国情和所处社会发展阶段的特殊性，我国未来职业的发展趋势有着与世界其他国家不尽相同的地方。我国职业数量、种类越来越多，职业结构变化加快，脑力劳动者的比例逐渐增多，职业要求也不断更新，许多热门职业不断涌现。

专家估计，21 世纪我国热门职业将朝着以下方向发展：

1）软件开发、硬件维护、网络集成等高层次计算机科技类职业。当今社会已步入信息时代，技术应用日益普及。据有关方面预测，数年之内计算机专业的毕业生，将持续走俏人才市场，成为高新技术企业争夺的焦点。

2）通信工程、无线电技术等电子工程类职业。近几年邮电通信事业发展迅猛。程控电话、移动通信网等通信设备现代化建设需要大批通信工程、无线电技术等电子工程类专业的毕业生。

3）农科类职业。科教兴农、提高农业科技含量，给农科类毕业生提供了显身手的广阔舞台。相当一部分的农科类毕业生将充实到乡镇、农场栽培、菜篮子工程、家禽水产养殖、农业机械行业或农科研究机构中去。他们将凭借自身掌握现代技术和经营管理的优势，大胆从事各类集体或个体承包，逐步发展成为中国新型的“农场主”“牧场主”“水产大王”。

4）金融、房地产、信息咨询等第三产业。技术密集型的第三产业是发展经济的重点，这些行业紧缺高学历、高层次人才。尽管今后仍会出现部分非金融类高校的金融专业毕业生改行就业的现象，但金融专业研究生和名校金融专业本科生在人才市场上依然吃香。

5）政法类职业。时下，专、兼职律师队伍和企业法律顾问队伍日益壮大，并且成为热门职业。而且随着市场经济的深入发展，社会对法律类专才的需求将日益扩大，今后司法队伍的主要来源将是政法类专业毕业生。此外，公务员考试制度的确立，更为政法类专业毕业生开辟了公平竞争的机会。

6）师范、医科类职业。据了解，今后师范、医科类毕业生的主要就业去向将引向技术力量较弱的基层单位和边远地区、郊区、一线文教卫生单位，以解决城乡发展不平衡、结构布局不合理的矛盾。目前改造薄弱学校，挂编流动支教、支医计划已经启动。

7）环境类职业。环境问题是人类发展中的一个日益严重的社会问题和重要课题，越来越受到各国重视。更多的废物管理员、废物处理师和环境工作研究、开发、应用职业会应运而生。

8）院外医疗业。随着人们生活水平的提高和医学科技的发展，人类寿命将延长，出现人口老龄化问题，需要大批的医疗保健专家。

9）美容职业。时至今日，我国公民已普遍接受了“化妆即是表达尊重”的理念。化妆已不仅仅是对颜色、材质和搭配的考虑，它的外延将扩大到妆容与时间、地点和场合的协调。其实在美容业高度发达的国家和地区，妆容的分类早已到了不厌其“细”的地步，工作妆与舞会妆，都有极其严格的区分标准。因此美容业将成为热门职业。

10）国际商务策划师。21 世纪，商务策划将成为发展前景最好、收入最高、就业最稳定的热门职业之一。当前中国企业最缺乏的人才就是提供商务策划的企业军师，这些军师必须是具备丰富的商务经验且善言谈或笔谈的人，善独立思考且洞察力和创新意识较强、能产生好点子或新建议的人，熟悉行业的运行机制且有行业发展的战略眼光、能帮本企业克服转型危机的人，这些人总是能够在各自领域不断提供新创意、新设想，能够发现更有战略价值的新领域、新课题、新产品，不断形成人无我有的优势，也因此成为最受欢迎的人。

第二章　高职生专业发展与就业形势分析

【学习导入】大学生热考职业资格证为哪般

毕业前夕，教育学专业的小李喜滋滋地向老师报告自己找到工作了，到中学当心理教师，同时兼任学校心理咨询员。她告诉老师，是考取的心理咨询师职业资格证助她顺利签约的。西安某学院的小王表示，他想借助自己的英语优势从事进出口贸易。但经了解得知，从事进出口贸易不仅需要相关专业的毕业证，还必须具备相关的国家职业资格证。

1. 纷纷投考为哪般

随着市场经济体制的发展、完善，多种所有制经济主体的产生，劳动者的高度流动已经彻底打破了职业终身制，现实生活要求一种统一的、权威的职业资格认证体系的产生。来自吉林省劳动就业市场的统计报告显示：用人单位对求职者有明确职业资格要求的占用人单位总量的52%，且有上升趋势。说明社会在重视学历文凭的同时，开始重视职业资格证明，职业资格在就业方面正在发挥越来越重要的作用。

近几年，上海、广东等地参加职业资格鉴定的人数显著增加，说明在经济发达地区职业资格证书已经得到了人们的普遍认可。越来越多的企业与用人单位在招聘中要求大学生具有相关的职业资格证书，一些单位明确提出“持有相应职业资格证者优先考虑”。职业资格证书已成为就业、创业的重要条件之一。

2. 多种反馈面面观

通过考证来提升就业能力、增加就业砝码，是许多大学生的心理期待，但是捧着这块“敲门砖”就能敲开用人单位的门吗？目前在全国已经考取各类资格证书的在校大学生人数很多，但其中大部分人的证书在求职过程中并没起到应有的作用。北京某高校的小张表示：“报考资格证并不是因为我有兴趣，但如果没有资格证书，就难以在激烈的职场上与他人竞争。考取资格证费用很高，看到人家都在考，自己也就硬着头皮考了。”某大学的一位毕业生在参加过多场招聘会后认为，用人单位并非想象中的那么重视资格证，他们更重视学生的实践能力。如对英语水平的考查，只要面试时能流利地与招聘官交流，不一定非要考雅思或托福。山西一所大学的小孙表示：“招聘会上，大家都希望签约好单位，可是如果出自普通学校，又没有吸引人的资格证书，面试的机会非常少。”很多学生认为，要给用人单位留下良好的第一印象，证书越多、效果越好。

3. 理性应对考证热

如今，作为完善就业市场机制的重要手段，职业资格证书已开始在劳动力市场中发挥“就业通行证”的作用。职业资格鉴定在大学生中的普遍认同，表明大学生对就业有了更加务实、理性的认识，而客观上要求教育者对此要有正确、健康的引导，将职业资格证考证课程与学校教学结合。各专业可参照实行就业准入的职业目录，调整和补充课程教学，培养学生的实践操作能力。在学生取得一项职业资格证书时，作为学分记入学习档案，提高学生学习的积极性和有效性。

要在进行市场调查的基础上，把考证指导纳入就业指导，为学生和用人单位提供实用的“个性化”方案。培养学生树立新型就业观及诚信、合作和负责的精神，注重实际工作能力、创新能力的发展。指导学生分析自己的特点和优势，明确自己的职业目标和目标职业，有意识、有计划地参加与目标职业相关的活动来丰富自己的阅历，选择相关的职业资格考试作为个人职业生涯规划的一部分。

第一节　专业与专业学习

大学教育是在学生基本掌握了较全面的科学文化基础知识的基础上进行某个方面的专业知识和技能的教育，为社会培养高素质人才。作为高职高专院校的大学生，应充分了解所学专业与将来从事的职业的联系。

一、专业设置与专业学习

1. 专业设置

高等职业教育专业设置的指导思想是：以服务为宗旨，就业为导向，体现“高职”专业设置的特色，促进职业教育与就业创业教育的紧密结合。

“高职”特色具体体现在：

1）职业性与学科性结合，专业的划分实行“以职业岗位群或行业为主，兼顾学科分类”的原则。

2）合理性与科学性相结合，实行“宽窄并存”的原则。

3）灵活性与稳定性相结合。

2. 专业设置的依据

职业分类并兼顾学科分类是职业技术教育设置专业的重要依据。例如，目前高等职业院校分设农林牧渔、交通运输、生化与药品、资源开发与测绘、材料与能源、土建、水利、制造、电子信息、环保气象与安全、轻纺食品、财经、医药卫生、旅游、公共事业、文化教育、艺术设计传媒、公安、法律19个大类，下设二级类78个，共532种专业。

随着社会的变迁，职业也呈现出新的时代特点。科学技术的发展，提高了职业的科技含量，对劳动者的科技素质提出了越来越高的要求；改变了职业活动的内涵，职业活动中体力劳动的比重减少，脑力劳动的比重日益增加；加快了职业的新陈代谢，新职业不断产生，旧职业不断衰退。专业设置应坚持现实性与前瞻性相结合，既适应我国当前经济发展和劳动力市场需要，又适应超前考虑未来经济发展和职业变化的需要。解决就业问题的基础环节是专业设置要适应市场要求。专业设置应瞄准经济与产业结构调整的走向，在广泛调研的前提下，组成由行业、企业、学校参加的专业指导委员会，对产业发展前景进行分析，对人才需求进行预测。

3. 专业学习的重要性

在现代社会里，一个人不经过专业学习，不掌握一定的专业知识和技能，就很难就业，更谈不上实现职业理想。因此，对每个同学来说抓住在校学习的机会，搞好专业学习，积极完成学业，对实现职业生涯规划具有重要的意义。

（1）学好专业是顺利就业的必备条件

具备扎实的专业知识和技能，是就业、从业的必备条件。因为无论在什么岗位上，没有一定的专业知识和专业技能，都无法履行岗位职责、完成工作任务。例如，学习制造类机械专业的毕业生看不懂图纸、不会使用量具，学习电气专业的毕业生不会使用仪器、仪表，看不懂电气设备图，又怎么能胜任工作呢?

在就业竞争日趋激烈的形势下，只有具备扎实的专业知识和过硬的专业技能，才能在就业竞争中发挥优势，为顺利就业创造有利条件。

（2）学好专业是实现职业生涯目标的基础

只有完成学业，学好所学的专业，才能找到与专业相对应的职业，并在职业舞台上灵活运用专业知识，充分发挥专业特长，出色完成工作任务，提高工作效率。这些正是一个人职业生涯发展的基础，也是实现职业生涯目标的基础。

二、专业与职业岗位

1. 岗位群

由于社会分工的存在，人们从事着不同的职业。在国民经济建设不同的产业、行业领域中，有成千上万种不同的职业；学校所设置的专业是学业分类，它是从学科与技术的角度进行划分的。所以，专业和职业既有区别，又密切相联。

一个具体的专业，它与职业的对应关系，可以是一个职业岗位，但更多的情况是，一个专业对应的是一个职业岗位群（或职业领域）。职业岗位群一般由工作内容、社会作用、基本技能要求相近，从业者所应该具备的素质接近的若干个职业岗位而构成。例如，机械设计与制造专业，毕业生所对应的职业领域有机械设计、加工工艺制定、工艺装备设计、CAD/

CAM 等工程软件应用、数控编程、数控机床操作与技术管理等；电气自动化技术专业，毕业生就业方向是电气自动化系统的安装、调试、改造及技术管理，变配电系统设备的运行、维修、安装、调试、改造及技术管理，工业自动化系统营销等；计算机应用技术专业，毕业生就业岗位群有在企业、商贸、财经、金融、党政团体等单位从事计算机维护、修理，数据库编程，网络安装与使用，多媒体制作，计算机经营等。

不管什么专业，学校在制定专业教学计划时都要明确该专业毕业生的就业方向（或职业岗位群）。

大学时代是一个人一生中很重要的起点，可以说，大学是人生目标的开始，大学学习也是一种职业学习。从报考大学的那一刻起，职业方向的选择就摆到了你的面前；来到学校，职业方向就基本确定，整个大学教学的内容都将围绕着这一方向来安排。

2. 增强职业意识

高等职业院校是培养与社会现代化建设要求相适应的高素质职业技术型人才的摇篮。进入高等职业院校，经过专业学习和训练，完成学业后，就会选择职业进入企业、公司。所以，在校学习期间，就应该增强职业素质，熟悉与自己所学专业对应的职业群，关心这些职业或职业群的变化情况，了解与自己所学专业相关的职业资格证书。

3. 专业学习与职业层次

人们除了要根据自己的能力确定自己的工作类型外，还应该根据自己的能力，决定自己从事哪个层次上的工作，以实现人尽其才。一般地，按照所要求的能力和责任度把职业分为以下六个层次：

（1）非技能性工作

这种层次的工作简单、普通，不要求独立的决策和创造能力。

（2）半技能性工作

要求在有限的工作范围里具有一些最低的技能和知识，或具备一定程度的操作能力。

（3）技能性工作

要求具备熟练的技术、专门的知识和判断力。

（4）半专业性和管理性工作

要求具备一定的专门知识或判断力，这种工作对他人要承担低程度的责任。

（5）专业性工作

要求具备大量的知识和判断力，这种工作具有一定的责任和自主权。

（6）高级专业性和管理性工作

要求具有高水平的知识、智力和自主性，承担更多的决策和监督他人的责任。

4. 努力学习，适应职业层次的要求

无论什么专业，学校在制订专业教学计划时都会围绕其培养目标安排相应的教育教学活动，一般有理论教学、实践教学（工学结合）、课程设计、毕业设计、素质教育等。同学们

应该积极完成每项教育教学内容和各项活动，努力提高自身的素质和能力，以适应相应的职业层次。

三、高职教育“双证制”

1.“双证”制的内涵

（1）什么是“双证”制

“双证”制教育是指职业院校按照职业标准和岗位的要求组织教学和实训、实习，使学校教育和生产实际紧密结合，强化学生实践能力和职业技能的培养，使学生在不延长学制的情况下，同时完成学历课程和职业技能培训，经学校和职业资格鉴定机构考试鉴定，成绩合格并取得规定学分以后，在取得学历证书的同时，取得行业认可的职业资格证书的教育制度。

《国务院关于大力发展职业教育的决定》（国发〔2005〕35号）文第七条指出：“严格实行就业准入制度，完善职业资格证书制度。”用人单位招工必须严格执行“先培训、后就业”“先培训、后上岗”的规定，从取得职业学校学历证书、职业资格证书和职业培训合格证书的人员中优先录用。要进一步完善涉及人民生命财产安全的相关职业的准入办法。劳动保障、人事和工商等部门要加大对就业准入制度执行情况的监察力度。对违反规定、随意招录未经职业教育或培训人员的用人单位给予处罚，并责令其限期对相关人员进行培训。

（2）“双证”制的作用

“双证”制是教育和劳动人事制度改革的重要措施。实行“双证”制教育能够提高学生的操作技能，与单纯学历证书教育相比，学生的就业竞争能力将大幅增强，有利于改变职业教育毕业生就业难的局面，同时也为企业提供了高素质的人力资源，调动企业吸纳人才的积极性和择优聘用人才的可能性。在高职高专教育中推行学历证书和职业资格证书并举，是一种国际通行的做法，是我国高等教育多元化发展的未来趋势，也是我国高等教育培养人才适应WTO要求的必然选择。对于高职高专毕业生来讲，使自己成为既有学历又有能力，既有技术又有技能的复合型人才，能缩短就业上岗后的适应期，以最大的优势适应人力资源市场的需求。

职业资格鉴定在我国只是近年来刚刚兴起的。随着大学生毕业之后就业竞争压力的增大和人力资源需求的变化，大学校园将再度兴起考证热，并且需考的证书会越来越多。这种考证越来越多的原因除了相关行业竞争的压力之外，还与国家颁布的持职业资格证书进入相关行业的规定有直接的关系。过去，我国的大学毕业生只要有学历就可以就业，从1993年开始在全国推行学历文凭和职业资格证书并重的制度，要求大学生或其他求职者，不仅要有学历，还要有某种职业资格才能进入人力资源市场，这在客观上促使大学生参与其中。

在大学毕业生中提倡“双证并重”，是适应中央提出的“在全社会实行学业证书、职业资格证书并重制度”要求的重要措施，对于提高劳动者素质，引导高职高专教育学科专业结构和人才培养结构的调整，增强高职高专院校毕业生的就业能力、创业能力和工作能力，推动就业准入制度的实施，具有重要意义。

目前，“就业靠竞争，签约凭实力”的观念已被大学生普遍接受。高职高专毕业生除具备相同的学历证明和相同的专业课学习经历之外，参加相关专业的职业资格考试而取得的证书已经成为其走向社会、参与竞争的重要砝码。它表明毕业生具有从事某一职业所必备的学识和技能，是毕业生求职、任职、就业的资格凭证，是用人单位招聘、录用毕业生的主要依据。

作为高职高专毕业生，参加这类考试目前已经得到政策的支技与社会的认可，因此更应该发奋努力，增加自己参与社会竞争的砝码，从而享受公平竞争所带来的成功喜悦。

2. 职业资格的概念

（1）从业资格和执业资格

职业资格包括从业资格和执业资格。从业资格是指从事某一专业的学识、技术和能力的起点标准；执业资格是指政府对某些责任较大、社会通用性强、关系公共利益的专业实行准入制度，是依法独立开业或从事某一特定专业的学识、技术和能力的必备标准。

（2）职业资格证书制度

职业资格证书制度由从业资格证书制度和执业资格证书制度组成。职业资格证书制度是指按照国家职业标准，通过政府认定的考核鉴定机构，对劳动者的技能水平和从业资格进行评价和认证的国家证书制度；职业资格证书制度是劳动者就业制度的一项主要内容，也是一种特殊形式的国家考试制度，简言之，就是对劳动者取得什么证书、如何取得证书、取得证书后的作用等问题所做的规定而形成的制度。

（3）职业资格证书

职业资格证书是对劳动者具有和达到某一职业所要求的知识和技能标准的认证，包括从业资格证书和执业资格证书。

从业资格证书是建立在从业资格确认的基础上的。从业资格确认工作由省、自治区、直辖市人事部门会同业务主管部门组织实施，通过学历认定或考试取得。

执业资格证书则是由国家授予经执业资格考试合格的人员的。执业资格考试的报名条件、考核标准、考试内容，不同的专业各不相同。

目前，我国已有近 20 个专业建立了执业资格制度，其中部分专业实行注册制度，如注册会计师、注册建筑师、注册律师、注册资产评估师、注册拍卖师、注册结构工程师、注册税务师、监理工程师等；有的专业还只是实行考试制度，如医师、药师、中药师、统计员、教师、法律顾问、价格鉴证师、珠宝玉石质量检验师、假肢与矫形器制作师等。

在推行技能人才职业资格认证制度方面，我国已取得了明显的进展。据统计，目前我国共有职业技能鉴定机构 7 000 个，在 1 000 多种职业范围内开展职业技能鉴定工作，平均每年有 400 多万人参加不同的职业技能鉴定。今后，我国将在更多专业领域加快实施职业资格特别是执业资格制度，并逐渐实现与世界各国进行执业资格互认，建立与国际接轨的完整的执业资格制度体系。

3. 职业技能鉴定与就业准入概念

（1）职业技能鉴定

职业技能鉴定是一项基于职业技能水平的考核活动，属于标准参照型考试，它是由考试考核机构对劳动者从事某种职业所应掌握的技术理论知识和实际操作能力做出客观的测量和评价。职业技能鉴定是国家职业资格证书制度的重要组成部分。职业技能鉴定分为五个级别：初级、中级、高级、技师、高级技师，申报职业技能鉴定，获取职业技能证书，不同级别申报条件有所不同。

参加初级鉴定的人员必须是学徒期满的在职职工或职业院校的学生。

参加中级鉴定的人员必须是取得初级技能证书，并连续工作 5 年以上或是中等职业学校毕业生。

参加高级鉴定的人员必须是取得中级技能证书 5 年以上，连续从事生产作业的，或是经过正规高级技工培训并取得结业证书的人员。

参加技师鉴定的人员必须取得高级技能证书，具有丰富的生产实践经验和操作技能特长，能解决本工种关键操作技术和生产工艺难题，并有传授技艺能力和具有培养中级技能人员能力的人员。

参加高级技师鉴定的人员必须是任技师 3 年以上，具有高超精湛技艺和综合操作技能，能解决本工种专业高难度生产工艺问题，在技术改造、技术革新以及排除事故隐患等方面有显著成绩，而且具有培养高级工和组织带领技师进行技术革新和技术攻关能力的人员。

申请职业技能鉴定的人员，要根据申报职业的资格条件，确定自己申报鉴定的等级，向职业技能鉴定站（所）提出申请，填写职业技能鉴定申请表。报名时应准备好照片、身份证、培训毕（结）业证书、技术等级证书或工作单位劳资部门出示的工作年限证明等。申报技师、高级技师任职资格人员，必须有本人的技术成果和工作业绩，并提交本人的技术总结和论文资料等。

职业技能鉴定的主要内容包括职业知识、操作技能和职业道德三个方面。这些内容是依据国家职业技能标准、职业技能鉴定规范（即考试大纲）和相应教材确定的，并通过编制试卷来进行鉴定考核。

职业技能鉴定的方式分为知识要求考试和操作技能考核两部分。知识要求考试一般采用笔试，操作技能考核一般采用现场操作加工典型工件、生产作业项目、模拟操作等方式进行，计分一般采用百分制，两部分成绩都在 60 分以上为合格，80 分以上为良好，95 分以上为优秀。

（2）就业准入概念

就业准入是指根据《中华人民共和国劳动法》和《中华人民共和国职业教育法》的有关规定，对从事技术复杂，通用性广，涉及国家财产、人民生命安全和消费者利益的职业（工种）的劳动者，必须经过培训，并取得职业资格证书后，方可就业上岗。实行就业准入的职业范围由人力资源和社会保障部确定并向社会发布。

2000 年 3 月 16 日，原劳动和社会保障部以部令第 6 号形式发布了《招用技术工种从业人员规定》(2000 年 7 月 1 日起施行)，对 90 个工种实行就业准入。这 90 个工种是：

1）生产、运输设备操作人员。包括车工、铣工、磨工、镗工、组合机床操作工、加工中心操作工、铸造工、锻造工、焊工、金属热处理工、冷作钣金工、涂装工、装配钳工、工具钳工、锅炉设备装配工、电机装配工、高低压电器装配工、电子仪器仪表装配工、电工仪器仪表装配工、机修钳工、汽车修理工、摩托车维修工、精密仪器仪表修理工、锅炉设备安装工、变电设备安装工、维修电工、计算机维修工、手工木工、精细木工、音响调音员、贵金属首饰手工制作工、土石方机械操作工、砌筑工、混凝土工、钢筋工、架子工、防水工、装饰装修工、电气设备安装工、管工、汽车驾驶员、起重装卸机械操作工、化学检验工、食品检验工、纺织纤维检验工、贵金属首饰钻石宝玉石检验员、防腐蚀工。

2）农村牧渔生产人员。包括动物疫病防治员、动物检疫检验员、沼气生产工。

3）商业、服务业人员。包括营业员、推销员、出版物发行员、中药购销员、鉴定估价师、医药商品购销员、中药调剂员、冷藏工、中式烹调师、中式面点师、西式烹调师、西式面点师、调酒师、营养配餐员、餐厅服务员、前厅服务员、客房服务员、保健按摩师、职业指导员、物业管理员、锅炉操作工、美容师、美发师、摄影师、眼镜验光师、眼镜定配工、家用电子产品维修工、家用电器新产品维修工、照相器材维修工、钟表维修工、办公设备维修工、保育员、家政服务员、养老护理员。

4）办事人员和有关人员。包括秘书、公关员、计算机操作员、制图员、话务员、用户通信终端维修员。

4. 学历证书和职业资格证书的关系

学历证书是一个人接受教育的年限、所具有的文化程度或者学业程度的证明，是由教育部门颁发的；职业资格证书是一个人能否胜任某一职业的证书，是由人力资源和社会保障部或由其委托的部门颁发的。

学历是一个人学习的经历，是表明一个人在某个学校学习某类专业，是毕业还是肄业。学历证书就是毕业证书，又称为文凭，是教育部门颁发给学生作为学历证书的文件。当一个人按期完成某类正规教育，经考试合格后都会得到一份证明其所接受的这段教育的证明性文件。

不同的职业对学历有不同的要求。获得职业资格的起点学历，至少是初中毕业。要获得大学教师资格必须是大学本科或本科以上学历。所以学历证书和职业资格证书是密不可分的。

学历并不等于能力，随着职业资格证书制度的实行，教育部要求各院校在完成正常教学计划的同时，进行相关的职业资格证书的考试、考核，鼓励学生获取职业资格证书。

《中华人民共和国劳动法》规定：“国家确定职业分类，对规定的职业制定职业技能，实行职业资格证书制度。”双证书制度将会逐步推广实行，这不仅有利于鼓励和调动在校大学生学习专业理论和专业技能的积极性，而且有利于毕业生积极适应多种专业岗位的需求。在新的就业机制中，“双证书制度”将发挥越来越大的作用。

第二节 专业与职业的对应关系

一、科学认识专业与职业的关系

在学业规划与升学决策中，学什么（即专业的选择）是第一等重要的战略问题，这就像企业在开办之前首先要考虑生产经营什么一样，生产什么，取决于经营者在分析市场及自身资源优势之后对销售什么所做的判断，同样，学什么专业，也是取决于求学者对毕业后人才市场态势及现有自身资源及优势的判断。

在这里，有两种观点需要纠正，一种是认为专业不重要，大学主要是对综合素质和学习能力的培养，所以专业的选择对个人发展并无大的影响，只要综合素质强，随便什么专业都可以成功，这是许多职业规划专家都认同的看法。是的，职业规划专家说得并没有错，条条道路通罗马，成功的道路千万条，但须知这中间必然有最短的一条，那么学业规划就是寻找这最短的一条的。即以最小的代价和投入实现自身的职业理想。再则，职业规划也并不是只有职业目标（理想）就行了，如果从现实到理想没有切实可行的路线支撑，这种职业规划很容易流于形式，理想也将成为空中楼阁。在许多情况下，从现实至理想的路线也并不是笔直的，可以一步跨越的，这时，就需要考虑每一个步骤或阶段性目标如何实现，为了实现这一阶段性目标或步骤，当然就需要针对阶段性的职业目标而选择合适的学业（专业）。比如，有学生的理想是成为企业家，创建自己的实业，但在成长的道路上，他只有凭借自己的奋斗。这时，他就需要先成为雇员，那么就要考虑首先成为什么行业、单位内的雇员，然后再选择相应的学业，毕业后用自己的专业知识去获取职位。等自己在雇员的职位上有了一定的经济积累，可以开辟自己事业的时候，再来考虑向职业理想（企业家）迈进。那么，要成为雇员，你就必须要考虑在现有条件下，选择什么样的专业进行学习，才相对比较容易就业，而不是盲目地随便选什么专业都行。所以，认为专业（学什么）不重要是一种幼稚天真的想法，得了一种“左派幼稚病”。这类人往往有着不切实际的幻想，总想着一飞冲天，对脚踏实地的现实考虑不屑一顾，他们很容易爆发出“英雄主义”和“浪漫主义”，比如说砸锅卖铁也要上大学，比如说为了一步到位实现理想，一定要走艰难无比的人生道路，不愿稍微地迂回，听不进别人现实合理的建议。他们惯用的批评别人的正确废话就是活着不是为了吃饭！殊不知，不吃饭，你也终将活不下去。

另一种观点是认为只要选择了好专业，将来能投身于热门行业，也就别无所求，失去了奋斗目标和人生理想，整日沉湎于琐碎而庸俗的现实生活，随波逐流于万丈红尘中，这类人在个人发展中得的是“右倾机会主义病”，他也终将无法实现自身的职业理想和人生理想。

邓小平同志有一则趣事：有外宾问邓小平同志是左派还是右派，邓小平回答：“我是实事求是派！”要说的是，我们大家都应向邓小平同志学习，领会其深刻内涵，在个人发展中，既不当左派，也不做右派，做个真正的实事求是派！

二、专业与职业关系简析

专业教育培养的人才具有明确的职业导向性，这使得专业与职业存在许多共同之处，但是由于概念、属性、特征等因素，专业与职业之间也有本质区别。

首先，一个专业对应一个职业群，有时甚至可以对应几个相关的职业群。例如，物流专业所对应的职业群主要是进入专业化物流公司、国内商贸流通公司、电子商务物流公司、企业物流配送中心等部门从事物流系统优化组织设计及物流经营管理工作，或者进入企事业单位、工商贸易管理部门、电子商务物流公司、第三方物流公司、交通运输等部门从事物流管理工作。计算机专业对应的职业群为硬件、网络、软件开发、电子商务等。建筑专业对应的职业群为建筑师（建筑设计、城市规划和景观设计）、土木工程师（设计和管理建筑物、道路等建设）、制图员（根据工程师和建筑师的设计说明准备草图）、机械工程师（计划和设计工具、机器和发动机）、测量员（为建筑场所和地图绘制收集和测量数据）。

其次，职业群一般由基本操作技能相通，工作内容、社会作用以及从业者所应具备的素质接近的若干个职位所构成。职业群横向划分，是相同的职业存在于不同的产业或行业之中，如计算机专业所对应的职业群广泛分布于国民经济各个产业和行业之中。纵向划分，计算机专业职业发展路线为：软件开发工程师→软件架构设计师或高级软件工程师→白盒测试、性能测试、自动化测试工程师→QA 主管→技术开发部经理。

最后，一个人无论是基于主动还是盲从、被动而选择了某一专业，都无法保证这个专业一定是自己将来要从事的职业或事业，此时就会出现专业与职业不匹配的现象。这种现象的出现，究其原因主要有：不考虑自身的兴趣爱好及自身特质，盲目依据亲朋好友的意见或建议选择专业；盲目依据劳动力市场供需状况、社会地位、经济收入等外在条件选择专业；因高考分数不够而被调剂到自己不喜欢的专业等。

职业专业化是我国新时期大学教育改革发展的方向。所谓专业化，是指普通职业个体逐渐符合专业标准，成为专门职业并获得相应专业地位的过程。面对严峻的就业形势，要想在每年几百万的大学生就业大军中脱颖而出，迈好职场第一步，最关键的就是提升自身的专业化水平，提高职业素质。为此，应从以下两个方面着手以实现学生个体在职业和专业上的有机结合，即职业专业化。

首先，积极构建和开设个体的职业专业化能力课程。个体的专业沉淀是在掌握知识，技能的过程中形成和发展的，是通过在高校进行相关专业课程的学习实现的。因此，学校有必要构建和开设大学生认知能力课程、自学能力课程、创新能力课程和实践能力课程，使学生通过对这些课程的学习，真正实现理论知识与实践能力有效衔接。

其次，充分运用目标管理的方法实现个体的职业专业化。在教与学的过程中，注重充分发挥学生自主管理的能力，抓住施展个人才华的机会，在能力培养系统工程下，感受学习和生活的兴趣和价值，享受学习和生活的满足感和成就感，按期完成能力培养目标，使职业与专业有机结合。

第三节　大学生就业形势分析与预测

一、大学生就业形势分析

1. 全国劳动力市场“供大于求”，供需矛盾突出

研究者把高等教育的发展范围分三个阶段，毛入学率15%以下为精英教育阶段，15%～50%为大众化教育阶段，50%以上为普及型教育阶段。我国高校扩招的目标从某种意义上来说，就是在追求从精英教育向大众化教育的过渡。高考扩招虽然可以大大提高国民的整体素质，但却给目前毕业生的就业带来了一定的压力。

2. 大学生素质与社会人才标准的差异明显

大学毕业生具备的综合素质与社会人才需求标准之间的差异明显，是造成大学毕业生就业难的一个重要原因。目前，就业“买方市场”已形成，就业竞争日益激烈，用人单位特别是具有一定吸引力的用人单位招聘人才的标准日趋完善，对毕业生的要求越来越高。近年来，用人单位特别重视动手实践能力、社会适应能力和团队协作精神等，而且在挑选人才时还参考毕业生就读的学校和学历层次。毕业生的动手实践能力已成为许多用人单位所要考核的重要内容之一。外语、计算机、驾照等也成为一些地区和用人单位接收毕业生的必要条件。总之，用人单位招收大学毕业生已从“数量型”转变为“质量型”，他们挑选人才更注重业务能力和综合素质。

3. 大学生就业观念落后

部分大学就业观念落后，认识不到位，自我定位不够准确，期望值偏高。“双向选择、自主择业”的就业机制客观上要求毕业生充分认识就业形势和就业方式变化，及时调整自己的就业预期，由于部分大学毕业生瞄准了大中城市和经济发达地区，对工资、福利要求较高，与市场需求产生了鲜明的反差。大学毕业生应该及时调整心态，转变传统就业观念，降低就业期望值，寻找适合自己的工作岗位。

4. 与就业配套的相关体制和机制有待完善

现行的人事、户口制度等尚不能与毕业生市场化的择业机制相协调，且就业市场的建设也不够完善，信息服务不够发达。一些毕业生好不容易找到了合适的单位，但却在协议的签订、报到手续的办理和档案关系的转接等方面得不到人事制度的支持和认可。一些毕业生到民营企业、私营企业及其他非公有制企业就业时，由于户籍制度的限制而难落实人事关系。另外，现行的人事制度对人才流动也产生了一定影响。毕业生一旦进入某个单位，其档案和户籍关系就在一定程度上“固定”化了，使得毕业生的正常流动变得十分困难，对毕业生

的就业选择产生了负面影响。

5. 大学生就业的结构性矛盾突出

选择职业是人生大事，因为职业决定了一个人的未来。所谓的结构性矛盾是指大量毕业生过分集中在东部地区和城市，就业岗位的数量和增量有限，而中西部地区、广大基层却面临着人才匮乏又难以吸引毕业生的状况，导致“无业可就”现象并存。造成这种大局面的原因有两个：一是打开基层就业的新空间面临重重困难。虽然国家鼓励和提倡大学生面向基层就业，但受地方经济水平制约，欠发达地区和基层缺乏编制安排和资金保障，吸纳毕业生就业的空间有限；社会分配制度、社保制度、户籍制度、地区经济状况、人才发展环境等机制和体制问题有一定的滞后性，制约着毕业生到基层就业。二是人才的合理有序流动仍受到客观因素的制约。流动性既是大学生就业的特点，也是市场经济体制下社会劳动力就业的特点。

二、大学生就业形势预测

（一）我国的人才总量缺乏

虽然大学生就业难正日益成为一个社会问题，但我国的人才总量是缺乏的。有关部门的统计显示，目前每年社会新增就业机会为900万个左右，而每年大学毕业生人数则在700多万。就这一数字对比而言，大学毕业生理应有比较大的就业空间。

中国社会科学院人口与劳动经济研究所副所长张车伟表示，无论从数据统计还是从实际状况来看，我国目前的人力资源，尤其是大学毕业生还是少得可怜。我国大学生毛入学率仅23%左右，而美国为82%，日本、英国、法国等发达国家均在50%以上，韩国、印度、菲律宾也在30%左右。我国7亿多庞大的从业人员中，高层次人才稀缺，这都是大学毕业生可以充分发挥作用的天地。在美国，接受过高等教育的人数占全国人口数量的35%，在日本，接受过高等教育的人数占全国人口数量的23%，而在我国，目前接受过高等教育的人数仅占全国人数的8%，从这个角度来讲，我国的大学毕业生不是太多而是太少了。专家认为，只有受高等教育的人口比例越多，整体国民素质才能越高。虽然目前大学毕业生存在相对过剩的问题，但是“适度扩招”依然是大方向，是大势所趋。

（二）当今社会高级技工人才严重匮乏

据凤凰卫视的报道称，由于缺少技工，拥有日产6万件皮衣生产能力的浙江海宁市现在每天至少流失100万美元的订单，“童装之都”浙江织里镇许多企业老板则干脆整天守候在车站高价争抢外地来浙江的挡车工……随着制造业在“长三角”蓬勃发展，人们发现，“技工荒”正成为比缺电更紧迫的经济发展新“瓶颈”。即使在装备制造业实力颇为雄厚的上海市，目前高级技工占技工总数的比例也只有8.2%，这与发达国家高达30%~40%的比例相去甚远。

以往，人们将职业人分为白领、蓝领，如今又多了一个阶层——银领。“银领”一词，起源于美国。原指穿银灰色工作服的维修电器、水道、机械等的技术工人。今天，计算机广泛应用，“银领”领域迅速拓宽，它包括：电子机械操作员、数控机床控制员、模具设计师、室内装饰师、首饰设计师、智能楼宇布线员、游戏设计师、多媒体作品设计师、动漫设计制作者、数字音乐制作员、IT 程序员、信息安全防御员、广告设计师、会展设计师、色彩搭配师、外科医生、新闻记者、飞行员等。这些职业，要求专业知识与动手能力俱佳，操作技巧与组织协调能力并举，开发革新与项目攻关意识领先。因此，现在人们所说的“银领”，是指既掌握较高的现代科学知识又具有较高的操作技能的复合型职业技能人才。“银领”不是“蓝领”向“白领”的过渡阶段，不是比“蓝领”高一点、比“白领”低一点的阶层，也不是“蓝领”“白领”的平均值。“银领”人才不像处在办公室的白领。白领一般是管理层或者做些文职的事情，而“银领”是有很娴熟的技术，他们需要经常动手。但是“银领”也不像一线的蓝领，他们的薪资是一般蓝领的 3 ~ 5 倍，他们有着比蓝领更多的知识和更佳的专业技能。

中国加入 WTO 后，将成为全球制造业中心之一，职业资格证书较学历证书更适应市场经济发展的需要。随着政府对就业准入和职业资格证书制度的大力推广，中国也将从学历社会向资格社会转型。随着生产环节技术含量越来越高，生产管理服务人才将是生产一线的骨干，越来越多具有现代科学知识和技能的人才——“银领”人才活跃在生产一线的关键岗位上。一般应聘者要谋得这些职位，专业对口最重要，学历居于其次，一般大专以上学历即可，但是要有至少 5 年以上的一线从业经验，且要有中高级的技术职称。

三、应对当前就业形势的策略

面对严峻就业形势的挑战，我们应该增强紧迫感和忧患意识，提高自身素质，增强自己的职场竞争力。

面对当前就业形势中的机遇，我们应当增强就业的信心。我们要紧紧把握时代赋予我们的这个大展身手的机会。

大学生要转变就业观念，勿急功近利，在艰苦中锻炼，在实践中成长。对于一个立志成才的大学生来说，直面艰苦，才会使自己对客观现实、人生真谛和自我价值有更深层次的认识与更切实的体验，才能磨炼自己的意志，挖掘自己的潜能，发挥自己的才智。当代大学生在择业和创业过程中，要直面艰苦、不怕艰苦。对于大学生来说，在实践中成才的一条重要途径是把自己的择业和创业定位于到基层去、到农村去、到边疆去、到祖国最需要的地方去建功立业。大学生还要树立创业意识。创业，不仅可以给自己“造饭碗”，实现个人价值，还可带动社会就业，促进经济发展，是一个既利己又利国的双赢选择。

第三章　职业素质培养

【学习导入】聘或不聘，综合素质是关键

深圳××××年毕业生春季“双选会”暨专业人才交流会6 000个职位迎来全国各地6万学子应聘，供需见面，双向选择，招聘现场人头攒动，应聘者留下了8万人次的“个人简历”和应聘资料。

600家用人单位进场招贤纳士，它们是深圳和周边地区的高新技术（项目）企业、金融机构、外商投资企业、股份制企业和民营企业，多数为用人需求大户，如富士康、康佳、TCL、深圳航空有限公司、三九制药、中航企业集团、交通银行等。招聘的职位大多集中在财经类、理工类和深圳地区社会经济发展急需的一些专业上。

招聘者十里挑一，职位竞争十分激烈。企业需要什么样的人？企业依据什么标准选人？除了第一门槛——学历过线、专业对口等基本的硬件外，用人方主要选的是应聘者的综合素质。

研究者曾对资料中87家招聘方提出的综合素质条件进行了统计。按每个岗位提出1项算1次，逐项统计，得出总数1 167项次，并按“职业道德与态度”“能力要求”两大类分列13项，其中“团队合作”“责任心”“吃苦耐劳”分别排在“职业道德与态度”的前三位；“与人沟通”“外语应用”和“信息处理（计算机应用）能力”分别排在“能力要求”的前三位，该份资料中招聘的职位（群）共有12个，可以归并成“生产类”（包括“一般职位”“技术职位”“研发设计”）、“服务类”（包括“客户服务”“销售贸易”“财务”“文秘”“律师”“翻译”“策划师”）和“管理类”（包括“项目经理”“行政管理”）。见表3－1。

表3－1　职位招聘方的素质要求

类别	素质条件项	分类项、次数		
		生产类	服务类	管理类
职业道德与态度	团队合作精神、亲和力、性格随和开朗、乐意与人交往	34	45	55
	责任心、事业心、敬业精神、积极主动、细心肯干、认真细致	32	51	34
	适应能力强、能承受一定工作压力、吃苦耐劳	28	32	39
	正直、诚信、为人诚实、忠诚	10	23	20
	不断超越、勇于挑战、追求卓越、进取、自信、乐观向上	5	9	9
	工作谨慎、自律、组织纪律性强	4	2	2

续表

类别	素质条件项	分类项、次数		
		生产类	服务类	管理类
能力要求	沟通能力、言谈写作、表达能力	39	117	71
	外语能力	54	78	62
	信息处理（计算机应用）能力	38	49	19
	分析解决问题能力、策划能力、思维敏捷、逻辑判断能力	18	35	32
	组织协调能力	4	23	33
	创新精神、创意能力、开发能力	10	9	10
	学习能力、领悟力、乐于学习	10	10	8

由表3－1可以看出，在职业道德与态度素质方面，六项素质要求在三大类职位中的列序基本一致。在能力要求方面，“沟通能力”和“外语能力”（作为沟通的工具）要求在三大类职位中居前列。在生产类企业中，由于职位主要为“研发设计”和“技术岗位”，因此“外语能力”要求提出的项次高于一般“沟通能力”；“信息处理（计算机应用）能力”在生产类、服务类职位居第三位，而在管理类职位的要求中却排在“解决问题”和“组织协调”能力之后，居第六位，这与岗位要求特点一致。

第一节　职业素质概述

职业素质是指劳动者通过接受教育、劳动实践和自我修养等途径形成和发展起来并在职业活动中发挥重要作用的内在基本品质，是工作能力的一种综合体现。行业和职业不同，对个体的职业素质要求也不同。因此，在校大学生应根据自己的专业和职业目标有针对性地培养自己的职业素质，以达到提高就业能力的目的，也为未来取得职业成功奠定基础。

一、职业素质的特征

1. 职业性

职业素质的职业性又叫作职业差异性，即不同的职业需要不同的职业素质，不同的职业对职业素质的要求具有较大的差异性。例如，作为国家公务员必须具有较高的政治素质、良好的道德修养、较强的动手能力、不辞劳苦的创业精神等；作为管理工作人员必须具有高度的事业心和责任心、较强的综合分析能力、强烈的市场和用户观念、良好的决策或辅助决策能力等。

2. 稳定性

素质是作为高度统一的个体行为与特征的稳定的结构因素，这种稳定的结构因素并不是存在于一时一事之中，而是体现于个体活动的全部时空中。通俗地讲，素质养成是个长期的过程，会受到遗传、环境等多种因素的影响，但素质在相对时间内具有稳定性，在特定时间内个体对特定事物也会表现出持续而稳定的行为特征。需要说明的是，素质也是处于动态变化过程中的，并不是一成不变的，因此素质的稳定性是相对的。

3. 内在性

职业素质虽然是个体身上的一种客观实在，但却是看不见摸不着的，具有隐蔽性和抽象性，只能通过行为方式、工作绩效和行为结果等表现出来。

4. 整体性

同一个体的素质、同一素质的各种成分作为一个高度统一的整体存在于个体身上，互相联系，互相影响，难以分割。比如，如果说某位老师职业素质好，就不仅是说他知识渊博，也是说他的思想政治素质、职业道德素质好。职业素质的整体性还表现在，其中一项素质较差会影响到整体的工作绩效和社会评价。比如，一个从业人员科学文化素质、专业技能素质都不错，但思想道德素质比较差，那么就不能说这个人整体素质好。

5. 可塑性

职业素质并非天生不变的，而是可以通过教育、社会实践等途径逐步提高和完善的。职业素质的可塑性表现在：缺乏的素质可以通过实践和学习得到不同程度的补偿；一般的素质可以通过训练成为个人的特长素质；已有素质也可能因为长期不予实践而萎缩退化。

第二节　职业素质的组成

职业素质由五个方面构成：思想政治素质、职业道德素质、科学文化素质、专业技能素质和身心素质。

1. 思想政治素质

思想政治素质是指人们在政治上的信念、世界观、价值观。思想政治素质是职业素质的灵魂，对其他素质起统率作用，规定着其他素质的性质和方向。

高职高专院校的学生要树立科学的世界观。一方面，要认真学习和掌握马克思主义哲学，认识人类社会历史发展的总趋势，顺应时代发展的潮流；另一方面，要在改造世界的实践中经受各种磨难，进行陶冶和锤炼。科学的世界观告诉我们：人生的真正价值在于对社会的贡献或创造，只有在为人类创造幸福的过程中才能获得个人真正的幸福。

理想信念是思想政治素质的灵魂，也是大学生奋发向上的动力。我们的理想就是建设中国特色社会主义，把我国建设成为富强、民主、文明、和谐、美丽的社会主义现代化国家。作为大学生，要在这一理想信念的指导下，从现实出发，确立正确的职业理想并进行合理的生涯规划，自觉地把自己的人生追求同祖国的前途命运结合起来，珍惜年华，刻苦学习，努力用人类创造的一切优秀文明成果武装自己，掌握为祖国、为人民服务的真才实学，树立用诚实劳动创造美好生活的思想。

2. 职业道德素质

职业道德是社会道德的有机组成部分，是社会道德原则和道德规范在职业生活中的具体表现。它包括职业态度、职业道德修养水平等。

职业道德是一个历史范畴。社会主义职业道德规范的具体要求是：诚实守信，办事公道，爱岗敬业，服务群众，奉献社会。

劳动者应把职业道德规范化为自己的信念，在职业活动中自觉地去遵守。一个人只有具备一定的道德修养，才能在职业活动中刻苦地钻研业务，提高技能，注意产品质量和服务质量，讲究信誉，忠实地履行岗位职责。

爱岗敬业是职业道德的核心和基础，其中，诚实守信、办事公道是职业道德的重要准则，服务群众、奉献社会是职业道德的灵魂。

3. 科学文化素质

科学文化素质是指人们对自然、社会的思维程度。它包括科学精神、求知欲望和创新意识。

科学精神主要包括：求实、创新、进取、怀疑、协作、献身等。对我们普通人来说，只有具备一定的科学精神，才能在职业生活中脚踏实地、勤于探索、勇于创造、善于合作。相反，缺乏科学精神，工作方法难于创新、工作质量难以提高，而且还难以抵制伪科学和反科学思想的侵袭。

求知欲望：表现在许多方面，如，不耻下问、质疑、在实践中发现问题。

创新意识：创新是一个民族的灵魂，是一个国家兴旺发达的不竭动力。作为21世纪的建设者，必须要有意识地培养自己的创新能力，这既是为社会多做贡献的需要，也是个人展现自我能力、实现自身价值的途径。创新蕴含着深刻的科学精神，必须以深厚的科学文化功底为基础。

一个人的科学文化素质如何，直接关系到职业素质的优劣。

4. 专业技能素质

专业技能素质是指人们在从事某种职业时，专业知识和专业技能方面所表现出来的状况与水平。

专业知识是建立在科学文化知识基础之上的与从事的职业密切相关的知识，必须通过专业学习和职业活动来获得。高职高专院校是培养技能性专门人才的，无论什么专业都会开设一定的专业基础和专业技术课，使学生尽快掌握专业知识。

专业技能是在领会专业知识的基础上，经过专业学习过程中的实践训练和职业实践而逐步获得的。

一个人的专业技能素质越强，在职业生涯中所发挥的作用就越显著，创造力也就越强。

5. 身心素质

身心素质包括身体素质和心理素质。身心素质是从事职业活动的重要条件，是成就事业的基础。所以，在校期间要积极参加各项有益于身心健康发展的体育锻炼和社会活动，不断提高自己的身心素质。当今社会生活节奏快，工作压力大，特别要注意培养健康的情感和坚强的意志。积极健康的情感，使人思路开阔、思维敏捷，有利于我们适应社会；意志是人类所特有的心理现象，能经受住挫折、有坚强的意志是成就事业的柱石。

职业素质是一个有机系统的整体。科学文化素质是基础，专业技能素质是本领，身心素质是本钱，思想政治、职业道德素质是灵魂和保证。同学们应该珍惜学校的学习生活，努力学习，积极参加各项有益的活动，在增长科学文化知识的过程中提升思想政治素质，知行合一，德才并进，和谐成长，为职业生涯的成功奠定基础。

第三节　职业素质的培养与提高

提高职业素质有利于促进人的全面发展。人的一生大部分时间是在职业活动中度过的，职业素质的形成过程就是以专业知识和专业技能为核心的社会文化素质、心理素质和身体素质的整合过程。良好的职业素质有助于促进人的全面发展，促进自身的不断完善。

提高职业素质有利于提高劳动生产率，劳动者的职业素质将影响企业的产品数量和质量。劳动者的职业素质越高，就越能提高劳动生产率。

提高职业素质有利于推动社会发展和科技进步。邓小平同志也曾指出：“国家、国力的强弱，经济发展后劲的大小，越来越取决于劳动者的素质，取决于知识分子的数量和质量。”只有拥有足够的高素质人才，科技才能进步，国家才能繁荣昌盛，社会才能全面发展。

高等院校的素质教育是贯穿在整个教学活动之中的。同学们从走进校园的第一天起就要重视自己的素质培养和提高。表3－2列出了××职业技术学院开展的系列活动（素质教育措施）和素质培养目标，以供参考。

市场经济带给人们的不仅是个性发展的自由，更多的是激烈的生活环境带来的生存压力，只有根据市场经济的要求调整和充实自己，不断提高自身素质，提高自己谋生的本领，才能更好地生存和发展。

表 3-2　××职业技术学院素质培养措施与目标

年级	素质教育（活动内容）	培养目标
一年级	1）入学教育：校纪、校规教育、行为规范教育、自我保护教育	1）适应新环境，增强生活自理能力
	2）军训：国防教育、队列训练、团队精神教育	2）了解并自觉遵守校规校纪，养成良好的文明行为习惯
	3）政治课和政治学习：主题班会、民主选举班干部	3）了解高等职业教育的性质与培养目标，稳定情绪，建立专业思想，明确学习目的，端正学习态度
	4）抓早操、课间操、晚自习	4）热爱集体，增强集体荣誉感，培养团队精神，努力建立和谐的人际关系
	5）职业讲座、简单礼仪培训、心理健康讲座、职业生涯规划	5）树立正确的人生观，正确理解和履行公民权利义务，有规划自己人生的意识
	6）开展各种文体活动：新生拔河、球类比赛、青春歌手赛、演讲朗诵比赛、主持人培训等	6）提高身心素质，养成锻炼身体的好习惯，掌握科学的运动方式
	7）开展5月18日成人宣誓系列活动	7）传承民族精神，明确社会责任，培养爱国情感，树立感恩意识，用更加顽强坚定的意志与信念迎接未来的挑战
	8）开展“节水、节电、节粮、节能”活动，加强环境保护和勤俭节约教育	8）增强劳动观念，提高社会实践能力
	9）组织相应实践活动：志愿者、公益活动	9）培养公民意识、服务社会的意识
	10）文化课教育与专业基础课教育	10）培养专业能力，提高文化水平
二年级	1）继续抓紧常规教育：校纪校规（以案例为主）、早锻炼、晚自习（查纪律不查人数）	1）养成良好的生活习惯
	2）开展网络安全教育	2）具备安全防范意识
	3）学习邓小平理论、“三个代表”重要思想、科学发展观等	3）树立起远大的理想，逆境中不折不挠，韬光养晦，为祖国时刻准备着贡献自己的力量
	4）抓专业基础、专业课学习、抓实践实训学习	4）巩固专业思想，培养良好的职业道德
	5）开办第二专业，举办教育讲座	5）努力提高科学文化素质和专业技能素质
	6）开办业余党校、礼仪学校	6）树立正确的世界观、人生观、价值观，且具备基本的礼仪知识
	7）组织“1+1”助学活动	7）创造互助的学习氛围，并且是一种示范效果的呈现，从而能够实现一种良好的示范效应。
	8）开展创新教育，组织小制作、小发明等活动	8）培养创新精神和创新意识

续表

年级	素质教育（活动内容）	培养目标
二年级	9）举办主持人大赛、青春风采大赛、摄影大赛等活动	9）提高大学生的文化修养和综合素质，拓展青年学生的内涵和外延，营造积极、向上、健康、和谐的校园文化氛围
	10）开展热爱家乡、建设家乡系列活动	10）了解自己的家乡，树立为家乡创造福祉、添砖加瓦的意识
三年级	1）组织相应职业资格考试	1）培养较强的自我教育、自我管理、自律能力，能正确、科学地自我评价
	2）组织好专业课和专业实践教学（产、学、研结合），举办技能操作竞赛等	2）有较强的安全意识、社交能力、自我表达能力、有一定的组织能力
	3）做好毕业生指导工作，宣传就业政策，引导毕业生的择业观，培训学生应聘、考试技巧等	3）有运用综合知识分析解决问题的能力，有获取并正确分析信息的能力
	4）创业教育：创业意识、创业者基本素质、创业流程等	4）具有创业意识和创业精神
	5）顶岗实习教育与管理：遵守厂规、厂纪，向一线技术人员学习	5）了解企业、适应企业文化，全面提高职业素质
	6）毕业教育：文明离校，举办“今天我以母校为荣，明天母校以我为荣”座谈会	6）增强社会参与意识和社会责任感

第四章 职业目标设计与职业选择

【学习导入】职业生涯规划使储煦走向成功

时任某公司董事长的储煦，在中学毕业时，就立志要成为一名优秀的企业家。抱着这样的梦想，储煦开始制定自己的职业生涯规划。他为自己描绘出了职业生涯的蓝图，高考后他准备报“企业管理类”专业，然后运用这些知识进入企业界。目标是确定了，路线怎么走，经过他与父母及老师的分析之后，认为要成为一位真正优秀的企业家，应进入工科院校相应专业学习，因为在创办企业过程中，更需要的是技术基础，而且工科类专业学习不仅是知识技能的培育，还能帮助建立一套严谨求实的思维体系，训练逻辑推理能力，养成一种严谨踏实的工作态度。在学习工科的同时，还可以选择学习企业管理的知识，这样能使知识结构达到最优化。在大学期间，储煦在学习工科知识的同时，有目的地学习企业管理、经济方面的知识，并参加了大量的社会实践。

毕业后储煦应聘到了一家外资企业工作，首先到培训基地接受培训。培训期间他严格要求自己，勤奋学习，虚心求教，做到以学习指导实践，以实践巩固学习。正式分配到工作岗位后，他踏实苦干，爱岗敬业，能按质按量地完成生产任务。同时在工作与生活中能尊重同事、尊重领导，建立了良好的人际关系。一年后他担任了车间的班长，又经过半年的努力他走上了企业车间的管理工作岗位。

储煦在勤奋工作、努力学习提高自身综合素质的同时，还关注企业文化、企业管理、经营等方面的理论知识和实践。这些都为后来创业奠定了良好的基础。

五年后储煦联合几个同学创办了自己的企业，租用厂房，自购设备，招聘技术人员及操作工，开始生产。经过几年的努力，在上海嘉定开发区征地盖厂房，扩大了生产规模，现公司拥有数千万资产，职工百余人，年销售额近亿元。为了提高自己的管理水平，他边工作边攻读在职 MBA 学位，为其职业生涯打下更加坚实的基础。

可以看到，储煦的职业生涯规划思路清晰、步骤合理，充分考虑了自己的兴趣、素质、能力和职业技能的培养，经过不断的努力，最终实现了自己的梦想。

第一节 职业目标设计

一、影响职业生涯目标的因素及发展路线

影响大学生们职业生涯规划目标选择和设计的因素有很多。职业规划专家认为从总体上

看，可以分为社会因素和个人因素，这两类因素共同构成一个人的职业生涯目标确立的基础。

（一）社会因素

社会是人才得以活动、发挥才干的舞台。社会大环境是影响人才成长的根本因素。一个国家政治上安定、经济上发展、科技不断进步，就会对人才产生极大的需求，并能为人才的成长提供多方面的条件。而社会动乱、经济衰退、科技停滞，人才就难以产生。改革开放以来，随着我国市场经济体制的建立，为大学生的成才提供了良好的机会，也为大学生的发展提供了良好的社会环境。用人单位是人们工作和生活的微观社会组织。经济发展和科技进步使用人单位对人力资源的素质要求越来越高。许多有前瞻意识的单位都重视对员工的培养，积极为人才成长创造条件，鼓励员工从事专业学习更新知识，以提高技能、积累经验，不断有所发展。

社会因素有着丰富的内容。除去上述政治、经济、科技发展形势和用人单位的培养外，还包括个人的亲戚朋友等人际关系网络、在职业发展过程中可能获得的帮助、提高素质所需的学习机会和图书资料、成才的社会舆论、与职业生涯发展方面有关的制度与政策（如岗位培训制度，培训、考核与待遇相结合制度）等。社会因素不是个人所能决定的，社会大环境对于同一时期的人来说，都是相同的。对同一单位的不同人来说，条件也是相同的，而其他社会条件的差异则可能较大。发掘这方面的潜力，吸收、借鉴成功者的经验，寻求他们的帮助则是一种聪明的做法，这也是积极地确立职业生涯规划目标的体现。

（二）个人因素

能力是一个人能否从事某种职业、能否在生涯旅程中顺利成长和获得成功的条件。能力具有客观性，因此在确立职业生涯目标和选择生涯道路时，要从客观实际出发，要以“人职匹配”为基本原则，同时要注意搜寻自身能力的强项。如果一个人在某一方面的特殊才能得到发挥又符合社会需要，就会取得巨大成就，达到生涯的辉煌目标。能力因素对于职业生涯目标固然重要，但是非能力因素也有着巨大的影响，它对于能力因素有着激励、补偿或者约束、限制的作用。在个人生涯道路上，能力因素与非能力因素相辅相成，缺一不可。一个人除应具备和培养一定的能力条件外，还应具备和培养良好的非能力因素即良好的个性心理品质，才能顺利发展取得成功。因此，大学生在确立职业生涯目标时，要坚持“有能力说，又不唯能力说”，以取得自身能力因素与非能力因素的最佳综合效应。

所谓个性心理品质，包括人的兴趣，如兴趣的广度、兴趣的中心、兴趣的稳定性、兴趣的效能等特征；人的情感，包括人的心境、人的热情和人的激情三种状态；人的意志，包括人的自觉性、果断性、坚韧性、自制力和勤奋性五个方面。良好的个性心理品质，不仅对人的成长和成功具有不可忽视的重要作用，而且比能力因素，特别是单纯智力因素的影响要大得多。成就大的人往往具有良好的个性心理素质，比如自信、乐观、谨慎、不屈不挠、执着、顽强等；成就小的人的个性心理素质则明显劣于前者。正如著名企业家冯仑所说那样：“伟大是熬出来的，对信念的执着不能靠一时的小聪明。在遇到困难时，多数人是再选择而不是将原来的选择坚持到底。成功者与常人的差别并不是智商而是一种毅力。这种固执会产生一种力量，使人勇往直前。”因此，大学生在职业生涯规划目标的确立上，也要深入认识和运用自身的非能力因素。

（三）综合社会因素和个人因素，正确选择职业生涯发展路线

人的每一次职业抉择，都存在着机会成本问题，因为这会在很大程度上制约以后的职业选择和生涯发展的机会。因此，在确定职业生涯规划目标之前，明智的做法是先确定自己的职业发展路线。

所谓职业生涯发展路线，是指当一个人选定职业后，为了实现职业目标和职业理想所选择的路径。比如你是向专业技术方向发展，还是向行政管理方向发展？不同的发展路线对从业者的素质要求不同，影响到今后的发展阶梯也不同。由于发展方向不同，对其要求也不相同。因此，在职业生涯设计中须做出抉择，以便使学习、工作以及各种行为沿着你的生涯路线和预定的方向前进。

1. 典型的职业生涯路线图是一个V形图

假如一个人24岁大学毕业参加工作，即V形图（见图4－1）的起点是24岁。从起点向上发展，V形图的左侧是行政管理路线，右侧是专业技术路线。我们可以将路线划分成若干等分，每等分表示一个年龄段，并将专业技术的等级、行政职务的等级分别标在路线图上，作为自己的职业生涯规划目标。

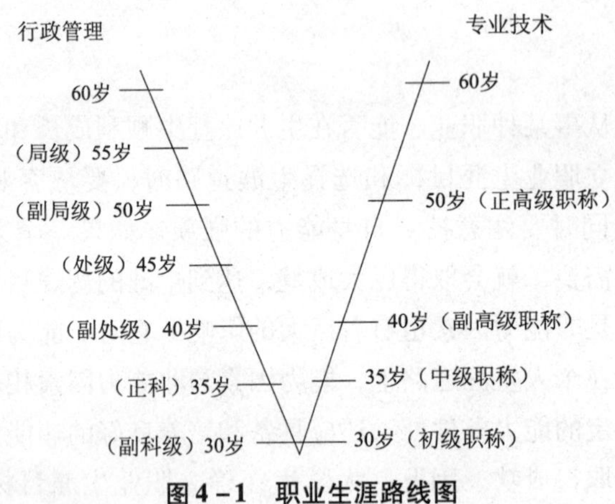

图4－1　职业生涯路线图

当职业确定后，方可设计生涯路线。但我们认为，为使大学生的职业生涯设计更有针对性，同时也是为了促进大学生更好地认识自我，在大学期间，学生即可对自己的职业生涯路线做出规划，设想自己将来是走行政管理路线还是走专业技术路线，或是先走专业技术路线再转行政管理路线，这些在设计中须做出抉择。

2. 综合分析确定自己的职业生涯路线

在发展路线抉择过程中，每一个大学生都必须针对下面三个问题反复询问自己：①我想

干什么？（我想往哪一路线发展？）②我会干什么？（我可以往哪一路线发展？）③我能干成什么？（我适合往哪一路线发展？）

回答上述三个问题，是对“知己”“知彼”有关情况进行综合分析并加以利用的一个过程。第一个问题是通过对自己的价值、理想、成就动机和兴趣的分析，确定自己的目标取向。第二个问题是通过对自己的性格、特长、经历、学历以及专业的分析，确定自己的能力取向。第三个问题是通过对自己身处的社会环境、经济环境、政治环境、组织环境的分析，确定自己的机会取向。三个取向确定后，进行综合分析，确定自己的职业生涯路线，这对一个大学生的职业生涯发展是非常重要的。

（1）职业生涯发展路线类型分析

大学生的自身条件、基础素质不同，适合的职业生涯发展路线也就不同。有的人适合搞研究，能够在专攻领域求得突破；有的人适合做管理，能够成为优秀的管理人才。一般地讲，有三种职业生涯发展道路可供我们大学生选择，即专业技术型发展道路、行政管理型发展道路和自我创业型发展道路。

1）专业技术型发展道路。专业技术型发展道路是指工程、财会、生产、销售、法律等职业性专业方向。其共同特点是：都要求有专门技术性知识和能力，并需要有较强的分析能力。当然，这些技能必须经过长期的培训、锻炼和积累才能具备。如果你对专业技术内容及其活动本身感兴趣，并追求这方面的提高和成就，喜欢独立思考，而不喜欢从事管理活动，专业技术型的发展道路则是最好的选择。相应的发展阶梯是技术职称的晋升及技术性成就的认可、奖励等级的提高及物质待遇的改善。

如果你虽然开始时选择了专业技术方向，但仍然对管理有兴趣，并且希望在管理领域做出一番事业，也完全可以跨越发展。即在开始阶段从事某种技术性专业，不断积累充实自己的专业知识，打下坚实的技术基础，然后在适当的时候，转向专业技术部门的管理职位。将技术骨干提拔到领导管理岗位的事例在各个领域屡见不鲜，事实上这也是时代发展的客观需求和必然趋势。

2）行政管理型发展道路。如果你善于并喜欢与人打交道，处理人际关系问题感到得心应手，善于从宏观角度考虑问题且比较理智，并善于影响、控制他人，行政管理型的发展道路则是恰当的选择。把管理这个职业本身视为自己的目标，相应的发展阶梯一般是从基层职能部门开始，然后向中级、高级部门发展，其间需要业绩不断地积累提高，从而达到相应层次职位的要求。行政管理型发展路线对个人素质、人际关系技巧要求相对较高。

3）自我创业型发展道路。现在，有不少人开始选择自我创业或走自由职业者的道路。如日本的就业市场最近出现一个新的趋势，即自由职业者的比例越来越高。根据私人智囊机构 UFJ Institute 提供的数字显示：在 2001 年，日本没有固定职业的年轻人总数为 420 万人，但到 2006 年，这类人群已突破 470 万人，达到一个历史最高点。创业自有快乐，但创业的艰难也并非是常人能够想象的。客观上，要有良好的机会和适宜的土壤；主观上，创业人不仅要有强烈的创造与成就愿望，而且心理素质要求高，要能够承受巨大的心理压力和承担风险，还要有新思维，善于开拓新领域，开发新产品。否则，要想创业成功，你必须先到社会组织中锤炼，学习如何管理企业，较好的途径是到相关领域组织中从事研究开发和市场销售。

要强调的是，不管你选择哪种职业生涯发展路线，最重要的是一定要结合实际，综合考虑自己的个性、价值观、兴趣、能力等自身条件和社会与组织环境，反复权衡再予以确定。

二、确立职业生涯目标的方法及注意事项

俗话说："三百六十行，行行出状元。"成功的关键不是看你选择了什么职业，而是有没有确立清晰明确的目标。大学生确立职业生涯目标的方法有目标分解法、目标组合法。

（一）目标分解法

职业生涯的实现过程可以用一系列的阶段来表示。目标分解是将目标清晰化、具体化的过程，是将目标量化成可操作的实施方案的有效手段。目标分解就是根据观念、知识、能力差距，将职业生涯的远大目标分解为有时间规定的长、中、短期目标，直至将目标分解为某确定日期可以采取的具体步骤。

我们可以采用按时间分解和按性质分解这两种途径来分解目标。按时间分解，可分解为人生目标、长期目标、中期目标、短期目标。按性质分解，可分解为外职业生涯目标、内职业生涯目标。其中，外职业生涯目标包括工作内容目标、职务目标、工作环境目标、经济目标、工作地点目标等；内职业生涯目标则侧重于在职业生涯过程中的知识和经验的积累、观念和能力的提高以及内心的感受，主要包括：观念目标、工作能力目标、工作成果目标、提高心理素质目标、掌握新知识目标、处理与其他人生目标活动关系的目标等。

1. 按时间分解

按时间分解是最常用并且也很容易掌握的目标分解方法。

首先，应该区分最终目标与阶段目标。在经过自我识别定位和职业环境分析，选定了职业路线之后，求职者就会确定一个总体目标。这个总体目标是我们的最终目标，即人生目标。最终目标取决于一个人的价值观、知识储备、能力水平，是对自身条件、社会环境、组织环境等主客观因素进行大量分析之后得到的结果。心理越成熟的人，就会越早地确定自己的最终目标，并朝这个目标努力前进。反之也有人到退休甚至老死，也不清楚自己到底要干什么。最终目标只有与自己的价值观相符才是有效的，并且一经确定就要不再频繁更改。

其次，把最终目标分解为若干个长期（5～10 年）目标，每个阶段都有一个具体的目的。它应该具备以下特征：有长远目的、非常符合自己的价值观、与社会发展需求相结合、富有挑战性和创造性、考虑风险、能够用明确的语言定性地描述、一定时间范围内可行、一经实现会带来巨大的成就感和易于分解操作等。

再次，每一个长期目标可以继续分解成若干个中期（3～5 年）目标。它应该具备以下特征：与长期目标一致、具有全局眼光、基本符合自己的价值观、自我与组织环境相结合、创新性、灵活性、能够用明确的语言量化描述和环境支持等。

最后，还可以继续将中期目标分解为若干个短期（1～2 年）目标。比之长期目标和中

期目标，短期目标更要求有操作性和灵活性。它一般应具备以下特征：与最终目标、长期目标相一致、适应组织环境需求、灵活简单、未必与价值观相符但可以接受、具有可操作性、切合实际、确能实现、朝着长期目标以迂为直等。

2. 按性质分解

美国职业心理学家施恩教授最早把职业生涯分为外职业生涯和内职业生涯。

（1）外职业生涯目标

外职业生涯是指经历一种职业（由教育开始，经工作期，直到退休）的道路，包括职业的各个阶段：招聘、培训、提拔、奖惩、解雇、退休等。具体来说，外职业生涯是指从事职业时的工作单位、工作地点、工作内容、工作职务、工作环境、工资待遇等因素的结合及其变化过程。许多人以为职业生涯发展就是换更好的工作，或是得到职位的提升，或是增加工资福利。其实这只是职业生涯发展的一部分形式。外职业生涯构成因素通常是由别人给予的，也容易被别人收回。外职业生涯因素的取得往往与自己的付出不符，尤其是在职业生涯初期。有的人一生疲于追求外职业生涯发展的成功，但内心极为痛苦，因为他们往往不了解外职业生涯发展是以内职业生涯发展为基础的。外职业生涯目标具体包括以下目标：

1）职务目标：大学生应该具体明晰的职务目标是“专业”加职务。

2）工作内容目标：在现实生活中，能够达到高层职位的毕竟是少数，而且能否晋升很大程度上并不取决于我们自己。所以建议大学生把外职业生涯目标规划的重点移到工作内容目标上来。即把在某一阶段，你计划完成怎样的工作内容详细列出来。工作内容目标，对于选择了专业技术型发展路线的人格外重要。因为这些人的发展体现在本专业技术领域取得的成果及相应的职称晋升，所以具体可行的工作内容目标才是规划的重点。

3）经济目标：获得经济收入是我们工作的一大目的，毕竟每个人离不开生存的物质基础。大学生在职业生涯规划中列出收入期望无可非议，但要注意的是切合自己的能力素质和实际，大胆规划出一个具体的数目，这个数字将在日后成为你的重要激励源，不要含糊不清或压根就不敢写。

4）工作地点目标和工作环境目标：如果你对工作地点或工作环境有特殊要求，就要在规划中列出这两项内容。总之，尽可能根据个人喜好来规划，但切勿太过细琐，以免影响选择面。

（2）内职业生涯目标

内职业生涯是指从事一项职业时所具备的知识、观念、心理素质、能力、内心感受等因素的组合及其变化过程。内职业生涯更多地注重于所取得的成功或满足的主观感情以及工作事务与家庭事务、个人休闲等其他需要的平衡。内职业生涯各项因素要靠自己的主观努力才能实现，别人只能是一个助力，而且内职业生涯的各构成因素一旦取得，就变成为别人拿不走收不去的个人财富。内职业生涯的发展是外职业生涯发展的前提，内职业生涯发展了，外职业生涯自然提升。因此，大学生应当充分重视内职业生涯的发展，认清它在个人职业生涯乃至整个人生发展中的关键性作用。尤其是在职业生涯的早期和中前期，一定要把对内职业生涯各因素的追求看得比外职业生涯更重要。

只追求外职业生涯目标，会让人遭受挫折感。如上级对自己不公，工作辛苦但赚钱不多，晋职晋级与自己无缘……经常会生活在抑郁之中。其实，我们还有一笔重要的财富不容忽视——丰富的知识经验积累，观念、能力的提高以及由此带来的快乐感、成就感。内职业生涯修炼到位了，机会就会来找你。所以我们在分解和组合自己的职业生涯目标时，内职业生涯目标是尤其应该重点把握的内容。

内职业生涯目标具体包括以下目标：

1）工作能力目标。工作能力是对处理职业生涯中各种工作问题的能力的统称。如组织领导能力、策划能力、管理能力、研究创新能力、人际关系沟通能力、与同事协调合作的能力等。衡量一个人的职业生涯成功与否，不在于他是否当上高官、赚到多少钱这些外在表征，而在于他工作的过程中，是否创造了富有实际意义的成果。很多时候，我们职业生涯发展是个横向伸展的过程，可能是工作内容范围的扩大，也可能是专业领域的深入，这都需要我们不断提高个人的工作能力，否则你的职业生涯将会停滞不前。同时，必要的工作能力积累是达到职务目标和收入目标的前提。所以，大学生在制定个人职业生涯规划时，工作能力目标应当优于职务目标。当然，工作能力目标应当切合实际，具有挑战性，并与该阶段的职务职称目标所要求的条件相匹配。

2）工作成果目标。工作成果是进行绩效考核的重要指标，优异的工作成果不仅带给我们荣誉感和成就感，也铺砌了通往晋升之途的阶梯。

3）提高心理素质目标。心理素质在当今社会越来越受到人们的关注和重视。在职业生涯中，只有心理素质合格的人才能正视现实，努力克服困难、追求卓越；而心理素质差的人只会怨天尤人，自暴自弃。为了使职业生涯规划蓝图能够变成现实，大学生就要不断提高自己的心理素质。提高心理素质目标包括抗挫折、包容他议，也包括在暂时的成功面前保持冷静清醒，做到能屈能伸、宠辱不惊。

4）观念目标。观念是对人对事的态度、价值观。当今是个强调观念的社会，各种各样新的观念层出不穷。这些观念影响着我们的行动，也影响组织、领导、同事、客户对我们的态度。随时更新自己的观念，让自己总是站在前沿地带，也是我们规划个人职业生涯的重要一环。

（二）目标组合法

目标组合是处理不同目标相互关系的有效措施。如果只看到目标之间的排斥性，就只能在不同目标之间做出排他性选择，而如果能看到目标之间的因果关系与互补性，就能够积极地进行不同目标的组合。目标组合有三种方法：时间组合、功能组合和全方位组合。

1. 时间组合

职业生涯目标在时间上的组合可以分为并进和连续两种情况。

（1）并进

职业生涯目标的并进，是指同时着手实现两个平行的工作目标，或者建立和实现与目前工作内容不相关的职业生涯目标。有时候，外部环境给予我们的机会很多，这让我们面临着多个选择，只要处理得好，又有足够的精力和能力来应对，在一定的范围内，是可以做到鱼与熊掌兼得的。

这里所说的“同时着手实现两个平行的工作目标”，指的是在同一期间内进行的不同性质的工作。如上级管理层兼任技术业务项目责任人；或中、高级管理层的“双肩挑”的情况，就可以称作目标的并进，类似的情况在很多组织（企业）中也屡见不鲜。而“建立和实现与目前工作内容不相关的职业生涯目标”多发生在中、青年人身上，意在居安思危、未雨绸缪。例如，人们为了获得更大的发展空间，在做好本职工作的同时，进修自己感兴趣的其他课程等。并进，有利于开发我们的潜能，在相同的时间内迎接更大的挑战，发挥更大的价值。

（2）连续

连续是用时间坐标为节点，将多个目标前后连接起来，实现一个目标再进行下一个。一般来说，较短期目标是实现较长期目标的支持条件。目标的期限性也是相对的：随着时间的推移，长期目标成为中期目标，中期目标成为短期目标，短期目标成为近期目标。只有完成好每一个近期目标和短期目标，最终目标才有可能实现。

2. 功能组合

很多职业生涯目标在功能上存在着因果关系或互补关系。

（1）因果关系

有些目标之间存在着因果关系，如前面提到的工作能力目标与职务目标和收入目标，前者是因，后者是果。表现为：工作能力提高→职务提升→收入增加。

通常情况下，内职业生涯目标是原因，外职业生涯目标是结果。一般因果排序为：观念更新目标→掌握新知识目标→提高工作能力目标→职务晋升目标→经济收入提高目标。

（2）互补关系

职业生涯目标的互补关系是显而易见的，一般高校教师往往同时肩负教学和科研两项任务。教学为进行科研提供了理论基础和方法指导，科研实践又促进了教学内容的丰富更新和教学质量的提高。

3. 全方位组合

全方位组合不仅是指职业的范畴，还涵盖了人生全部活动。全方位组合指职业生涯、家庭和个人事务的均衡发展、相互促进。事业不是生活的全部，任何一个人都不能离开家庭和休闲娱乐，完美的职业生涯规划不应把生活中的其他内容排斥在外，全方位组合可以超越狭隘的职业生涯范畴，将全部人生活动联系、协调起来。

（三）正确运用方法，确定职业生涯目标

一个人要获得事业的成功，应当按照人生成功的规律来制定行动的目标。也就是说，一个未来的成功者，必定是一个目标意识很强的人。所谓“目标意识”，就是头脑中始终有清晰的目的，就像是被准确控制的导弹一样，一直“咬”着目标不放，直到击中目标为止。

当这个目标实现以后，他又会盯住下一个目标，直到事业的成功。制定自己的职业目标并没有想象的那么难，只要考虑一下你希望在多少年之后达到什么目标，然后一步一步往回算就可以了。人生要确立一个什么样的事业目标，这要根据主客观条件和可能来加以设计。每个人的条件不同，所以目标也不可能完全相同，但确定目标的方法是相同的。

1. 符合社会与组织需求

职业生涯目标，如同一种“产品”。这种“产品”有市场，才有“生产”的必要。故在确定职业生涯目标时，要考虑到内外环境的需要，特别是要考虑到社会与组织的需要。有需求才有位置。

2. 适合自身特点

不同的人有不同的特点。将目标建立在个人优势的基础上，就能左右逢源，处于主动有利的地位。大学生要选择与自身长处相符或相近的目标。人之才能，各不相同。目标选择不能偏离自身长处，否则便是自己跟自己过不去，自己为自己设置前进道路上的障碍。有的人选择职业生涯目标时违背了以上原则，单凭自己的爱好（爱好往往并不能与特长画等号），或者盲目追逐世俗的热点，就容易误入歧途。

3. 高低恰到好处

职业生涯目标是高一些好呢，还是低一些好？总的来看还是高一些好。苏联的大文豪高尔基说过：“我常常重复这一句话，一个人追求的目标越高，他的才能就发展得越快，对社会就越有益；我确信这也是一个真理。这个真理是由我的全部生活经验，即是我观察、阅读、比较和深思熟虑过的一切确定下来的。”大学生的职业生涯目标，应追求符合实际的远大目标。在与实际相符合的范围内，自我确定的目标越高，其发展前途就越大。做到“志存高远”，当前的行动要立足于现实的大地上，心中要有符合实际的崇高而远大的抱负，如此则前途无量。有了远大的目标，能起到激励作用，能促进学习，改进工作方法，为达到目标而发奋工作。所定目标如果仅限于自己能力范围之内，只求工作轻松省力，回避新的激励，结果就会使人陷入畏缩不前、消极保守的状态。

值得注意的一点是，目标不是理想，不是希望，而是理想与希望的具体化。理想是对未来事物的想象或希望，是一种崇高的精神境界，而目标是实的，是具体的。目标与理想的关系是，目标指向理想，二者虽有联系，但不能相互替代。

4. 幅度不宜过宽

奋斗目标有高有低，专业面有宽有窄。在职业生涯规划目标选择中是宽一点好，还是窄一点好呢？一般来说，专业面越窄，所需的力量相对越少。也就是说，用相同的力量对不同的工作对象，专业面越窄的，其作用越大，其成功的机会越多。所以，职业生涯目标的专业面不要过宽，最好是选一个窄一点的题目，把全部身心力量投放进去，较易取得成功。

例如，某人想成为一名管理专家，此目标确定得太宽，因为管理包括许多领域，一个人的精力有限，要想成为各方面的管理专家，有点不太现实。如果你想成为一名企业战略管理或品牌管理的专家，经过若干年的努力，就有可能实现。

5. 长短配合恰当

职业生涯目标是长期的好呢，还是短期的好？回答是应该长短结合。长期目标为人生指明了方向，可鼓舞斗志，防止短期行为。短期目标是实现长期目标的保证，没有短期目标，也就不会有长期目标。特别是在职业生涯发展过程中，通过短期目标的达成，能体验到达到目标的成就感和乐趣，鼓舞自己为了取得更大的成就，而向更高的目标前进。但是，只有短期目标，看不到远大的理想，也会影响奋斗的激励作用，还会使事业发展摇摆不定，甚至偏离发展方向。

6. 同一时期目标不宜多

就事业目标而论，同一时期目标不宜多，而应集中为一个。目标是追求的对象，你见过同时追逐五只兔子的猎手吗？所谓“一只手抓不起两条鱼”也是这个道理。有的大学生年轻气盛，自认为高人一筹，同时设下几个目标。我们的忠告是：那样的话可能一个目标也实现不了。这不是说你不能设立多个目标，而是你可以把它们分开设置。具体来说，就是一个时期一个目标，拉开时间距离，实现一个目标后，再实现另一个目标。

7. 目标要明确具体

目标就像射击的靶子一样，清清楚楚地摆在那里。干什么，干到什么程度，要有明确具体的要求。比如，从事某一专业，到哪年学习哪些知识，达到什么程度，都要明确、具体地确定下来。

目标明确不仅指业务发展目标明确，而且与之相应的其他目标也要明确具体。比如，学习进修目标、思想目标、经济收益目标、身体锻炼目标等，这些目标也要有明确的要求。同时要做到互相配合、共同作用，促进个人的身心、生活和事业的全面发展。无论是什么目标都应有“度”的要求。所谓“度”，一是时间，二是高度和深度，只有这几个方面完全结合，才能成为明确的目标。

8. 职业生涯目标要与生活目标结合考虑

人生除了事业目标外，还有财富、婚姻、健康等问题。这些问题都直接影响着人生事业的发展和生活质量。所以，财富、婚姻、健康也是人生的重要组成部分，在制定职业生涯目标时应加以考虑。人生立志创一番事业，物质基础是必要的，没有一定的物质基础，事业也难以得到发展。所以，在制定人生事业目标时，适当地对个人收入问题加以设计是非常必要的。其设计的方法是：根据需求和实际能力，把渴望得到的金钱数量，用数字表达出来。婚姻也是人生中一件大事，处理得好，有助于事业的发展，一生幸福；处理不好，不但影响事业的发展，而且终生痛苦。人人都希望健康、长寿，事业发展也离不开健康，所以要注意锻炼身体。

你的职业生涯目标一旦确定，就用不着去注意别人的闲言碎语，用不着看别人的脸色行事。你要明白：规划好你的人生，设计好你的发展，是你的义务、你的责任、你的权利。世上一切伟人与凡夫俗子的最大区别就是，前者懂得事先设计自己的一生，后者则不懂得或不愿意计划自己的人生。你拥有了接受高等教育的机会，在此期间做好职业生涯规划，正是夯实你事业基础的最佳时机。

（四）确立职业生涯目标应该注意的事项

现实社会中总有这么一部分人，目标虽确立了，但就是达不到，究其原因，还是在目标选择中存在许多问题。因此，大学生在确立个人职业生涯具体发展目标时，必须注意在目标热、冷、难、易、长、短之间进行慎重抉择，同时还要平衡兼顾、具体明确。个人在确立职业生涯发展目标时，要考虑社会上的人对于这一目标的热衷程度，也就是说，要看这个目标是否“热门”。一般来说，当一个目标成为“热门”，吸引众多的追求者时，往往说明社会对它的需求量较大，社会环境也对它有利；但同时也伴随竞争者数量庞大、真正取得成功者寥寥无几的问题。因此，大学生必须实事求是地估计自己的才能，才不至于被淘汰出局。而着眼于有较大社会需求潜力的“冷门”，即目前暂时不为人们所重视，但却是未来非常需要的职业，不失为一种明智的策略。

目标也有高低难易之分。确立职业生涯目标，最忌好高骛远，试图一步登天。人才是多层次的，人的能力是有差异的，人的职业生涯成长是由低到高步步递进的。因此，大学生选择目标应该区分阶段、合乎层次、从易到难、循序渐进。很难想象，一个刚毕业的大学生在两三年内就一鸣惊人，成为国际著名专家。起点较低、基础较薄弱、市场竞争条件较差的人，更不宜把目标定得太高。属于较高层次且实现起来比较困难的目标，则应在具有相当基础的条件下再予以考虑。也有的人心高气盛，定下若干目标自以为要冲破生命极限，结果目标太多太杂，难免顾此失彼，到头来什么也抓不住。集中一个目标，并不是说不能设立多个目标，而是要拉开时间距离，分开设置，一个时期集中瞄准一个目标，逐步实现。

尽快成才，尽快成功，尽早地达到职业生涯的目标，是人们共同的意愿。在选择目标时，必须考虑时间因素。具体地说，在设定目标时，要把近期目标和长远目标结合起来。首先要基于自身的能力、发展潜力和社会经济发展的趋势，勾画出自己的职业生涯高峰。这就是职业生涯的长期目标。它具有“未来预期”“宏观综合”“人生理想”“发展方向”“引导短期”和“自身可变”的性质。长期目标一般为 10 年、20 年、30 年，它是短期和近期目标所追求的最终目标。

职业生涯的长期目标是一种现实性的目标，是具有实际价值的目标，是以长期的人生大目标为发展方向的行动性、操作性目标。短期目标是达到长期目标的初始步骤，通过一个个攻克短期目标，逐步逼近和最终达到长期目标。同时还要注意详细列出实现目标的具体时间，达到什么程度。目标空泛，行动就容易陷入盲目，不能有意识地收集相关领域的知识信息，也无法有效地培训提高。再者，目标明确不仅指业务发展目标，而且与之相应的学习目标、经济收益目标、职业目标、业绩目标也要有明确的要求。各种目标要做到互相配合、共同作用，促进个人的身心、生活和事业的全面发展。

人生除了事业目标外，还有财富、婚姻、健康等诸多问题。这些问题都直接影响着人的事业发展和生活质量。所以在制定职业生涯目标时也应注意兼顾这些因素。如希望到什么时间，财富收入达到多少？对个人生活有什么预期目标？达到什么标准？这些都应结合考虑，统筹兼顾。还要注意使个人目标与组织目标达到一致。虽然个人目标是自己的目标，但并非只靠自己的力量就能实现。把自己的目标与组织目标协调起来，发展就会比较顺利。只有综合考虑上述诸多因素，才能选中最符合实际的、对社会有用的、成功可能性较大的正确目标。这样不仅能使自己的目标与社会需要紧密结合，使自己的长处得到发挥，而且也能保证职业生涯的顺利和成功。

第二节　自我认识与职业选择

一、能力、兴趣、人格与职业选择

事业发展和能力、兴趣、人格之间，有不容置疑的直接关系。交响乐团的指挥，其能力显然和一名出色的科技人员、一名出色的飞机驾驶员不同。

（一）能力与职业选择

1. 能力与职业能力

（1）能力

能力是直接影响人们工作效率，保证人们顺利完成某种工作所必需的个性心理特征。能力与人的工作密切相关，人的能力是在工作和学习中形成、发展并且在工作和学习中表现出来的，如学习能力、交流合作能力、组织能力等。能力的强弱决定工作效率的高低，所以从事某种工作必须以一定的能力为前提条件。

（2）职业能力

职业能力是在学习活动和职业活动中发展起来的，直接影响职业活动的效率，使职业活动得以顺利完成的多种能力的综合。职业能力表现在相应的职业活动中。从事同一职业的人们，在相同的条件下，如果职业兴趣和职业性格不同，可以使他们的职业能力形成差异。

2. 职业能力类型

（1）一般学习能力

一般学习能力（智力）是指人们认识、理解客观事物并运用知识、经验等解决问题的能力，即逻辑思维能力，它包括记忆能力、观察能力和注意能力。一般学习能力是人在学习、工作、日常生活中必须具备、广泛使用的能力。职业或专业发展水平越高，对人的一般学习能力的要求就越高。

（2）交流表达能力

交流表达能力是指对词及其含义的理解和使用的能力，对句子、段落、文章的理解能力，以及善于清楚而正确地表达自己的观点和向别人介绍信息的能力。简单说来，它包括文字的理解能力和口头、文字、数字、图表表达能力。不同的职业对人的表达能力要求不相同。例如，教师、营销员、公关人员、工程技术人员等必须具备较好的交流表达能力。

（3）运算能力

运算能力是指迅速而准确地计算的能力。大部分职业都要求工作者有一定的运算能力，但不同的职业对人的运算能力要求的程度不同。例如，会计、出纳、建筑师等职业，对从业者的运算能力要求较高；而法官、律师、护士等职业，对从业者的运算能力要求则一般；就演员、话务员、厨师、理发师等工作来说，对运算的能力要求相对就较低。

（4）空间判断能力

空间判断能力是指能看懂几何图形、识别物体在空间运行中的联系、解决几何问题的能力。如果一个人爱好平面几何并且学得很好，通常这个人的空间判断能力就比较强。与图纸、工程、建筑有关的职业，还有牙科医生、内外科医生等职业，对空间判断能力的要求较高；对缝纫工、电工、无线电修理等工作来说，也必须具有一定的空间判断能力才能胜任。

（5）形态知觉能力

形态知觉能力是指对物体或图像的有关细节的知觉能力。例如，对于图形的阴暗、线的长短做出视觉的区别比较，能看出其细微的差异。对于生物学家、建筑师、测量员、制图员、农业技术员、医生、药剂师、画家等来说，需要较强的形态知觉能力；而对于历史学家、政治家、社会服务工作者来说，形态知觉能力的要求不高。

（6）事务能力

事务能力是指对言语或表格式的材料的细节的知觉能力，发现错字或正确地校对数字的能力等。像设计、记账、办公室、打字等工作，都必须具备一定的事务能力。

（7）动作协调能力

动作协调能力是指能迅速、准确、协调地做出精确的动作和运动反应的能力。对于驾驶员、飞行员、牙科医生、外科医生、雕刻家、运动员、舞蹈家来说，这种能力是非常重要的。

（8）手指灵活度

手指灵活度是指手指迅速、准确和谐地操作小物体的能力。打字员、外科医生、五官科医生、护士、雕刻家、画家、兽医家等，手指必须比一般人灵活。

（9）眼—手—足协调能力

眼—手—足协调能力是指根据视觉刺激，手足配合活动的能力。

（10）颜色分辨能力

颜色分辨能力是指观察或识别相似或相异色彩，或对相同色彩明暗效果的感知能力。包括识别特殊色彩、识别调和色或对比色以及正确配色的能力。

3. 能力与职业匹配

不同的职业对能力有不同的要求。每个人都有自己的优势和劣势，陈景润富于数学才华，但却不一定能当好教师。因此，一个人只有正确分析自己的能力倾向，才能有所作为。

如果在知道自己的能力及职业能力在哪些方面有优势之后，再进行职业选择，可能会避免走更多的弯路。

（二）兴趣与职业选择

1. 兴趣在职业活动中的作用

兴趣是一个人积极探索某种事物的认识倾向，是引起和维持注意的一个重要的内部因素。“兴趣是最好的老师”，人们对于有兴趣的事物，总是能愉快地去探究，这种学习研究和工作过程不是一种负担，而是一种身心上的享受。许多研究表明，凡是在事业上有突出贡献的人，都能把个人兴趣和对事业的责任感有机地结合起来。

兴趣可以使人的智力潜能得到充分发挥。当一个人对某种事物发生兴趣时，就能调动整个身心的积极性；就能积极地感知、观察事物，积极思考，大胆探索；就能情绪高涨，想象丰富；就能增强记忆效果；就能增强克服困难的意志。相反，“牛不饮水强按头”是不会取得理想效果的，也不利于充分发挥一个人的聪明才智。

兴趣可以提高人的工作效率。一个人对某项工作有兴趣时，工作起来就会觉得轻松愉快、趣味无穷。兴趣可以调动身心的全部精力，从而带来工作效率的提高。多方面的兴趣可以使人善于应付复杂多变的环境。如果工作发生变化，只要新的工作是自己感兴趣的，就比较容易适应。

兴趣是行动的动力。许多成功人士有着相似的惊人之处：对自己有兴趣的事非常执着，一意追求，全身心地投入其中，这是事业成功的有力保证。

要想使兴趣真正地成为事业成功的推动力，还必须具有良好的职业兴趣品质。职业兴趣是一个人对自己从事的职业的一种积极态度，职业兴趣品质主要指：职业兴趣的广度、职业兴趣的深度、职业兴趣的稳定性和职业兴趣的效能。良好的职业兴趣品质对选择职业和适应职业都有重要意义。

2. 职业兴趣的类型及相应的职业

由前面的介绍可以看出，兴趣对人生事业的发展至关重要，所以兴趣自然是职业选择所考虑的重要因素之一。现将国内外有关专家研究的兴趣类型与从事相应职业的联系介绍如下，见表4－1，以供参考。

表4－1　兴趣类型与相应职业

兴趣类型	职业兴趣	相应职业
愿与人接触	对采访、营销、传递信息等一类活动有兴趣	记者、推销员、服务员、教师、行政管理等
愿与事物打交道	喜欢同事物打交道	制图、工程技术、建筑、机器制造、会计、勘测等职业

续表

兴趣类型	职业兴趣	相应职业
愿从事科学技术事业	对分析、推理、测试活动感兴趣	生物、化学、工程学、物理学、地质学等方面的职业
愿做领导和组织工作	喜欢管事情，希望受尊敬，在单位起重要作用	从事组织领导工作，如管理干部、学校领导、辅导员、行政人员等
愿干有规律的工作	喜欢常规的、有规则的活动	图书管理、档案管理、邮件分类、文字录入、统计等方面的职业
乐意帮助人	喜欢从事社会福利和助人工作	律师、咨询、医生、护士、家政人员、科技推广人员等
愿操作机器	对操作机械、制造新产品等有兴趣	驾驶员，飞行员，机械制造师，建筑师，石油、煤炭开采人员等
乐意研究人的行为	对人的行为和心理状态感兴趣	心理学、人类学、政治学、人事管理、思想教育研究等方面的职业
乐意做抽象的和创造性的工作	对需要想象力和创造力的工作感兴趣	社会调查、经济分析、各类科学研究工作、化验、新产品开发等方面的职业
愿干具体的工作	对很快能看到自己劳动成果的工作感兴趣	室内装修、园林、美容美发、手工制作、机械维修、厨师等方面的职业

人的兴趣各不相同，有的人兴趣倾向于情感世界、活跃于人际关系领域，他们广结人缘，善于应酬；有的人对自然科学感兴趣，表现为积极探索未知的世界，善于思考，积极从事小发明、小创造、小革新；有的人对智力操作感兴趣，对写作、演讲、设计之类的事情乐此不疲；有的人则对技能操作感兴趣，对车、钳、刨、铣、摄影、琴棋书画津津有味。正是这种兴趣上的差异构成了人们选择职业的重要依据。因此，兴趣在职业生活中的作用应引起人们重视。

3. 兴趣与专业选择

按照职业生涯规划的基本原则，有兴趣、符合个人爱好是做好职业工作的重要前提。个人在从事符合个人爱好的工作过程中能够得到满足，有成就感，这样的职业就是“好职业”。在职业技术教育中，选择专业与选择职业有很大的同一性。高考填报志愿时，根据自己的爱好、意愿来选择相关专业，在校学习时就会有较强的学习动力。但是，也有许多考生的职业意愿是不明确的，或者只是盲从地追逐“热门”，客观上阻碍了个人发展。

兴趣也是可以培养的，或者说也是可以改变的。有时人们对某个职业或专业不认识、不了解，或者受别人的影响而不感兴趣，但是一旦对专业的发展方向有了深入的了解，或对某种职业在人类社会活动中的作用和意义有了认识和了解之后，就会对该专业或职业产生兴趣。

（三）人格与职业选择

1. 人格的概念

人格也称个性，它包括气质和性格两方面的特征。气质指人说话、办事时表现的脾气，有急性和慢性之分，它是人本来就具有的心理活动的动力特征。气质没有好坏之分，但是，在不同的职业活动中，对人的气质要求不一。不同气质特征的人，对特定职业确实存在适应或不适应的问题。职业选择中一般都不孤立地考虑气质类型，而更多地从性格特征考虑问题。

性格是个人对现实的稳定和习惯化了的行为方式。性格是人在社会活动中通过与环境相互作用而逐步形成的。性格一经形成就具有一定的稳定性。职业心理学的研究表明，不同的职业对从业者的性格要求不同。例如，从事医生职业的人，要乐于助人，耐心正直，责任心强，冷静自信，稳定性好；从事科学研究的人，必须一丝不苟、敢于怀疑，有批判精神和创新意识；而自我创业者，应有冒险、乐观、自信精神，有雄心壮志、精力充沛和勇于创新等性格特征。

性格对一个人的成功有着很大的影响。一个人从事的职业与他的个性相适应，工作起来就会得心应手，心情舒畅，容易取得成功。相反，如果性格与职业不相适应，性格就会阻碍工作的顺利开展。

任何事情都有两面性，谨慎的人稳重却可能保守；进取心强的人更容易取得成功，但也可能使人妄为。一位社会心理学教授告诉他的学生："奋斗通常是指一种强硬的人生态度，主张不屈不挠，能勇往直前。但是在我看来，奋斗包含两个层面——积极斗争和消极适应。适应环境本身就是奋斗的组成部分。只有在此基础上，开辟战场去对待生活才有胜算的光明。"

虽然人的性格一旦形成就难以改变，但这并不是说人们只能顺其自然，人们仍可以通过自身努力，发挥自己性格的优势，避免或减少性格劣势对事业带来的影响。

2. 性格与习惯

（1）习惯构成的性格

习惯的内涵很广，一般可以分为良好习惯和不良习惯，也有生活习惯、学习习惯、工作习惯之分。生活、学习、工作习惯都有良莠之分。就学生而言，生活中良好的习惯有合理饮食的习惯、适时休息的习惯、适量运动的习惯、讲究卫生的习惯、健康娱乐的习惯、预习复习的习惯、按时完成作业的习惯、独立思考的习惯、积极收集资料的习惯等；工作中良好的习惯有吃苦耐劳的习惯、认真负责的习惯、今日事今日毕的习惯、勤于思考勇于创新的习惯等。另外还有几种在生活、学习和工作中都必须具备的良好习惯，即凡事定目标、做计划的习惯，科学利用时间和金钱的习惯，团结协作、乐于助人的习惯，坚持原则、遵纪守法的习惯。生活、学习和工作中的不良习惯在人群中也不少见，如暴饮暴食、抽烟酗酒、不讲卫生、作息无常、贪图享乐、工作学习敷衍拖拉、怕苦怕累、斤斤计较、做事无目的无计划、随波逐流、唯我独尊等。以上种种习惯以不同的组合存在于一个人身上，就构成一个人的性格。我们常说的此人性格严谨、认真、守时、果断，就是好习惯的表现。

（2）习惯源于思想与行为

成功学指出："习惯是一再重复的思想与行为所形成的。"不良习惯与良好的习惯都是这样形成的，如抽烟、喝酒、睡懒觉、做事拖拉、随地吐痰、乱扔垃圾、不讲卫生等是如此；凡事按计划进行、今日事今日毕、早晚适时锻炼身体、勤洗澡勤换衣、注意环境卫生等，也是如此。因此，一定要在思想上高度重视平时的行为规范，不要让不良行为重复而成为习惯。俗话说：学坏容易，学好难。其原因是形成坏习惯的行为是满足某种低等的生理要求而自然发生的，本能成分较重，不顾及社会，不需花多大力气，易于随波逐流；而形成良好习惯的行为，需要人的精神来控制，追求成功的努力，是需要意志和恒心才能做到的。

（3）培养好习惯就是迈向成功

习惯是一种力量，有时表现得很强大，它能使你成为掌握自己的主人，也能迫使你成为它的奴隶。例如，按时学习的人，是不容易被动摇的；长期勤俭节约的人，是不会随便乱花钱的；勤洗澡、勤换衣的人，几天不洗澡、换衣是很难受的；而社会上也不乏烟酒的奴隶、开口就说脏话的人。习惯力量的大小，主要决定于形成这种习惯的思想深度和行为重复的次数，重复的次数少，力量就小，反之则大。有些不良习惯如果形成心理及生理的依赖就很难改掉，必须外加强大的力量才能改掉。因此，要从小和尽早形成好的习惯，拒绝不良习惯。

3. 人格的类型与职业选择

心理学家们根据人格特征与职业选择的关系，把人格分为六种类型（见表4－2）。

表4－2　人格与职业选择的关系

人格类型	性格特征	相应职业
研究型	重分析、好内省、较慎重、喜欢观察、好奇心强，喜欢从事有创造性和钻研精神的职业	科学研究人员、工程师等
艺术型	想象力丰富、有理想、好独创、喜欢从事三维系统的、自由的、有一定艺术素质的职业	音乐、美术、影视、文学、艺术等方面的工作
社会型	乐于助人、善社交、易合作、重友谊、责任感强，喜欢从事与他人建立和发展各种关系的职业	教师、医护人员、公关人员等
企业家型	有冒险精神、自信而精力旺盛、好发表见解、爱支配别人，喜欢从事为直接获得经济效益活动的职业	经营管理者、产品供销人员、政府官员等
现实型	重视社交、重视物质的实际的利益、守原则、安定、喜欢从事按一定程序进行操作、有一定技巧要求的职业	机械操作、电工技术、测绘员、描图员等工作
常规型	能自我抑制、易顺从、稳定，喜欢从事较简单、刻板、按规定要求的工作	办事员、库房管理人员、会计等

在日常生活中，人们常常把人的性格分为内向型、外向型，但是纯粹属于内向型或外向型的人并不多，大多数人属于混合型，只是程度有差异而已。一般说来，外向型性格的人由于对外界事物的关心，因而表现为善于表露自己的情感、乐于与人交往等特点，适合从事能充分发挥自己行动能力的积极性、与外界有着广泛接触的职业。内向型性格的人比较适合从

事有计划的、稳定的、不需要与人过多交往的职业。

二、职业选择影响因素分析

在制定自己的职业生涯规划时，只有充分考虑自己的特点、职业与行业、社会的需要等因素，才能取得良好的效果。

（一）自身因素分析

1. 自我认识与自我评估

你对自己有一个清楚的认识吗？通过自我评估，我们就会更清楚地了解自己。自我认识与自我评估一般包括以下几项内容：

1）对自己需要的认识。

2）对自己动机的认识。

3）对自己理想、信念和世界观的认识。

4）对自己兴趣的认识。

5）对自己性格的评估。

6）对自己能力的评估。

7）对自己受教育和培训经历的认识。

8）对自己参加社会工作经历的认识。

9）对自己家庭背景和其他因素的考虑。

2. SWOT 分析法

在所有机会的评估工具中，SWOT 分析法是最著名也是最基本的一种。SWOT 是“优势、劣势、机遇、威胁”4 个英文的第一个字母的组合。一般来说，优势和劣势从属于个体本身，而机会和威胁则更可能来自外部环境。因此，当个人评估生涯机会时，SWOT 分析便会派上用场。

(1) 优势

即自己出色的方面，尤其是与竞争对手相比，具有优势的方面。例如，动手能力强、身心素质好等。

(2) 劣势

即与竞争对手相比处于较欠缺的方面。例如，不善于言表、交际活动能力比竞争对手差等。

(3) 机会

即有利于职业选择和职业发展的一些机会。例如，在学习阶段获得某大企业在学院的“订单培养”、到某公司的实习机会；在工作阶段获得开发新产品、到外地办分厂、公司市场扩大需要市场部经理等机会。

（4）威胁

即存在潜在危险的方面。例如，专业不热门、就业竞争压力大、所在企业效益可能滑坡、不喜欢自己的人来担任直接上司等。

（二）职业因素分析

1. 产业结构的升级与职业变化

产业结构变化对社会分工产生了革命性影响。随着产业中技术与知识含量的增高，社会分工的基础从体力为主逐步发展到以脑力（智力）为主。

从产业发展的历程来看，每一次产业的更迭，新出现的产业对原有产业的品质都会施以革命性的影响。例如：第二产业的兴起带来了农业的机械化，提高了农业生产效率，减轻了农业生产中的劳动强度；第三产业的兴起带来了农业技术革命和农工商一体化的农产品市场化；信息产业的兴起给农业、工业带来的是高科技、国际化的前景。

产业的发展对行业、职业的影响主要表现在两方面：一是可能使一些行业和职业消失；二是使继续存在的行业内涵（产品和服务的内容、技术内核）发生变化，导致行业的经营和岗位分工依据的变化以及人员胜任工作要求的变化。

2. 未来就业机会较多的职业

就业岗位的增加数额应是需要顶替的工作岗位数与新增工作岗位数之和。我国未来就业机会最多的行业是未来需要顶替的岗位（如员工退休）较多的行业和新增工作岗位多的行业。

据分析，在某种程度上美国现在的经济发展状况代表我们将来的经济发展状况。领英于2017年分析了过去5年内美国的就业状况，列举了美国增长最快的两个新兴职业，排名前5的职业分别为：①机器学习工程师；②数据科学家；③销售发展代表；④客户经理；⑤大数据开发者。从中可以看出，以科技为中心的职业拥有最大的增长潜力。

3. 社会职业发展对高职毕业生择业的影响

由于生产力的高度发展，社会分工的不断细化，原有的人才结构类型已很难继续适应经济的进一步发展，除了原有的学术型、工程型、技能型人才之外，迫切需要数以万计的从事生产、管理第一线的技术型专门人才，这就增加了高职生的就业机会。

现代职业的更新速度不断加快，这就要求毕业生转变就业观念，以发展的眼光看待问题，正确看待初次就业，寻找那些有潜力、有发展机会的职业，在工作中丰富自己的知识，提高工作能力，做到面对变化的职业市场而游刃有余。

未来社会对职业的知识含量和技术含量的要求将不断增加，对职业劳动者的素质要求也越来越高，是否具备获取知识、运用知识和创新知识的能力，是现代社会中每个人在激烈的国内、国际竞争环境中成败的关键。这就要求高等职业院校的学生必须拓宽自己的知识面，提高素质，成为适应时代需求的复合型人才。

随着世界经济全球化和一体化以及国际贸易的发展，国际技术和劳务的转移也迅速发展，从而产生了国际型人才的需求。

现代职业的发展变化无疑会对高职毕业生择业产生巨大影响，因此对于高职生，不论是在校学习，还是面临求职择业，都要联系本人实际，充分考虑职业发展趋势，这是极为重要的。

（三）环境因素分析

1. 社会环境分析

通过对社会环境分析，使自己了解国家政治和经济的发展趋势，了解所选职业在未来社会环境中的地位以及这一职业是否符合未来社会发展的趋势。

人脱离不了社会，因此，对社会环境因素进行了解和分析，也是职业生涯规划的重要内容之一。主要包括以下几个方面：

（1）社会政策

了解社会政策的变化对自己的职业生涯规划是否有影响。作为一名大学生，对社会政策不仅要了解，能做出快速反应，而且要具有一定的预见力，及时调整自身以适应社会政策的变化。

（2）社会变迁

社会变迁会对人的职业生涯发展产生较大的影响，比如知识经济和信息化社会的发展。目前的信息行业、电信行业都是如日中天的行业，这些行业的发展正是由于社会信息化和知识经济迅速发展的结果。随着信息化的不断加快，必然会对各行各业产生更大影响。

（3）社会价值观

价值观随着社会的不断发展和进步而发生不同程度的变化，从而影响社会对人的认识和对职业的要求。有些职业可能现在还不被人们所接受，但是未来的发展空间却很大，如果要从事这样的行业，在一段时期内对传统社会价值观要承受一定的压力。

（4）科学技术的发展

科学技术的发展带来理论的更新、观念的转变、思维的变革、技能的补充等，而这些都是职业生涯规划中不可或缺的要素。科学技术的发展，有时候直接决定着一个行业的兴衰。认清科技的发展对不同行业可能产生的变化，对职业选择有很大的帮助。

2. 经济环境分析

经济环境对人的职业生涯发展的影响至关重要。当经济发展非常景气时，百业兴旺，就业渠道、薪资提升或职业发展的机会就会大增。反之，就会使人的职业发展受阻。对经济环境的了解可以通过以下几个方面获得：

（1）经济改革状况

我国的经济制度已经由计划经济转为社会主义市场经济，国家相关政策的调整会对企业产生直接影响。而且，随着经济改革的进一步深入，任何经济状况的重大变动均可能影响中国整体经济和行业环境。

（2）经济发展速度

经济发展速度影响着行业的经营状况。目前中国正处于经济快速发展的时期，这个时期为大学生的就业提供了很好的就业环境。但是，我国还存在着地区之间经济发展不平衡的现象，东部沿海地区和中心城市，如北京、上海、深圳、广东、江苏、浙江、山东等省市对人才的需求较旺盛，中西部地区则相对不足。近几年，随着西部大开发和中部地区的崛起，这些地方对人才的需求量也在不断增加。

（3）经济建设状况

经济建设状况直接影响着人才的需求情况。比如，西部地区的经济建设发展空间很大，尤其在当前国家西部大开发政策指导之下，西部地区的经济将得到持续发展。毕业生可以选择去西部地区，为西部地区经济的发展贡献自己的力量。

第五章　职业生涯规划设计

【学习导入】

第一节　职业生涯规划设计概述

一、职业生涯规划设计含义

职业生涯规划也称职业生涯设计。所谓职业生涯规划，是指个人根据自身情况以及眼前的机遇和制约因素，为自己确定职业目标、选择职业道路、确定发展计划和教育计划等，并为自己实现职业生涯目标而确定行动方向、行动时间和行动方案。

二、职业生涯设计的原则

在做职业生涯设计时，既要有挑战性，又要注意避免好高骛远，还要注意适时调整。一般来说，应注意下面的七项原则：

1. 长期性原则

规划一定要从长远考虑，给人生设定一个大方向，并紧紧围绕这个方向做出努力，最终获得成功。

2. 挑战性原则

目标或措施要具有一定的挑战性，完成规划目标要付出一定努力，实现目标后有较大的成就感。

3. 清晰性原则

规划要清晰、明确，各阶段的线路划分与安排一定要具体。

4. 可行性原则

规划要根据个人特点、社会发展需要来制定，避免做不着边际的幻想。

5. 适时性原则

规划是预测未来的行动、确定将来的目标，各项主要行动何时实施、何时完成，应有时间和顺序上的安排，以作为检查行动的依据。

6. 适应性原则

规划未来的职业生涯目标时会涉及多种可变因素，规划应有弹性，以增加其适应性。

7. 持续性原则

人生的各个发展阶段应该持续连贯地衔接下来，做规划也应考虑到职业生涯发展的整个历程，做全程的考虑。各具体规划与人生总规划要一致，不能摇摆不定，浪费各发展阶段的人力资本积累。

三、职业生涯设计的步骤

一份完整有效的职业生涯规划应包括自我识别与测评定位、职业环境分析、职业生涯目标的确定、实施策略与措施和反馈调整五个步骤。

1. 自我识别与测评定位

自我识别与测评定位是个人职业生涯规划的基础，也是能否获得可行的规划方案的前提。一个人只有通过自我识别和测评定位，正确深刻地认识和了解自己，才能对未来的职业生涯做出最佳抉择。如果忽略了自我识别和定位，所做的职业生涯规划很容易中途夭折。

自我识别和测评定位的主要内容是与个人相关的所有因素，包括兴趣、气质、性格、能力、特长、学识水平、思维方式、价值观、情商以及潜能等。简言之，要弄清我是谁，我想做什么，我能做什么。在自我识别的基础上，更重要的是通过科学测评来准确定位，避免自己一厢情愿。据统计，在选错职业的人当中，有 80% 的人在事业上是失败者。如何才能选择正确的职业呢？至少应考虑以下几点：性格与职业的匹配；兴趣与职业的匹配；特长与职业的匹配；内外环境与职业相适应。当然，一个人对自己的认识往往是片面的，所以在自我识别和定位中还应善于听取他人的意见。

2. 职业环境分析

毫无疑问，职业环境因素对个人职业生涯发展的影响是巨大的。每一个人都处在一定的环境之中，离开了这个环境，便无法生存与成长。作为社会生活中的个体，我们只有顺应职业环境的需要，趋利避害，最大可能地发挥个人的优势，才能实现个人目标。所以，在制定个人的职业生涯规划时，要分析环境条件的特点、环境的发展变化情况、自己与环境的关系、自己在这个环境中的地位、环境对自己提出的要求以及环境对自己有利的条件与不利的条件等。只有对这些环境因素充分了解，才能做到在复杂的环境中避害趋利，使你的职业生涯规划具有实际意义。

环境因素主要包括：组织环境、政治环境、社会环境、经济环境。即要评估和分析职业环境条件的特点、发展与需求变化的趋势、自己与职业环境的关系以及职业环境对自己的有利条件和不利因素等，以便不断地调整自己适应职业环境的变化和要求。要弄清自己在这种职业环境条件之下究竟能干成什么，这样你的职业生涯规划才会切实可行，而不致流于空泛。

3. 职业生涯目标的确定

目标是事业成功的基本前提，没有目标，事业的成功也就无从谈起。俗话说："志不立，天下无可成之事。"立志是人生的起跑点，反映出一个人的理想、胸怀、情趣和价值观，影响着一个人的奋斗目标及成就的大小。我们制定个人职业生涯规划，就是为了实现某种职业生涯目标，进而获得自己理想的生活，所以目标抉择才是职业生涯规划的核心。在制定职业生涯规划时，首先要确立职业生涯目标，这是制定职业生涯规划的关键，也是你的职业生涯中最重要的一点。

职业生涯目标的确定是指可预想到的，有一定实现可能的最长远目标，通常目标分短期目标、中期目标、长期目标和人生目标。一般我们可以首先根据个人素质与社会大环境条件，确立人生目标和长期目标，然后通过目标分解，分化成符合现实和组织需要的中期、短期目标。目标的设定，是继职业生涯路线选择后，对人生目标做出的抉择。其抉择是以自己的最佳才能、最优性格、最大兴趣、最有利的环境等信息为依据。

4. 实施策略与措施

所谓职业生涯实施的策略与措施，是指为实现职业生涯目标而制订的行动计划。在我们确定职业生涯目标后，就要制定相应的行动方案来实现它们，行动便成了关键的环节，这就如同设计我们攀登目标的阶梯。实施策略措施要具体可行，容易评估。这里所指的行动，是指落实目标的具体措施，主要包括工作、训练、教育、轮岗等方面的措施。例如，为达成目标，在工作方面，你计划采取什么措施提高你的工作效率；在业务素质方面，你计划学习哪些知识、掌握哪些技能来提高你的业务能力；在潜能开发方面，采取什么措施开发你的潜能等。这些都要有具体的计划与明确的措施，并且这些计划应特别具体，以便于定时检查。

5. 反馈调整

俗话说："计划赶不上变化。"影响职业生涯规划的因素诸多，有的变化因素是可以预测的，而有的变化因素难以预测。现实社会中种种不确定因素的存在，会使情况与原来制定的职业生涯规划目标有所偏差，在此状况下，要使职业生涯规划行之有效，就须不断地对职业生涯规划进行评估与修订，不断地反省并对规划的目标和行动方案做出修正或调整，从而保证最终实现人生理想。其修订的内容包括：职业的重新选择、职业生涯路线的选择、人生目标的修正、实施措施与计划的变更，等等。从这个意义上说，反馈调整就是一个再认识、再发现的过程。

职业生涯规划步骤流程如图 5－1 所示。

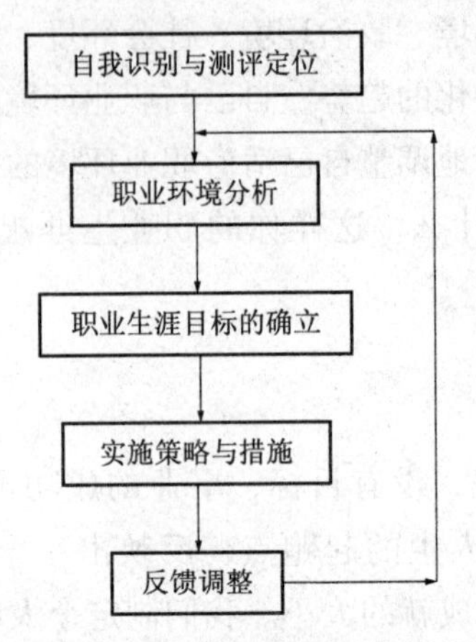

图 5－1　职业生涯规划步骤流程

第二节　职业生涯设计的实施与实现

要实施个人职业生涯规划，最重要的是要做好并实施好大学阶段的大学生涯规划。未来有很多不确定的因素，是我们难以把握和控制的，但是对自己的大学生涯确实是可以把握的。把握了现在，把当前的事情做好了，未来职业发展目标的实现也就水到渠成了。

一、大学阶段：职业生涯探索阶段

从大学校园的一名学生到作为独立的成年个体加入社会之中，这一人生巨大的变化是每个大学生都必须面对的。埃里克森将这一变化称为“危机”，大学生采取何种方式应付这个不可避免的危机，实际上就取决于大学生如何理性地对自己未来的职业进行规划，以及如何一步一步去完成自己的规划。

舒伯（Super）的职业发展理论从人的终生发展角度出发，把整个人生分为成长阶段、探索阶段、立业与发展阶段、维持阶段和衰退阶段。大学时期正处于职业生涯探索阶段，是职业生涯规划的初期，也是职业生涯发展的关键时期。

探索阶段还可细分为三个时期：第一是试验期，从 15～17 岁，是综合认识和考虑自己的兴趣、能力与职业社会价值、就业机会，开始进行择业尝试的时期；第二是过渡期，从 18～21 岁，是查看劳动力市场，或者进行专门的职业培训时期；第三是尝试期，从 22～24 岁，是选定工作领域，开始从事某种职业的时期。

二、大学生涯：职业生涯阶段规划

大学生涯既需长远的方向性规划，也要有阶段性的具体打算，应针对不同年级的任务和特点有侧重地去规划，目的是为三年后的就业或继续求学打好基础。

根据大学生在学习的不同阶段，其学习的重点不同和心理特征的不同，提出“大学三阶段论”，即大一适应期，大二探索拼搏期，大三冲刺期。时期不同阶段不同，所选的目标也会不同，即，大一：职业生涯认知和规划；大二：基本能力、素质的培养以及职业定向指导；大三：就业准备和指导。

（一）大一适应期——职业生涯认知和规划

步入高校大门的大一新生，有了学生与成年人的双重身份，对所有的事情都感到新鲜，新的环境、新的同学、新的学习和生活，无不吸引着他们的眼睛，需要他们去了解和适应。大一学生应对大学四年的学习生活有一个初步的认识，并合理设计大学生活，认清自己将来所要从事的工作和自己的不足，进而制定学习目标、确立职业目标。

这一阶段的具体任务和目标如下：

1. 学业和能力方面

首先要学会料理好自己的生活，心理上完成由少年到青年的转化。

熟悉环境，结交同性和异性朋友，认识老师，建立新的人际关系。

始终保持上进的心态和高考时的拼劲，尽快掌握大学的学习方法，变被动学习为主动学习。明确自己应掌握的知识重点，努力学习基础知识，并开发自己的兴趣和技能。

打好英语基础，为英语过级做准备。

积累计算机知识，争取通过计算机和网络辅助自己的学习。

多参加学校活动，增强与人沟通的能力并挖掘自己的潜力。

如果有转系、获取双学位、留学等计划，要做好资料收集及课程准备，多利用学生手册，了解相关规定。

2. 职业生涯方面

初步了解自己，根据自己所选的专业，了解自己未来的大致发展方向。

认识职业生涯规划的重要性，初步了解职业生涯规划的理论内容。

进行职业潜能测评、职业目标的设计等整套的体系学习。

初步了解职业，特别是要了解自己未来想从事的行业或与自己所学专业对口的职业的有关情况。

了解本专业近几年的就业情况，课余时间要多同高年级学生进行交流，咨询就业情况。

对影响职业生涯的个人、社会、组织因素有一个全面正确的认识和了解。

初步制定职业目标和一个科学、有效的个人职业生涯发展计划。

（二）大二探索拼搏期——基本能力、素质的培养以及职业定向指导

一年级大学生在经过了一年大学生活的磨砺之后，渐渐会回归到现实中来。大学生应该着重夯实和拓宽基础，分析自我优势和局限性，进行自我完善和塑造，进一步探索并确认职

业目标。大二学年的职业目标尚处于发展和待调整状态，因此，这一时期的第一目标是培养与提升大学生的通用技能和基本素质。①思想品德素质。要有正确的人生观、世界观和价值观。②科学文化素质。拥有扎实的文化基础才拥有踏上工作岗位的敲门砖。大学生在校期间务必要学好专业基础知识，同时拓宽自己的知识面。③身心素质。包括学习能力，分析、解决实际问题的能力，组织协调能力，应变与沟通能力，以及良好的心理素质等。

这一阶段的具体任务和目标如下：

1. 学业和能力方面

通过与师长的交流并结合本专业的职业定位，努力建立扎实的基础知识和合理的知识结构。增强英语口语能力，增强计算机应用能力，通过英语和计算机的相关证书考试，并开始有选择地辅修其他专业的知识充实自己。

在保证学业的同时，坚持参加社团活动，从中培养责任意识、组织能力、主动性与受挫能力、人际交往与协调能力等。

考虑未来是否深造或就业，了解相关的讲座、活动。

思想上积极向党组织靠近。

尝试兼职、社会实践活动，在课余时间有计划地从事与自己职业目标或专业相关的实践或兼职工作。

2. 职业生涯方面

重视自我认知和做好从事职业前的心理准备。

通过具体的、有针对性的职业心理测评，进一步调整职业生涯规划模式和自己的学习目标，做出对自己、对社会有利的职业决策。

这个阶段如果调整不好，很容易会产生彷徨和迷茫的心态。在大学生活新鲜感过去后，容易对生活突然失去信心，因为目标多而杂、偏而乱，其主要出现的问题是个人原有的大学梦想和现实的专业和职业的心理压力之间的矛盾。

相信自己的实力和解决困难的能力，必要的时候可以向专业心理老师求教。

（三）大三拼搏期——就业准备和指导

大学三年级时，进入找工作准备阶段。此时，必须确定是否要深造，如果需要继续深造就应该将目标锁定在工作申请及成功就业上。随着课程的减少和社会接触的范围越来越广泛，大学生要努力通过实践的机会增加自己的社会阅历和经验。从实用角度出发，对求职技巧、面试方法、企业招聘经验、创业思路、团队精神等方面进行培训和学习，以提高技能和实际操作和运用的能力，增加人际交往能力和求职要领的把握能力。

这一阶段的具体任务和目标如下：

先对前两年的准备做一个总结，检验自己已确立的职业目标是否明确，前两年的准备是否已充分。提高求职技巧，学习写简历和求职信，预习或模拟面试。

加入校友网，从已经毕业的校友那里了解往年的求职情况。

积极参加招聘活动，在实践中检验自己的积累和准备。

积极利用学校提供的条件，了解就业指导中心提供的用人公司资料信息。

重视校内、校外实习的资源利用，对多种职业、岗位、人文环境有一定的了解和认识，具备实践活动中的多种能力。

感受、体验社会大环境中的酸、甜、苦、辣，对自己的能力、薪资期望、心理承受度等有一个准确的定位。

通过岗前技能培训，进一步认识自我，探讨工作选择和职业发展，为即将从事的工作积极搜集信息和材料，探索所有可能的机会，实现由“校园人”到“社会人”的转变。

第三节 职业生涯设计中常见的问题及对策

一、职业生涯设计中常见的问题

1. 职业生涯规划仅仅是属于毕业生的，是为找工作做准备

大学生的职业生涯规划教育大多是在毕业前才开始的，以至于很多人认为这种教育是针对毕业生的，而职业生涯规划就是帮助毕业生找到适合自己的工作。职业是人生最大的课题，建功立业是职业生涯规划的最大追求，但是建功立业并不是单单就找到一份工作而已，建功立业实现的过程本身就是人对自身不断完善发展的过程。可以说，高职生在高职学习阶段的自我完善的最终目的也是为了建功立业而准备的。所以，职业规划是站在自我实现的高度上来探索职业、规划职业的，并不仅仅是为了找工作准备，也不是功利地为了一时的高就而忽略了自身的发展。

2. 职业生涯规划就是找到赚钱多的好工作

有这种误区的人一是不明白职业生涯规划的作用，二是对好工作的标准有误解。职业生涯规划的出发点首先是适合自己，其次才是薪酬高。适合自己的工作才是职业生涯规划所要达到的宗旨，而职业生涯规划外的任务才是找到一个既适合自己薪酬又高的工作。所以说，职业生涯规划的首要任务是找到适合的工作，除此之外才是追求高薪水。

3. 规划没有变化快，觉得职业生涯规划没有意义

在规划职业及规划职业生涯时大学生往往认为变化太快，还是不要规划了，否则还要再去变通，还是稳稳当当走一步算一步比较好。这种观念关键是没有认识到规划和变化的关系。实际上，职业规划是考虑了自我、环境、学业、理想、通路等影响职业生涯发展的各种因素后，结合自身理想价值追求而确定的路径安排，并且融合了职业判断、职业创新、自我管理等步骤在内的整体系统分析方案。从中可以看到，变化本身就是在规划中要考虑的因素和步骤。所以说，变化是逃不过规划的，除非没有考虑变化就去规划，而没有考虑变化的规

划是不能够叫规划的，最多可以称为计划。规划出了问题不一定是规划本身的问题，很可能是制定者本身的问题，如果说规划总是赶上各种变化，那只能说明规划是失败的，是有缺陷的，但不能由此得出规划不如变化快。

4. 职业生涯规划与大学学业不相关

讨论职业生涯规划和大学学业的关系，其实这里的一个前提是要考虑大学生个人对大学定义及个人价值观的问题。一些大学生认为，大学阶段尤其大一、大二是放松、考证的时间，大三才面临实习找工作的问题。毕业找到好工作的同学并不只是在毕业前才准备的，找不到好工作的同学也不是毕业时才开始沉沦的。无论毕业时结果怎样，那都是对大学生涯的总结和印证。所以说，大学学业的安排直接关系到毕业后找工作的情况，而且会在很大程度上影响职业生涯规划以及职业前程上的作为。

二、职业生涯设计的对策

1. 学校要从多方面解决在大学生职业生涯规划教育中存在的问题

各高校首先认识到职业生涯规划教育对大学生的意义和重要性，它不是简单的职业定位或就业指导，而是一个定向、定点、定位、定心、自检再定向、定点、定位、定心的周而复始的过程；在教育安排上，要把职业生涯规划课程贯穿大学三年：大一帮助学生树立正确的职业生涯规划意识和初步的职业理想；大二是大学生职业生涯调整与发展阶段，开设与职业生涯规划相关的课程；大三是职业的准备阶段，学校通过测评、咨询、讲座和实习等形式帮助学生对自己的职业生涯规划有更清楚的认识和科学的职业选择。学校要开发适合本校教育特点和学生特色的测评工具，还要通过专职、兼职、聘用等多种形式相结合，建立以专职老师为骨干的稳定性强、素质较高的职业生涯规划指导教师队伍，让这些教师在不断学习中加强专业水平。

2. 大学生在职业生涯规划学习中要努力的方向

（1）打好基础，适应大学生活

成为一名大学生，意味着一段新生活的开始。每个人都想在新的环境中，如鱼得水，成绩斐然，让大学成为人生中绚丽的一页，为今后的职业生涯做好铺垫，增添价值。要达到自己心目中的理想状态，当然需要进行规划，然后付诸努力去实现它。作为大学新生，要积极了解和适应大学环境、调整日常的饮食起居情况、了解所学专业信息、养成好的学习习惯、建立和谐的人际关系，在此基础上，对自己的职业目标进行思考，开始初步规划自己的职业生涯。大学生要通过适应生活环境完成个人基本状态的调整，从而建立有序的个人发展内在环境，这样才能保障职业生涯规划积极性的调动；要通过开始认识自己所学的专业，激发自己对发展方向的思考，促进职业生涯规划意识的形成；要在养成新的学习习惯的同时，进入更加社会化的学习环境。这些体验都会为职业生涯规划的初步实施打下基础。

（2）拓宽视野，发展职业素质

职业素质是职业发展的基础，发展职业素质首先要了解自己的素质结构，为更好地做到这一点，就要立足学业、拓宽视野，在全面提高综合素质的同时不断认识自我、发展自我、调整自我。大学生要深入学习各种知识，包括政治、专业、文化等方面，提高自己的道德情操、专业素质和个人修养；要通过参加文体活动、参与集体活动、加入学生社团、开展社会实践活动等途径充分发展自己的兴趣和特长；要在集体中成长，在老师和同学的帮助下更加客观地认识自己，发现自己的优势和劣势。大学期间有很多资源和途径可以用于职业素质的养成和发展，大学生只有主动地挖掘这些资源、利用这些途径，才会更好地扬长避短、不断进步。

（3）参与实践，接触社会职场

自我的发现和发展如果不能与社会职场的认识相结合，就不可能“人职匹配”地制定和实施职业生涯规划。因此，大学生在综合素质全面发展的同时，要积极参与校内各种实践项目、参加社会实践，主动接触社会，通过观察对社会获得一些初步了解；要进入一些单位开展实习锻炼，通过体验认识职业对素质的要求。在这样的基础上会对自己再次分析、对目标深入考虑、科学地设计职业生涯规划，从而有效地进行就业准备。

（4）直面挫折，调整职业生涯规划

在职业生涯规划的设计和实施中，不可避免地会遇到困难和挫折。这时，不要消极地抱怨或畏缩，要看到困难和挫折的积极一面；没有头绪是不是提醒你需要对初步的职业生涯规划做一些调整？是不是这个设计目标在这个阶段实施条件不够成熟，需要向后顺延？通过挫折，是不是暴露出规划人本身的问题？对这些问题的积极思考实际上就是职业生涯规划过程的成熟和完善，客观冷静地对待困难和挫折，在完成职业生涯规划调整的同时，大学生自身也将获得进一步的发展。

第四节　职业生涯规划书的撰写

一、职业生涯规划书——五步法（5W 法）

对于许多大学毕业生来说，职业生涯规划也许是一个比较模糊的概念，但只要你对自己有一个基本认识，同时掌握一定的方法，你也能对自己进行职业生涯规划、为自己的职业生涯发展画一个蓝图。许多职业咨询机构和心理学家进行职业咨询和职业规划时常常采用五步法模式，即关于 5 个“What”的归零思考的模式：从问自己是谁开始，然后顺着一路问下去，共有 5 个问题：

（1）What are you?

（2）What do you want?

（3）What can you do?

（4）What can support you?

(5) What can you be in the end?

回答了这5个问题，找到它们的最高共同点，你就有了自己的职业生涯规划。

第一个问题："你是谁?"

应该对自己进行一次深刻的反思，有一个比较清醒的认识，优点和缺点都应该一一列出来。在这一问题中主要是找出你的人生坐标、你的"核心竞争力"，拿自己的长处和别人竞争。

第二个问题："你想干什么?"

对自己职业发展的一个心理趋向的检查。每个人在不同阶段的兴趣和目标并不完全一致，有时甚至是完全对立的。但随着年龄和经历的增长而逐渐固定，并最终锁定自己的终生理想。在这一问题中找出自己的职业理想。"在跳下水之前，你必须先看见对岸"。

第三个问题"你能干什么?"

这是对自己能力与潜力的全面总结，一个人职业的定位最根本的还要归结于他的能力，而他职业发展空间的大小则取决于自己的潜力。对于一个人潜力的了解应该从几个方面着手去认识，如对事的兴趣、做事的韧力、临事的判断力以及知识结构是否全面、是否及时更新等。

第四个问题："环境支持或允许你干什么?"

这种环境支持在客观方面包括本地的各种状态，比如经济发展、人事政策、企业制度、职业空间等；人为主观方面包括同事关系、领导态度、亲戚关系等，两方面的因素应该综合起来看。有时我们在做职业选择时常常忽视主观方面的东西，没有将一切有利于自己发展的因素调动起来，从而影响了自己的职业切入点。而在国外通过同事、熟人的引荐找到工作是最正常也是最容易的。当然我们应该知道这和一些不正常的"走后门"等歪门邪道有着本质的区别。这种区别就是这里的环境支持，它是建立在自己的能力之上的。

第五个问题："你最终的职业目标是什么?"

明晰了前面4个问题，就会从各个问题中找到对实现有关职业目标有利和不利的条件，列出不利条件最少的、自己想做而且又能够做的职业目标，那么自然就有了一个清楚明了的框架。

【案例一】林小丽的职业生涯规划书

某高校女生林小丽，23岁，计算机信息管理专业，在临近毕业时常常对自己的职业动向难以选择。就现在来说计算机专业属于热门，找一份差不多的工作并不难，但由于自己是女生，在就业时肯定又不如同班的男生，同时自己对教师的职业比较喜欢。在这些矛盾的情况下，使用自我规划五步法来做一次职业生涯规划。

What are you?

某重点高校计算机信息管理专业毕业生；优秀学生干部，学业成绩优秀，英语过国家六级，辅修过心理学、管理学，参加过高校演讲比赛，拿过名次；家庭状况一般，既不属于有钱之类，同时生活也不是拮据的那种，父母工作稳定，身体健康，暂时还不需要有人特别照顾；性格上不属内向，但也不是特别活跃，喜欢安静。

What do you want?

很想成为一名老师，这不仅是儿时的梦想，而且是自己比较喜欢的职业；其次可以成为公司的一名技术人员；如果出国读管理方面的硕士，回国成为一名企业管理人员也是可以接受的。

What can you do?

做过家教，虽然不是自己的专业，但与孩子交流有天生的优势，当家教时，当学生成绩进步时很有成就感；当过学生干部，与手下人相处比较好，组织过几次有影响的大型活动；实习时在公司做过一些开发，虽然没有大的成就，但感觉还行。

What can support you?

家里亲戚推荐去一家公司做技术开发；GRE 考得还可以，已经申请了国外几所高校，但能不能有奖学金还很难说，况且现在签证比较困难；去年曾有几家学校来系里招聘，但去了以后不是当老师，而是要去做技术维护，今年不知会不会有学校再来招聘教师；有同学开了一家公司，希望自己能够加盟，但自己不了解这个公司的具体业务，也不知道它有多大的发展前途。

What can you be in the end?

最后的选择可能有4种，分别如下：

1）到一所学校当老师，自己有这方面的兴趣和理想，在知识和能力方面并不欠缺，在素质教育大趋势下，与师范类专业相比，自己有专业方面的优势，讲授知识时可以让学生了解更多前沿的知识，特别是现在计算机在中学生中有了相当的普及和基础，并且自己有信心成为学生心目中理想的好老师。不足的就是缺乏作为一名教师的基本训练以及一些技巧，但这可以逐步提高。

2）到公司做技术人员，收入上会好一些，但通过这几年的发展看，这种行业起伏较大，同时由于技术发展较快，得随时对自己进行知识更新，压力较大，信心不足，兴趣不是很大。

3）到同学的公司去会丢掉专业，只能从最底层做起，风险较大，这与自己求稳的性格不符，同时家庭也会有阻力。

4）如愿获得奖学金，能够出国读书，回国后还是做一名企业管理人员。不确定因素较多，且自己可把握性较小，自己始终处于被动状态。

【点评】用五步法写职业生涯规划书简单易行

就林小丽个人而言，第一种选择显然更符合她本人的职业取向。从心理学上看，选择第一种能够使得她得到最大的满足，在工作中也最容易投入，做出一定的成绩后会有很大的成就感。从职业前途看，教师这个职业也日益受到社会的尊重，社会地位呈上升趋势。从性格上看这种职业也比较符合她的职业取向。主要困难是非师范生进入这个职业的门槛比较高，如果她能够确定自己的最终目标后努力去弥补与师范生在职业技巧方面的差距，那么她实现自己的职业理想将为时不远。这份用五步法来完成的职业生涯规划书应该会对许多和她一样的同学有所启发。

二、职业生涯规划书——三段式分析法

三段式分析法的模式包括自我分析、目标确定、实施策略。其中：自我分析是对自己的优势、劣势进行分析，以认识自己；目标确定是根据自己的条件确定职业目标；实施策略是制定为达成职业目标的行动措施。

【案例二】王锋的职业生涯规划书

王锋是一名体育专业的大学生，他对未来充满自信，他给自己做了一份职业生涯规划书。

（一）自我分析

1. 优势分析

通过校园网大学生在线“职业规划测评”，我初步了解了自己。我爱好体育运动，喜欢唱歌、绘画，善于同别人交流沟通，属于比较活泼型的人。我小时候对体育、音乐、美术都十分感兴趣，并接受过专门的基础训练。

我有扎实的专业知识和运动技能。我的运动技术专项是篮球，已获得二级运动员证书。我已用4年时间钻研体育理论，认真参加教学实习，提高了自身的知识水平和教学实践能力，善于与学生交流，具备做教师的基本素质。

2. 劣势分析

英语的听、读、写、译的能力较差，难以适应教师这一职业对外语的要求；写作、科研能力较为欠缺；不善于在会议上或公众面前发言，演讲能力欠缺，这对教学是不利的。

（二）目标确定

我的职业发展目标：在大学或中学当一名体育教师。

（三）实施策略

1）每天确保学习英语2个小时，记忆10个英语单词、两个句型，练习听力和口语。争取在大四上学期通过英语四级考试。

2）学好大学语文课程，努力提高写作能力，坚持每节课记课堂笔记和每个学期写一篇学习心得短文，并请教师指导。

3）为了提高和锻炼自己的口才，抓住班会、集会、演讲会、课堂发言等机会积极主动发言，并请要好的同学点评，只要自己有信心，只要坚持实际锻炼，不利于做教师的劣势一定能消除。

4）在大三下学期，获得普通话二级乙等合格证书。

5）在大四上学期，努力获得篮球一级运动技术等级证书，获得教师资格证书。

2008年毕业后，无论是当中学教师或大学教师，提高学历是必需的，所以，争取在2010年左右考取体育运动训练学的研究生，以适应教师的岗位要求。

【点评】三段式分析法写职业生涯规划书言简意赅

三段式分析法简练、明了，适合于比较理性的人。初学者可以多多练习。

三、职业生涯规划书——阐述法

阐述法是在分析自己的条件、对职业的认识、对自己职业目标的定位中，说明自己的职业生涯规划及依据。这种以“记叙”方式所做的职业生涯规划，是规划者的内心思考与分析，有较强的可信度，但应该注意层次结构的清晰。

【案例三】我想成为一名财务总监（略写）

宁静的夜晚，一个人徜徉在校园的林荫小道。一种安静祥和顿时渗透了我的心。我出生在20世纪80年代后期，正好赶上大学扩招，这样常熟理工的大学校园里便多了一个今天在香樟树下漫步的我。21世纪的大学生应该具备全面的综合素质、完整的道德人格，以及精湛的专业技能。刚刚踏上大二征途的我，说到综合素质那是差强人意，说到道德人格更是不知道什么叫作完美，而涉及专业技能，却是“熟读唐诗，愚人会吟”，我主修会计。

……

现在随着学习的深入，知识的渐长，眼界自然开阔了许多。突然，会计主管、总会计师、注册会计师等字眼传入我的视神经。朦胧的感觉让我觉得学会计不一定要做会计，做那种普通的会计通过个人的努力都能实现。“人往高处走，水往低处流”，或许从狭隘一点来说做高级会计可以改善自己的生活也未尝不可，当然你要敢想敢做。

……

说到对自己的了解，我自己都不敢恭维。名人说过：一个成功的人一定是一个了解自己的人，同样一个真正了解自己的人也会是一个成功的人。外向开朗的性格个性、嚣张不停的言语是我的标志；喜欢在集体中生活、帮助他人是我的必修课；当然我更喜欢打篮球、乒乓球；我还喜欢聊天，聊人情世故，社会百态；闲暇时我会看看书，写写东西。书看得多了，对自己的人生观、价值观有了自己独特的见解：人生就像一首歌，高潮时千万别一个人唱；低潮时一定要跟别人一起唱。我的性格决定了我的优势：开朗外向，人际关系不错……

……

学会计是我的初衷，学好经济管理知识，通过专业技术路线走行政经济管理之路。我的梦想是做一名财务总监，因为这一职务主管会计事务。在我的了解中，财务总监有着无比的权力，能支配很多东西。财务总监职责包含了会计长（Controller或Comptroller，两个单词的意义及发音皆同）与财务长（Treasurer）两种职务功能。国际上通常把企业财务部门一把手称为财务总监。财务总监要全面管理和领导企业财务工作，为企业赢利提供理性的决策依据，对企业的财务工作承担主要责任。财务总监作为财务领域的高层人才，必须擅长11项管理能力，即财务组织建设能力、企业内控建设能力、筹措资金能力、投资分析决策和管理能力、税务筹划能力、财务预算能力、成本费用控制能力、分析能力、财务外事能力、财务预警能力和社会资源能力。当然这个岗位的职责要求是：……

……

(下面围绕当一个财务总监的目标，我为自己设计了十年一个台阶的职业发展道路……)

以上是我的一个短期的规划。以前的稚嫩不应该在我以后的生活中继续，路还很长，需要我实实在在地学习专业知识，完成学习任务。在学习中逐渐走向成熟、稳重，最后获得成功。

我的目标是财务总监，我想我会一直以它为我工作的驱动力，每天用它来提醒我，让我不断进步。也许我的路会不好走，可是坚持到底我是一定会的。

……不是有人说过吗，不是说只有成功了是最好的，只要你以坚韧的毅力坚持下去了，一样都是成功的。在奔向财务总监的道路上我相信自己不会走太多的小路，迷惑人的岔路很多，我心中的路只有一条，那就是财务总监，所以我不会迷茫。

【点评】我为自己的职业生涯而书写

阐述法又称记叙法，它与我们平时的“写文章”结构一致，易于写作。只要能清晰表达自己的职业生涯规划，做到有条理、层次分明即可。

第六章　职业适应与发展

【学习导入】

第一节　初入职场时的注意事项

初入职场的毕业生，往往会碰到各种问题，妥善处理好这些问题是走好职场的第一步。俗话说，良好的开端是成功的一半。

一、塑造良好的自我形象

到一个新的工作环境，从外表仪态、言谈举止，应当注意哪些问题呢？先入为主的印象，往往是最鲜明、最深刻的，使人经久难忘。你留给他人的第一印象将长期影响着周围同事对你以后的评价，所以，毕业生一定要特别重视第一印象的塑造，开好头，起好步。下面谈几点应注意的问题，供新就业的毕业生们参考。

1. 衣着整洁，注意仪表

作为一个职业人，穿着打扮要与所在单位的文化环境及同事们保持协调。一般大公司或企业都有自己的服装，毕业生在报到或培训时，应该拿到公司统一的服装，那么第一天正式上班，毫无疑问，应穿公司的服装。如果单位没有统一服装要求，根据工作性质和环境的不同，衣着应符合工作性质和环境。衣着尽量以朴素大方、整洁得体为主。男士应定期理发刮须，不宜蓬头垢面。女士可适度化淡妆，但不宜过分浓妆艳抹。

2. 举止得体，严格要求

刚到一个单位，行为举止要得体适度，说话要注意分寸，对上级领导要使用尊称，对同事要保持谦虚的态度。不要过于表现自己，也不要过于拘谨。工作时间不要聊天，遵守劳动纪律和单位各项规章制度。在与他人交往中，应热情坦诚、文明礼貌。为人处世一定要讲道德，重信用。

二、建立和谐的人际关系

1. 人际关系的概念

所谓人际关系，即人与人之间的关系，是人与人交往过程中所产生的各种社会关系的总和。不同的发展阶段，会形成不同的人际网络，从整体上一般有三类：以“感情”为基础的各类关系，包括亲情、友情和爱情；以“利害关系”为基础的同事、同学、上下级等关系；缺乏任何基础的陌路关系，如萍水相逢。人与人之间最早产生的、最持久的人际关系即感情型人际关系。形成此类人际关系需要两大条件：人际吸引和人际交流。

人际关系和谐当今也被看作是心理健康的一个标志。社会中的人际关系远比校园中同学关系、师生关系复杂，某高校曾对毕业3～5年的毕业生进行了调查，当询问“进入社会后你最苦恼的是什么”时，回答与“人际交往”相关的占被调查对象的60.8%。可见在毕业生踏入社会后，人际关系方面面临的困惑是较多的。对初入职场的毕业生来说，建立和谐的人际关系，不仅可以缩短职业适应期，也可减少工作难度和心理负担。

2. 怎样建立和谐的人际关系

人际交流是人际关系形成的实质条件，这是一个动态的相互作用的过程，人与人之间最终是否形成以情感为基础的人际关系，交流非常关键。要与他人建立和谐的人际关系，必须具备良好的人格素质。要做到这一点，必须注意以下几个方面：

（1）尊重他人

诚恳是人际交往成功的基础。诚恳，首先应表里如一，言行一致。其次是要学会尊重、理解他人。有位哲人曾说过：“对他人不尊敬，首先就是对自己不尊重。”人都有自尊心，要求别人尊重自己是每个人的权利，而尊重别人乃是每个人的义务。尊重他人就等于把自己放在与对方同等的地位，双方就可以了解沟通，就能合作共事。

尊重他人，应注意从一些小细节做起。例如，碰到单位的同事要热情招呼；别人与你交谈时，应集中精力，不要三心二意，也不要打断或抢接对方的话题等。

工作中要充分听取同事们的意见，不要以自我为中心。与别人交往时首先考虑自己的人，很少能建立良好而持久的人际关系。当你开始注重了解他人、遇事能替别人着想时，建立良好人际关系的可能性就会实现。

（2）团结合作

平等待人、平等相处、团结合作，这是建立良好人际关系的前提。没有平等待人的观念，就不能与周围的人融洽相处。单位中的人际交往，既有同事之间的，也有与领导之间的；既有因工作的交往，也有因生活的交往等。这些都要求刚走上工作岗位的大学生在交往过程中能摆正自己的位置。在与人共事及交往中，应本着团结合作、宽以待人、严于律己的精神。

（3）与人相处的艺术

初入职场的毕业生，学一些与人相处的艺术，对建立良好的人际关系是非常有用的。下面几点意见供同学们参考：

1）与人相处热情大方，尽量面带微笑。热情应成为每个毕业生必备的个性品质。对人要热情，对工作也要热情，热情的外在表现就是你脸上真心的微笑。因为这样会使你周围的人觉得你容易亲近。

2）为人谦逊而不拘谨。毕业生在工作岗位应做到无论在领导面前还是在同事面前，言谈举止要庄重文雅，不能过于随便或轻浮，要给人一种既有能力又有修养的好感。切忌傲慢，受教于他人时要虚心听取；劝勉别人不要居高临下。但是在领导或同事面前也不必过分谨小慎微，让人觉得你办事缺乏自信，成不了大事。

3）对上级服从而不盲从。领导岗位总是有能者居上，因此，作为上级在知识、能力、经验等方面都是值得刚进职场的新人学习的，而且下级服从上级、个人服从组织，这是一条组织纪律，也是一条基本的工作准则。作为刚到单位工作的新人，应特别注意遵守这条准则。当然，服从不是盲目听从。如果上级下达的任务或做出的指示确实有不妥之处，应提出意见，但要注意方式方法，这样不仅体现了对上级领导的尊重，也有利于你的建议被接受。

三、慎重选择跳槽

自主性职业流动就是当今的流行话语“跳槽”，又潇洒地被称作“炒老板的鱿鱼”。由于各式各样的原因，许多人都在准备奋力一跳，跳到一块个人事业成功的坚实踏板上，觅得自己的理想工作和职位。有的人跳槽成功了，从“雪拥蓝关马不前”的困境，跳到了“春风得意马蹄疾”的佳境。但也有许多人一跳，却是捡了芝麻丢了西瓜，跳得得不偿失，既失去了以前的工作，又没跳到自己理想的职位上去。也有的发现新的单位各方面条件和待遇还不如原来的单位，从而后悔不迭。

在目前就业形势下，应届毕业生要珍惜得到的第一份工作。如果工作与毕业前设定的职业目标不符，应及时对目标进行调整。如果工作和自己的兴趣不一致，应考虑在工作中培养自己的兴趣。应努力做好第一份工作，使自己的工作能力和职业素养得到提高。

对于刚刚工作或工作不久的毕业生，要理性分析职场变化，谨慎对待跳槽。如确需跳槽，在跳槽前应考虑几个问题：

1. 分析市场就业需求

重新选择单位职业时，一定要对所选择的公司（企业）做较详细的了解，如公司的现状及发展前景、公司产品的竞争力、公司的企业文化等。同时也对所要从事的岗位做一定的了解，如工作环境、工资待遇、发展机会等。

2. 正确认识自己

正确认识自己，就是在准备跳槽时，要对自己的知识技能、职业兴趣、生涯目标等做出一个重新认识，并找出与目前环境不相适应的原因。同时，也要明确自己跳槽的真正原因和目的、跳槽后能否改变现状。不能正确地认识自己，就不会有成功的“跳槽”。

3. 计算机会成本

一般情况下，一个人在一个单位工作了一段时间，业务由不熟练到熟练，工作环境比较熟悉，应该有利于下一步发展。可是跳槽以后，业务要从头开始熟悉，人际关系要重新建立，因此，对于原来的单位切不可轻言放弃。如果从长远的角度看，跳到新的单位更有利于职业生涯发展，那当然应该考虑“跳槽”。

第二节　适应企业

要尽快了解企业，了解企业文化，适应企业文化，了解工作岗位，适应工作岗位，加强职业道德修养，立志成才。

一、适应企业文化

1. 企业文化的内涵和作用

（1）企业文化的内涵

什么是企业文化？目前尚没有一个确定的定义。许多文化学者和管理学者对企业文化都有自己的定义。综合来看，目前学术界关于企业文化的定义可分为两大类：一类是广义的企业文化，认为企业文化包括企业物质文化、行为文化、制度文化、精神文化等；一类是狭义的企业文化，认为企业文化就是企业精神。不同的定义在于观察问题的角度不同，涵盖面的宽度不同，所强调的重点也不同。

应该说，企业文化是从事经济活动的组织形成的与企业物质系统、行为系统、制度系统密切相关的企业意识形态。企业文化从属性上看属于意识范畴；从形式上看与企业物质系统相对应；从内容上看反映企业行为，是企业现实运行过程的反映；从作用上看与企业制度在不同领域互为补充，共同发挥作用。

（2）企业文化的作用

企业文化是一种客观存在，又是对客观存在的反映。企业文化积淀、形成于企业的内部，随着企业的发展，企业文化也会发展变化。企业文化既是企业实践的结果，又影响企业未来的实践。

良好的企业文化对一个企业有很大的促进作用，主要包括：

1）导向作用。即对企业个体成员的思想行为起导向作用，引导他们面向祖国美好未来，以整体和社会利益为重，以建设大业为重，勇于奉献；同时，引导企业树立正确的价值观，为国家富强多做贡献。

2）整合作用。通过对企业的价值观念、行为准则、管理风格、基本制度及精神风貌等评价活动，帮助企业设计新的文化观念。

3）优化作用。开展文化优化活动，逐渐消除机构运行障碍，为企业提供良好的发展空间。

4）创新作用。文化设计不仅可以创新企业原有的文化，而且可以向企业注入新的文化理念。

可以说在不久的将来，企业的竞争将主要是企业文化的竞争，产品的竞争也主要是文化的竞争。

2. 企业文化管理

企业文化管理的本质是“以人为本”。企业文化管理把人看作是全面发展的人，关注人的进步、人的价值观的实现，把人的发展同企业的发展联系在一起，通过创建一个使人心情舒畅、生气勃勃的企业文化环境，使员工产生一种家的归属感和荣誉感。企业文化管理重视培养企业的价值观，强调用一种共同的价值观来熏陶全体员工，以此影响员工的精神和行为，培育员工热爱企业、爱岗敬业、尽职尽责、团结奉献、勇于创新的精神，从而影响企业多项管理职能的实现和组织效能的提高。

企业文化的生命力在于运用于企业管理。文化管理是企业管理理论发展的必然，是企业管理理论发展的新阶段。企业文化必须落实到企业管理，企业文化必须嵌入企业战略管理、人力资源管理、生产经营管理、市场营销管理、财务管理、物流管理、伦理道德管理等。企业文化不能落实到管理中，就不能发挥最大的作用。

索尼的企业文化：

重视科学技术：“公司的宗旨是迅速地将战时各种非常进步的技术应用到国民生活中去”，“及时地把各大学和研究所等最有应用价值的优秀研究成果变成产品和商品”。

人尽其才：索尼公司为了充分发挥科技人才的积极性和首创精神，他们推行一种独特的用人制度，即允许并鼓励科技人员根据自己的兴趣、爱好和特长，“毛遂自荐”去申请各种研究课题和开发项目，允许他们在公司各部门、各科研组之间自由流动，各部门领导不得加以阻拦。

不断创新：创新是索尼企业文化的重要内容，也是成功的要诀。公司创建人曾说：“索尼成功的关键是在科学技术、管理、销售等方面不盲从他人，永远不是在别人后面，我们的一贯做法是独出心裁，发前人之未发。”

互敬互爱互相尊重：索尼公司从总裁、总经理到每一位员工，都一视同仁，互相敬爱，互相尊重。上班时间，大家都穿一样的夹克衫，在不分等级的餐厅里一起就餐，像一个融洽的大家庭。

基本信念：尊重个人，顾客至上，追求卓越。

深圳康佳集团的企业文化：

企业精神：团结，开拓，求实，创新。

企业风气：爱国爱厂，团结协作，遵纪守法，好学上进。

管理思想：以人为中心。

企业目标：建设一流环境，练就一流技术，生产一流产品，提供一流服务。

宗旨：质量第一，信誉为本。

海尔的企业文化：

海尔文化的核心是创新。

海尔文化分三个层次：物质文化、制度行为文化和精神文化，如图6－1所示。

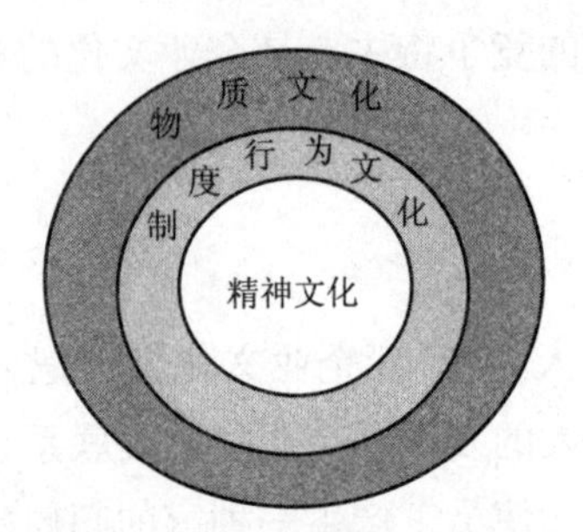

图6－1 海尔文化的三个层次

海尔文化是海尔人的价值观，这个价值观的核心是创新。它是在海尔的发展历程中产生和逐渐形成特色的文化体系。

海尔文化以观念创新为先导、以战略创新为基础、以组织创新为保障、以技术创新为手段、以市场创新为目标，伴随着海尔从无到有、从小到大、从大到强，从中国走向世界，海尔文化本身也在不断创新、发展。员工的普遍认同、主动参与是海尔文化的最大特色。当前，海尔的目标是创中国的世界名牌，为民族争光。这个目标使海尔的发展与海尔员工个人的价值追求完美地结合在一起，每一位海尔员工将在实现海尔世界名牌大目标的过程中，充分实现个人的价值与追求。海尔文化不但得到国内专家和舆论的高度评价，还被美国哈佛大学等世界著名学府收入MBA案例库。

3. 适应企业文化为企业发展建功立业

毕业生进入企业，将面临如何把自己所学的知识应用到职业岗位上，以适应岗位的要求和如何适应企业的文化及管理环境两类问题。前一个问题，大部分高职院校都十分重视，但对后一个问题，还没有引起学校和学生们的足够重视。事实上，很多企业职工被企业淘汰，不是因为他们缺乏胜任职业岗位的知识和能力，而是由于不能适应企业文化管理，无法在企业的环境里找准自己的位置，很好地发挥自己的才干。

要使毕业生能顺利地从学生角色转变为企业员工的角色，必须尽快地适应企业文化管理的环境。高职教育不仅要教会学生必要的专业基础知识和专业操作技能，还要培养学生适应社会和企业，并在社会和企业中提高自己的生存与发展的能力。为此，同学们在校学习生活过程中应积极参加校园文化建设，要使校园文化接受企业文化的辐射，实现校园文化与企业文化的融合；应积极参与并推动“产学结合”的教学模式，产学结合不仅能让学生接触到企业、建设、管理、服务第一线的真实情况，而且还能让学生接触到企业的文化氛围，获得对企业文化的感性认识。

企业文化具有共性，又具有个性。不同的企业理念，产生不同的企业文化。不同的企业理念需要不同的企业文化与之匹配，并推动企业目标的实现。毕业生新进一个企业，应了解企业文化，尽快适应企业文化，在企业的培训工作中积极配合，充分了解企业历程和现状，以及未来的战略目标，这些是个人职业信心建立的基础。没有这种主动性，没有职业理想，没有对企业的文化和价值观的理解和认可，没有融人集体的意识，等于是自己将自己打造成职业“机器人”，这种状态对自身职业的未来发展是极为不利的。只有充分融入团队，配合、支持团队，才能让自己在企业文化中起到积极作用，否则，如果个人的融入意识缺乏，始终独立于公司整体文化氛围和文化倾向之外，遭到淘汰将是早晚的事。

以企业（公司）发展为重，这是实现企业和个人双赢的保证。个人应该明确自己的职业定位，才能在职位上创造效能，并让工作激情使自己和“小社会”充满积极的氛围。个人要把自己的职业生涯规划和企业提供的职业轨迹结合起来，以企业发展为重，因为企业的发展是个人职业发展的基础。

二、了解岗位，适应岗位

1. 了解职业、适应职业

求职成功、应聘上岗以后，要更细致、更深入地了解自己的职业岗位。例如，用人单位的规章制度，所在部门的规定，有关部门的职责，具体的岗位职责和道德要求，领导者的特点、岗位的技术要领，材料工具的领取和保管等。此阶段对职业的了解，目的在于适应职业、胜任岗位。

适应职业，不仅是知识、技能的适应，更重要的是人际关系的适应。原来的角色是学生，生活在同学和老师之中；现在的角色是从业者，工作在同事和上级之间。角色不同，人和人之间的关系有相当大的区别。

2. 立志岗位成才

在企业（公司）只求站住脚跟、打开局面是远远不够的。要想继续生存下去，并使职业生涯得到发展（职位有所晋升），那就得引起上司的注意，用行动证明，你不仅合群，而且出类拔萃。

毕业生到一个新的单位，不能抱着“骑驴找马”的想法，处于“不稳定状态”。因为用人单位不会重用提拔随时有可能“跳槽”的人。这样的人也不会抓住机遇发展和提高自己。因此，毕业生走上岗位后，必须从基层做起，从小事做起，从本职工作做起，许多公司都赏识始终能将自己所做的每件小事认认真真做好的人。只有将自己所从事的小事做好，才有可能为自己谋取到做“大事”的机会，才会有更大的发展。

三、职业道德修养

职业道德修养是自我完善的必由之路，良好的职业道德修养比精通业务更重要。要在工作岗位上，通过自我教育、自我培养、自我锻炼，努力树立良好的职业道德。

近年来，许多刚刚走上工作岗位的高职高专大学生经常存在让企业（公司）头疼的问题，例如，总是“这山望着那山高”，对工作心不在焉，随时准备跳槽，一旦找到其他工作，立刻走人，连招呼也不打。

诚实守信是处理人与人之间关系和经济活动关系的一项最基本的行为规范。诚实就是要做到言行一致，表里如一；守信就是要言而有信，不背信违约。在就业过程中，特别是在市场经济条件下的职业活动中，诚实守信显得特别重要。

有些人在离职时，向竞争对手泄露商业机密或技术图纸。还有的人在准备跳槽前，对工作敷衍了事，得过且过。不过许多优秀的高职高专毕业生都能从长远的职业生涯发展考虑，即便面临的第一份工作确实不满意，他们首先考虑的是努力做好这份工作，再按照企业（公司）的有关规定提出辞呈，做到有礼有节。

对组织（公司或企业）以及自己职业的忠诚是职业素养的高境界。当我们选择了一个组织作为事业的起点，我们在这个组织一天，就要努力工作，为组织创造价值。忠诚是一个相对的概念。这里所讲的忠诚不是从一而终，而是说我们在组织工作期间，要对组织保持忠诚。尤其是在打算离开这个组织之前这段时间的表现，就更能够看出一个职业人的职业道德。

有一个案例，有两个营销专业的毕业生小沈和小洪同时应聘到一家大超市，开始都分到基层岗位。可没干多久，小沈就得到提升，从领班一直到部门经理。而小洪则还是一个理货员。又过了一段时间，小洪终于向人事部经理递交了辞呈。他临行时希望人事部经理告诉他为什么小沈得到提职，而他却没有。经理说，那是因为小沈总比他多了一份责任心。为了完成工作任务，小沈总是更加积极主动且比别人付出更多的努力，而小洪虽然工作也不错，但从来都是消极被动地应付。

如果你希望得到信任，那么就应该积极主动地工作，并且要有强烈的责任感做支撑，对自己的决策和行为负责。

敬业是福。每个毕业生走上社会后，都想成就一番事业。而要想在事业上有所成就，最重要的靠什么呢。虚心学习，努力工作，不断创新，这些都是不可缺的，但许多职业生涯成功人士的体验，最重要的是要有一种敬业精神。敬业是我们做人、做事应具备的基本素质，也是我们学习、工作、创新乃至成功的原动力。涉世之初，一个人的实践经验、工作能力、业务水平，往往一时难以适应所从事的职业，但只要能做到敬业，经过不懈努力，一定会胜任所担负的工作。

机会是一个不可捉摸的精灵，无形无影，无声无息，她有时潜伏在你的工作中，有时徘徊在无人注意的角落，你如果不用苦干的精神，努力去寻求、去创造，也许永远遇不到她。没有耕耘，就没有收获，任何成功（包括晋升）都是主观努力的结果。

第二篇

就业篇

第七章　大学毕业生择业心理调适

【学习导入】大学毕业生面对就业理性和信心都不可少

2017年高校毕业生达到795万，较2016年新增30万，对于即将走入社会的795万大学生来说，在就业环境不容乐观和高校毕业生数量大幅增加的双重压力之下，如何找到合适的就业岗位注定是个不小的挑战。对于大学生目前的就业情况来看，许多大学生还是处于迷茫的状态，对未来没有定向，对未来的就业规划和职业的选择感到困惑，对自己和世界的认识还不清楚。因此，大学生面临就业时往往会产生一些心理上的问题。

第一节　择业过程中常见的心理问题

一、常见心理矛盾

求职择业是一个复杂的心理过程，受到家庭、社会、学生自身等诸多元素的影响，因此常常会使大学生陷入各种心理误区，以致在人生的十字路口踌躇不前。常见的求职心理误区主要有8个方面：

1. 期望过高

由于年龄和阅历的局限，大学生对社会缺乏全面、实际的体验，对社会的就业形势、就业环境等缺乏全面、正确的了解。部分学生在择业时急功近利，且对未来事业的期望值过高，他们不仅希望目标职业符合自己的专业和兴趣爱好，还要求工作稳定，条件优越，环境舒适，收入高，发展空间大。一项对高校毕业生职业价值取向的调查发现，31.2%的学生要求月薪3 000元以上；在就业单位意向上，部分学生一心把目标锁定在大城市、大机关、大单位上，一味追求待遇好、收入高、地方好，不愿到经济欠发达地区、中小城市、边远地区和基层单位去工作。

2. 过于功利

在择业价值倾向上，许多大学生坚持功利第一，实惠至上，当代大学生在面临职业选择时，多数人舍了学有所用、能发挥自己特长、实现自我价值的工作，而追求高地位、高工资、高享受。许多大学生为了留在大城市、大的用人单位，宁可放弃自己的理想与价值，做一些与自己所学专业不相关的琐碎事务性工作，也不愿意到最需要人才的生产、教学、科研第一线工作，不愿到人才匮乏的经济欠发达地区、边远地区去就业创业。

3. 优柔寡断

在择业过程中，常常有不少大学生犹豫不决，举棋不定。有些大学生明明已经签订了就业协议，还继续接受其他单位的邀请，进行第一轮的面试，然后和原来的单位毁约，签订新的就业协议，然后又孜孜不倦地寻找新的工作。这些“脚踩几只船”的学生，往往很难找到理想的工作。还有些大学生一旦有用人单位录用，尽管对该单位并不十分满意，但又怕找不到更好的工作，于是便又陷入举棋不定的窘况中。为什么会出现这种情况呢？究其原因，还是大学生未能对自己进行准确定位，不知道自己适合干什么、不合适干什么，缺乏必要的自我分析能力。

4. 互相攀比

有些大学生认为自己的成绩比别人突出，能力比别人强，荣誉比别人多，理所当然工作应该比别人好，却不知用人单位并非以此作为评判人才的唯一标准。还有些大学生在求职中不根据自身的实际情况择业，不是真正从自己的专业特长、兴趣爱好和以后的发展前景出发，而是过于追求虚荣，过于强调工资福利待遇、单位工作环境、地理位置、住房等可以给自己带来优越感的条件。在这种攀比心理的驱使下，许多大学生遇到待遇不好的单位不去，结果耽误了最佳求职时间，错过了许多择业机会。

5. 盲目从众

有不少大学生在择业过程中存在盲从心理，主要表现为在求职过程中把别人的就业取向作为自己的参照物，人云亦云，患得患失，缺乏自主性和竞争意识。这些学生不顾主观条件和客观现实，跟着感觉走，盲目跟随别人，喜欢寻找热门职业，经常在招聘会上看到招聘的人多，就跟着去应聘；社会上什么职业热门，就倾向于什么职业，全然不顾自己的能力和现状，甚至不会扬长避短。

6. 茫然失措

有些大学生对于求职择业缺乏足够的准备，没有明确的目标，常常表现得手足无措，缺乏计划性、前瞻性和针对性。这类学生对于自己喜欢做什么、能够做什么没有准确的认知；不了解目前的社会就业形势，不清楚所选专业适合哪些岗位；在准备求职材料，收集、筛选就业信息，学习笔试、面试技巧等方面不够积极。在求职压力面前，这些学生表现得茫然失措，迷迷糊糊。

7. 消极等待

当代大学生多数是独生子女，从上小学到大学毕业，学习之外的事务大多由父母包揽，致使他们缺乏应对困难的心理承受力，养成了依赖心理，做事缺乏主动性和独立性，即使在择业时也不例外。这些大学生不是积极主动、千方百计地“推销”自己，而是一味地等着家里亲戚、朋友给自己找路子，或者自以为有某些优越的条件，坐等学校帮忙落实单位。由于缺乏把握时机、创造机会的主动性，这些大学生最终只能使自己在择业中处于劣势，失去更多的就业机会。

8. 怨天尤人

还有一些大学生在求职中一旦遇到挫折，不是积极地总结经验教训，合理地调整目标，改变择业策略，而是悲观失望，怨天尤人，抱怨自己专业不好，就业机会太少，没有社会关系，没别人幸运等。有人曾形象地比喻说："在求职的道路上，没有人会主动跟你说'请'字，你必须使劲地敲门，直到有人给你开门为止。"

二、大学生就业心理障碍

随着就业形势日益严峻，大学生所承受的心理压力也日益增大。在求职过程中，大学生的不良心理如果得不到及时疏导，就容易演变成心理障碍，如自我认知失调、焦虑、悲观，有的甚至还会出现问题行为和躯体化症状。从心理学角度来看，心理障碍是对外界刺激的不适当反应。如果大学生的心理障碍未能得到及时疏导，有可能影响到其心理健康及以后的生活，甚至会成为学校的不稳定因素。

1. 焦虑

焦虑是毕业生中最常见的一种情绪反应，多数由挫折或内心矛盾冲突所致，表现形式有恐惧、不安、忧心忡忡及某种生理反应。毕业生择业时都会出现不同程度的焦虑情绪，大学生产生焦虑的具体原因多种多样，但归结起来主要是由事业前景的不可预测或者说内心深处的茫然无助感所致。导致大学生产生焦虑的主要问题有：担心自己的职业理想不能实现；担心找不到适合自己专业特长的、有较好工作环境的单位；不知道是否应该与某家用人单位签约或者违约；担心亲人对自己的选择不理解、不支持等。大学生一旦产生焦虑，就会烦躁紧张，心神不宁，萎靡不振；学习上得过且过，穷于应对，反应迟钝等。有些毕业生在屡遭挫折后还可能产生恐惧感，一谈择业便感到心理紧张。

2. 自卑

自卑是一种否定的自我评价，主要表现为缺乏信心，缺乏勇气，总以为自己不如人，不敢竞争。自卑多见于自我意识不健全及性格内向或有生理缺陷的毕业生，他们对前途感到茫然，害怕参与社会竞争。在择业的过程中，他们往往缺乏足够的信心和勇气，害怕竞争，不敢直面困难与挑战；在面试中，他们表现得畏首畏尾，不能正常地发挥自己的水平；在遇到挫折、失败时，他们自怨自艾，觉得事事不如人，从而感到悲观、失望、沮丧。

3. 怯懦

怯懦是一种退缩的行为，主要表现为在择业的过程中瞻前顾后、顾虑重重、过于小心谨慎。怯懦是缺乏自信的心理现象，有的大学生在求职时害怕说错话，丢面子，在用人单位面前缩手缩脚、面红耳赤、语无伦次，辛辛苦苦准备的“台词”情急之下忘得干干净净；有的大学生谨小慎微，不敢发表自己的见解，生怕说错一句话。究其原因，一是性格内向，不善于与人交流；二是缺乏必要的人际交往技能，不懂得如何充分表达自己；三是过于想表达自己，却又担心失败，怕给用人单位留下不好的印象。很多时候，怯懦和自卑是同时出现的。

4. 急躁

急躁是毕业生焦虑心理的一种特殊表现，是一种不良心境，主要特征是情绪高涨或低落。许多大学生在求职时急于求成，一厢情愿地希望在面试时能一锤定音，马上签约，可是，一旦签约后发现有更好的选择时，又希望马上解约，全然不顾用人单位的意见和学校的声誉。有急躁情绪的人，在求职时缺乏耐心，急于求成；在面试的过程中丢三落四，毛毛躁躁。急躁心理会严重影响大学生正常的学习、生活、交往和择业。

5. 情感冷漠

情感冷漠是指对周围环境的变化丧失情感反应。这主要是求职严重受挫后的一种消极的心理反应，是一种自我精神防御机制。有些大学生因在择业中受到挫折而感到无能为力、失去信心时候，会出现听天由命、不思进取、情绪低落、情感淡漠、沮丧麻木等反应，他们自认为看破红尘，并决定放弃努力。

6. 孤傲

孤傲是一种目空一切、唯我独尊的心理状态，主要表现为自视过高，孤芳自赏。在择业过程中，此类学生期望值过高，看不上招聘单位，瞧不上应聘职位，好高骛远，不够踏实。假若这类学生求职未能如愿，则会心生“世有千里马而无伯乐”的怨愤，大有“英雄无用武之地”的感叹，会出现孤独、失落、抑郁等负面情绪。

7. 问题行为

问题行为是指违背社会行为规范的不良行为。毕业生由于主体需要得不到满足或遭受较大挫折而放松对自己的约束，产生各种各样的问题行为，如逃课、损坏公物、对抗、报复、迁怒于人、拒绝交往、不良交往、嗜赌、嗜烟、嗜酒等。问题行为不仅会影响大学生择业，还容易导致他们走上违法乱纪的道路，所以应引起学校的高度重视。

8. 躯体化症状

躯体化症状是由心理压力或生活方式异常而导致的异常生理反应。毕业生由于心理矛盾冲突较为激烈，挫折体验多，心理常处于较高的应激水平，因此容易出现某些躯体化症状，如头痛、头昏、心动过速、消化系统功能紊乱、心慌、尿频、饮食或睡眠障碍等。出现此类情况，应及时予以排除，否则会危及大学生的身体健康。

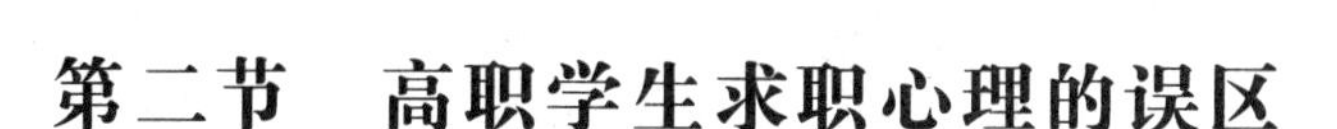

第二节　高职学生求职心理的误区

在你步入职场的时候，你有没有感觉到自己总是找不到满意的工作或者总觉得找工作的时候力不从心？找来找去，时间飞逝，可是你仍然游荡在职场的大门外。如果你有这样的感触，那么你要小心了，因为你很可能会在职场中遇到“鬼打墙”，而那些把你夹在其中的“墙”其实就是你在求职时遇到的误区。

一、认识求职误区

择业是大学生结束学生时代、开始职业生涯的第一步，也是高职学生从学生到社会角色转变的标志。但是，在毕业生满怀期望地步入社会时，却常常在人生的十字路口踌躇不前，这是因为他们陷入了求职误区，因此，我们首先需要来认识一下何为求职误区，以便少走弯路，冲出职场的“鬼打墙”。

1. 求职误区的产生原因

所谓误区，按其字面意思来看无非就是“有误会的区域”，就求职期间的误会来讲，他们主要产生于我们的主观意识与客观现实之间的矛盾，具体来说主要有以下三种矛盾：

（1）现实与理想矛盾

对于风华正茂的高职生来说，对未来生活的美好憧憬是自己前进的精神动力。但现实生活中的实际情况往往会与理想之间产生一定差距，现实与理想的冲突和矛盾往往源于高职毕业生过于沉湎于对理想的追求，对于现实的认识不够深入，这些矛盾与冲突常常是引发心理误区的导火索。

（2）主观的“我”与现实的“我”之间的矛盾

高职毕业生初涉职场，往往缺少面对挫折的勇气，也缺乏正确审视自己的态度，由此给自己定位过高，唯恐自己大材小用，殊不知自己要将“书本上的知识”转化为“实践中的知识”仍需要一段时间。

（3）“体面职业”与“学有所用”的矛盾

高职毕业生都希望能够从事一种可以充分展示自己所长的职业，可以通过自己的工作成果得到世人的赏识。但鱼和熊掌不可兼得，有时可以获得高薪的职位往往并不能充分运用自己的知识，甚至连所学的专业都不沾边，这时究竟选择高薪还是实现理想，选择安逸的生活还是选择艰苦的奋斗，往往会导致“体面职业”与“对口职业”间的矛盾。这些矛盾同样可以将我们引入求职误区。

2. 求职误区的种类

在求职的过程中，上述的矛盾往往是我们不能避免的，所以陷入求职的误区也情有可原，重要的是我们应该拨开云雾见太阳——认清求职中的误区。

往往提到求职误区，因为其与主观错误的不可分性，我们通常都认为求职误区仅指心理误区，却不知除此之外，还存在方法误区，即求职的方法错误。方法误区的存在也常常会阻碍我们求职的成功，从而导致我们在求职的道路上止步不前。可见求职误区可以划分为心理误区与方法误区两种，下面我们就来逐一分析这两种误区，以便对症下药，避开雷区，成功地求得理想职业。

二、求职的心理误区

1. 盲目从众的心理

盲目从众心理的产生主要有三个原因：对所求职业认识不足；对自己分析不周，缺乏自信。

2. 好高骛远，眼高手低

自信是求职成功的保障，但是自信的基础在于实事求是。

因此，在择业时，我们不妨先问自己几个问题：

1）我想要什么？

2）我能干什么？

3）我适合干什么？

4）这个单位能带给我什么？

3. 犹豫不决，举棋不定

步入这种心理误区的同学，实在是属于幸运的一族，因为他们的烦恼不是找不到工作，而是得到的机会太多，在选择上犹豫不决，踌躇不定，从而错过了签约时间，导致本已到手的工作机会白白丢失，到嘴边的鸭子飞了。

对此，我们提出两点建议：

1）仔细想想自己的职业理想究竟是什么；

2）做一次性格测试，看看自己究竟适合有压力的、富于挑战的职业，还是适合平稳的办公生活。

4. “这山望着那山高”的攀比心理

在择业时，我们应该实事求是地选择适合自己的工作，能发挥自己长处的、适合自己能力的工作就是好工作。不要只是“这山望着那山高”，还要明白“山不在高，有仙则灵”。

5. 掌上明珠的依赖心理

求职时依赖心理产生除去生活中的原因外，还有两点：

（1）缺乏自信

因为以前自己从未独立步入社会，所以在面对纷繁复杂的职场时底气不足，迟迟不敢迈出第一步，只能再次转向父母求助。

（2）两耳不闻窗外事，一心只读圣贤书

从小接受的教育就是“好好学习，天天向上”，所以对于读书之外的事情基本充耳不闻。在选择职业的时候，既不了解政策，也没有确切的目标，这种与实际相关的事情还得劳烦父母帮忙解决。

依赖心理并不是一种非常普遍的现象，可是一旦陷入这个误区，我们也将很难有所突破，因此，我们要在平时生活中注意锻炼自己的自主能力和决断能力。早日摆脱叼在嘴里的“奶嘴”，成熟自立也是迈入职场的必备条件之一。

三、求职的方法误区

1. 就业信息杂乱，求职不确定

对于杂乱的就业信息，我们应该根据自己的目标筛选出对于自己有用的信息，而不能无论什么都照单全收，这样只能蒙蔽了自己的双眼，迷失了求职方向。

2. 正在裁员的公司是否不要找

很多高职毕业生坚信正在裁员的公司不要找，否则找了也是白找。其实这是一种错误观念。的确，公司裁员有可能是因为效益低下，需要裁员，但也有可能是因为公司想换入新鲜的血液，增添动力。

因此，当听到自己理想的公司正在裁员时，不要盲目地下结论，而是应该认真地调查一番，然后再决定是否放弃该公司，仓促地下结论有可能会使自己丧失一次绝佳的机会。

3. 过分注重包装，简历越做越花哨

据了解，招聘人员往往只要五秒钟就要看完一份简历。试想，一份豪华简历也许会带给人美感，但如果不能让招聘人员在短时间内看见有用的信息，可以说这份简历就是失败的。因此，简历的制作应该注意简明、突出重点，以此来提高自己的投中率。

4. 第一次见面时就提出薪金要求

求职肯定是为了谋生，但第一次见面就提出薪金要求是否合适呢？很多毕业生认为，提出薪金要求可以表现出自己的价值，而且可以证明自己的诚恳和坦率。这样分析固然有一定道理，但是我们暂且不妨站在用人单位的角度来看看这一现象。

对用人单位来说，他们需要的是有能力胜任这份工作的应聘者，所以招聘者首先考虑的是一个人的能力、工作经验以及可以为单位带来的效益，至于这个人的性格是否坦诚，为人是否诚恳等标准都会排在能力标准之后。

另外，如果一个刚毕业的学生在初次面试时就提出了薪金要求，往往会打破学生族留给世人的单纯印象，因为此时招聘者会以为你看重的是钱，而不是工作的机会。找工作要以发展前途为重，刚刚出道不应该太看重经济上的得失。

5. 证书当作万能药

有些同学上学期间迷恋于考证，认为毕业后怀揣一把证书，可以走遍天下都不怕。可是在沉迷于考取各种证书的时候，他们失去的是与社会接触的机会和独立创新思维的锻炼。

证书的数量当然可以证明一个人的能力大小，但并不能证明他的综合素质。在考取证书的同时，我们也应该认识到证书不再是万能药，在能力与综合素质之间我们应该为自己找到一个适当的平衡点。

6. 面试的时候针对公司的基本情况发表自己的看法

在面试前，我们常常会对应聘的公司有一个大概的了解，目的是为了帮助自己更好地认识该公司的情况，但在面试时针对公司的问题是否应该擅自发表自己的看法呢？有些同学认为这样可以凸显自己的分析能力，会给考官留下深刻的印象。然而结果却往往相反。对于公司来说，招聘的是新员工，只是希望应聘人员对公司有个大概了解就好，毕竟这反映出应聘者对公司的尊敬。可是一个初次见面就擅自对公司情况指手画脚的面试者往往会使考官产生厌恶感，如果所提意见没有偏差还好，否则就真是骑虎难下了。

因此在面试时，我们正确的做法应该是仔细听清考官的提问，围绕问题结合自己以前的经验，认真全面地回答。万不可自作聪明，擅自对公司的情况做出评判。

你可能会大吃一惊，没想到在自己的求职道路上竟然潜伏了这么多的误区，你走进了几个误区呢？其实无论我们称它为职场的“鬼打墙”也好，还是称其为求职误区也罢，应对这些坑坑坎坎，我们首先要做到的是调整自己的心态，有了良好的心态，就不用担心会陷入误区出不去了。

四、调整心态，走出误区，积极求职

1. 理性地对待就业的差异

目前我国正值经济腾飞的阶段，经济的快速发展也带来了一些社会问题，比如地区发展不平衡，人口密度不均匀，人才相对集中于较大的城市中。

具体到我们高职毕业生，我们应该理智地看待就业形势，不应该毫无理智地削尖脑袋往大城市挤，固然，大城市的发展机会相对较多，但是同样大城市的竞争也更加激烈。而国家政策号召的一些地方，例如“西部大开发”“振兴东北老工业基地”等政策范围内的地区，人才密度相对较小，而且又有国家政策补助，对于高职毕业生来讲往往会有更好的发展前途。

此外，对于专业技术性较强的学生来说，当年报考的热门专业在毕业后成了冷门也是有可能的，对此我们应该冷静看待专业的变化，适时调整自己的择业方向，不可怨天尤人、妄自菲薄，避免出现“高不成，低不就”、盲目从众的现象。

2. 及时调整求职中的不良心理

（1）要有接受挫折的心理准备

在竞争日益激烈的今天，优胜劣汰早已被引入了职场。求职失败，遇到挫折是再正常不过的事情，我们对职场上的得失要采取平常心，在失败中痛苦不会有任何效果。面对求职过程中的挫折和困难，我们应该冷静分析，做到能屈能伸，学会化解求职的心理压力，以积极的态度面对求职中的挫折。

《读者》曾刊登过的一篇散文中有这样一句用来描述挫折的话：无论多大的挫折和困难，如果你将它置于整个人生中来看，其实，它不过是一粒鸟屎而已。是啊，把人生中的挫折看成是一粒鸟屎？它确实恶心，但只要擦掉就好。

（2）适当地调整自己对职业的期望值

我们刚刚走出校门的时候难免会对自己的能力估计过高，但在求职的过程中，我们应该学会分析情况，看清客观实际。就像我们上一节所说的，职业理想会随着社会的发展而变化，其实这正是一种趋于现实的表现。对于我们的职业期望值来讲，也不是一成不变的，随着对现实了解的深入，我们的职业期望值也会有所变化。

我们刚刚毕业时可能容易陷入攀比的心理误区，但在理智地分析了实际情况以后，我们的选择就会趋于实际。

3. 坚信“天生我材必有用”

任何人的求职过程都不可能一帆风顺，失败是职场竞争中的常事。其实求职失败并不可怕，可怕的是失败后的一蹶不振，关键在于我们如何看待求职的失败。

（1）以平常心看待求职的失利

求职失利后，一味地悲观失望只会让事情变得更糟，我们应该做的是认真总结失利的原因，有的放矢地为下一次机会的到来积极准备，锲而不舍，知难而上。

（2）以客观实际为基础

在坚持目标的同时，我们需要再一次强调要以实际为据，如果我们所定目标过分脱离实际，那么成功将成为镜中花、水中月，所以当发现目标脱离实际时，我们应该当机立断，根据客观情况调整自己的求职趋向，学会取舍，也是走向成熟的标志之一。

现在，你已经认清了职场上的误区吗？就像“鬼打墙”一样，其实它并不神秘，但却足以阻碍我们求职的进程。认清了这些误区，在你步入职场时，要注意自己的排雷技巧，千万不要让自己筑建的“鬼打墙”圈住了自己。

第三节　高职学生择业心理调适

为了顺利就业和取得职业生涯的成功，高职毕业生应做好充分的心理准备，树立正确的择业就业观，挖掘自身优势，在求职过程中遇到心理问题及时进行心理调适，以最好的择业心态勇敢地迎接就业挑战。

一、树立正确的择业就业观

择业观是指对职业选择的基本看法和观点，它对人们的求职择业和怎样从事职业有直接影响。适应当前的就业形势，及时转变就业观念，树立正确的择业观，对高职生来说，不仅有助于正确择业求职，而且有利于参加工作后在工作岗位上施展才华。

1. 正视职业，调整求职心态

职业是人们在社会中所从事的有稳定、合法收入的工作，既是人们实现人生价值、为社会做贡献的舞台，也是人们生存、发展的手段。

在了解了职业的本质后，高职生应该正视自己，以调整好自己的择业心态。职业不分贵贱，只要能够体现自身价值的就值得我们去努力。不要轻视平凡、普通和简单的工作。

在求职就业的过程中，要破除一次就业定终身、稳定工作到退休的传统就业观念。对职业岗位的挑选要适度，就业期望值不可过高。迟就业不如早就业，不求一步到位，先将就业问题解决，工作一段时间后，随着知识、能力、经验的提高和增加，再根据自己的实际情况重新选择更理想的职业岗位。

2. 机遇与挑战

我们结束学生时代后，所面临的就是职业的选择。在就业市场中，我们必然会遇到有利因素和不利因素，也就是我们通常所说的机遇和挑战。正确地认识机遇和挑战将有助于我们成功迈开择业的第一步。

（1）认清挑战，主动面对

从高职生择业面临的不利因素来看，挑战主要来自以下几个方面：

首先，社会对高职生的认可度还不高。高职教育相对出现较晚，高职生、本科生甚至研究生一起进入同一个社会，竞争在所难免，同时，相对于其他的学历教育而言，高职生的就业受到社会的误解，出现“高不成低不就”的怪现象。

其次，从就业市场的需求来看，“学历高消费”是毕业生面临的另一个挑战。所谓“学历高消费”，就是用人单位人为提高职业所需的学历标准，使高职生中的很多人在就业市场上处于不利地位。压力固然是有的，但这是社会发展的必然结果，对此，我们应该正视挑战，在竞争激烈的人才市场中，在宝贵的就业黄金期，积极主动地抓住每一个机遇，果断地进入就业行列。

认真分析现实与理想的差距是高职生调整就业观必修的功课之一。面对挑战不应盲目悲观失望，而应该看清机遇，充分发挥自身优势。

（2）冷静分析，抓住机遇

面对庞大的毕业生团体和巨大的就业压力时，高职生的机遇在哪里呢？具体来说有以下几个方面：

1）国民经济的增长。据国家统计局初步测算，2016 年，GDP 现价总量为 743 585 亿元，比初步核算数减少了 542 亿元；按不变价格计算，比上年增长 6.7%。2017 年一季度我国国内生产总值 180 683 亿元，同比增长 6.9%。

2）就业渠道的拓宽。改革开放以后，我国逐步建立了以公有制为主体、多种所有制经济成分并存的社会主义市场经济体制，由此拓宽了毕业生就业的渠道。现全国有约 20 万个国有企业，有 200 多万个私营企业，这些都为毕业生提供了广阔的就业渠道。

3）恰逢我国发展的“战略机遇期”。“国内外形势正在发生深刻复杂变化，我国发展仍处于重要战略机遇期，前景十分光明，挑战也十分严峻。”习近平总书记在做十九大报告时说道。我们要塑造未来的战略机遇期，搭外界顺风车式的战略机遇期已经过去了，未来的战略机遇期更多地靠自己塑造。这样的机遇期在给毕业生带来机遇的同时，也带来挑战。

可见，在目前的就业市场中，我们面对的既有挑战，又有机遇，关键在于应该加强自信，认清自身优势。

3. 树立新的择业观

就业观具有鲜明的时代性。从过去的单一公有制经济发展变化为公有制和非公有制经济并存的新局面，非公有经济成了经济发展的一个巨大的增长点，从而也扩大了就业领域。从就业形势来看，大学生已由供不应求转到了供大于求。“计划分配”已经一去不复返，而“双向选择”已经成为现代社会就业的主要选择方式。面对这些环境和因素的变化，我们的思路也应适当地有所调整，树立新的择业、就业观。

（1）积极主动找市场，多渠道竞争就业

作为刚刚从象牙塔中走出的学子，我们往往容易将现实想象得过于美好，其实社会的现实生活往往与我们的主观愿望之间存在着一定的差距。在面临就业选择的时候，我们应该审时度势地调整自己的就业观，使其在发展变化中不断完善，不断补充，从而帮助自己主动积极地适应社会，而不是守株待兔，消极地等待。

（2）正确认识自己，实事求是地择业

眼高手低是许多高职生在择业时易犯的毛病。能正确地进行自我认识和评价，才可能合理地取舍择业条件，从而实现顺利就业。人贵有自知之明，高职毕业生既要明确自己的强项，也要知道自己的弱项。“我能干什么?”是求职前必须回答清楚的问题。

最好的职业是最适合自己的职业。服从社会需求、岗位需要与充分发挥个人优势、能力并不矛盾。在当前的就业形势下，选择就业岗位必须建立在主观愿望与客观实际相符合的基础上，如果脱离客观现实的需要和可能，单凭自己的一腔热情，理想就可能变成空想。

（3）先就业，后择业

高职生要正确认识自己，认识社会职位的要求，找准自己的就业方向，准确地为自己定位。如果定位准确，符合客观情况，那么求职就容易成功。我们不要幻想第一次选择的就业岗位或从事的工作是完完全全符合自己理想的，应当考虑先解决“吃饭”问题——就业。在就业机会到来时，不要犹豫不定，“该出手时就出手”。

高职学生在毕业前都属于消费者，是靠家庭、社会供养的，家庭和社会为培养一个大学生做出了很大贡献。所以对一个高职毕业生来说，进入职业生涯后，应该首先达到“自负盈亏”“扭亏为盈”，这样才能谈得上今后的发展。

同时，高职毕业生要学会“骑马找马”，也就是说先找一个比较容易找的工作做着，一边做着，一边可以再找更适合的工作。这样不仅解决了“饭碗”问题，而且还了解了社会，积累了工作经验，为再找理想的工作打下基础。“炒老板”往往和自主创业及“跳槽”相联系，但“炒老板”需要勇气，更需要实力、魄力。“海阔凭鱼跃，天高任鸟飞”，关键是有没有具备“飞”的翅膀和“跃”的本领。

（4）正确对待待业

待业是一种正常的社会现象，也是高职毕业生面临的现实问题，对此应有充分的思想准备和心理承受能力。同时，还应看到暂时待业不等于永久待业，经过社会和个人的努力，待业会转化为渐次就业。

面对待业，我们不应该沮丧，而应该根据现实情况及时调整就业心理，不应盲目追求理想化的职业岗位而主动放弃就业的机会，避免人为待业。

（5）服从社会需要，为振兴中华民族做贡献

高职毕业生的就业去向应该多元化。就业是实现个人愿望与服从国家需要的结合点，国家的经济发展是解决大学生就业的根本途径，个人的择业首先要服从国家和社会的需要。我国仍处在工业化中期阶段，在这一进程中既要培养大量优秀的科技人方，又要培养大量优秀的管理人才，还要培养大批优秀的技术工人。有些高职毕业生抱着“非大城市不去”“非金领、银领不干”或“至少白领才干”的观念是不切实际的。随着国家开发西部战略的实施和各种优惠“三农”政策的出台，西部、农村基层和一线岗位，也是高职生大有可为的天地。

我国正处于发展的关键时期，经济成分和经济利益多样化，社会生活方式多样化，就业岗位和就业方式也呈现出多样化，因此高职毕业生要顺应时代的转变，从我国社会主义现代化建设的实际需要出发，树立新的择业观、就业观。

二、挖掘自身优势

正确地分析自己将有助于成功的实现，盲目地从众有可能会走向失败。也许你已经确立了自己的职业理想，并且对就业市场已经有了足够的认识，所谓“知彼”你已经做得很完善了，那么现在让我们静下心来“知己”。

1. 认识高职生群体

高职毕业生具备以下三项优势：

1）适应岗位快。大学教育培育了具有成熟理论头脑的毕业生，在思考问题及适应力方面比较成熟。高职毕业生大多接受过较系统的实习训练，能够更快地适应岗位。

2）社会能力强。社会能力包括职业道德、表达能力、人际关系等行为能力，是我们在

工作和生活中必不可少的能力。高职生的培养过程注重应用、务实，对自己多有准确定位，有较强的职业意识。

3）具有较强的动手能力。社会的发展和需要，要求大学生的动手能力不断增强，同时，在解决一线生产的实际问题时，往往显示出过硬的专业素质。动手能力是高职生的强项。

2. 认识自己

我们都知道比萨斜塔，从结构上来讲它不过是一座普普通通的塔，之所以能够成为“世界八大奇迹”之一就在于它的斜。所以，如果想要取得成功，我们就要善于发现自己的特点，清楚自己的优势与劣势。

1）如何认清自我。认清自我并不容易，简单的自我评价是对自己综合素质的评判，是建立在自我观察和自我分析基础上的。因为是自己评判自己，所以我们应该注意全面、客观。

所谓全面，就是要求我们既要看到自己的优势，也要看到自身的劣势，对自己进行综合的判断，既不可孤芳自赏，也不可妄自菲薄。所谓客观，即要求我们在认识自己的时候要以客观事实为依据，准确地判断自己的能力。只有掌握了自我评判的原则，我们才有可能看到一个真实的自己。

2）认识自身特征。如果有人问“你的优势和劣势分别是什么”，我们可能顺口就能回答出来，其实这样的论断过于概括，我们应该认清两个自己，即“今天的我”和“明天的我”。换句话说就是我们不仅应该认清现在自己的准确情况，而且应该清楚地了解自己将要向什么方向发展。我们可以从以下几个方面入手来了解两个“我”：

首先，对自己的综合能力有一个整体的判断，也就是说对自己的学习、社交、创造、表达、组织等能力有一个整体的判断。这种判断我们可以从两个方面入手，包括认识自己“学了什么”和“做了什么”。

“学了什么”提示我们要认清自己在学校所学的专业以及专业的特点，总结自己在学习中所学到的知识。“做了什么”则要求我们对自己的经历有一定的认识，并且对自己曾参与的实践活动进行分析，从而总结自己在这些经历中得到了哪些启示。

其次，在对自己进行了综合评判后，应该对自己的性格有一个基本的认识。认清自己的性格除了能帮助我们认清自己适合做哪种工作外，更有利于帮助我们认清自己的性格劣势，了解什么样的工作不适合自己或者自己与理想职业的差距到底在哪里，真正做到“扬长避短”。例如，一个独立性强的人会很难与他人密切合作，而一个优柔寡断的人较难担当企业管理者的重任。同样，外向型的人选择富有挑战性的工作更适合自己的性格，而内向型的人选择比较稳定的职业较为适合。

最后，我们应该认识的是自己的职业兴趣。就像我们前面提到的，一个人如果从事自己感兴趣的职业，往往能够将自己的潜能最大限度地调动起来，取得优异成绩。

现在你应该清楚了，认识自己并不是仅指认清自己的优势和劣势，而是包括认清自己的综合能力、性格特点和兴趣所在。

3. 培养自信

自信对于高职毕业生来说尤为重要。自信常常会使自己梦想成真，没有自信的人往往平庸、怯懦、顺从。

相对于不少本科生、研究生浮躁的求职心态来说，高职毕业生留给社会的印象更趋向于沉稳，很多高职毕业生都能够根据自己的专业和学历，理性地调整好自己的择业期望，愿意从基层做起，稳扎稳打，不少用人单位都反映高职毕业生的求职心态很端正，他们中的大多数人都能下得去、用得上、留得住，做事认真，而且吃苦耐劳。

一般占企业用人名额最多的基础岗位都考虑用高职毕业生。可以说高职生的就业率已经走过了低谷期，出现了回暖迹象。高职毕业生应该在心里对就业的趋势有一个自己的总体印象，然后充满自信地对自己进行分析，使自己的能力能够与社会的发展相一致，从而增加就业的竞争力。

第八章　提高就业竞争力

【学习导入】

一位哲学家搭乘一个渔夫的小船过河。行船之际，这位哲学家向渔夫问道："你懂得数学吗?"

渔夫回答："不懂。"

哲学家："你失去了三分之一的生命"

哲学家又问："你懂得历史吗?"

渔夫回答："不懂。"

哲学家："你失去了一半的生命"

哲学家再问："你懂得哲学吗?"

渔夫回答："不懂。"

哲学家叹道："你失去了一半以上的生命。"

这时水面上刮起了一阵狂风，把小船给掀翻了。渔夫和哲学家都掉进了水里。

渔夫向哲学家喊道："先生，你会游泳吗?"

哲学家回答说："不会。"

渔夫非常遗憾地说："那么你将失去整个生命了!"

这是伟人马克思给他心爱的女儿劳拉·拉法格所讲的一个故事。它寓含了一个非常深刻的人生哲理：一个没有学会在人生长河中游泳的人，即使其他的东西学得再多，他也无法在这人生的长河中生存下来。因为他缺乏基本的适应和生存能力。

为了应对高校毕业生就业压力逐年增大的挑战，高校就业指导正在逐渐转变教育理念，从有利于大学生长期全面发展、有利于培养有竞争力的青年国民、有利于高等教育深入有序开展素质教育的战略远见出发来开展工作，同时，全面提升就业能力也已成为解决大学生就业问题的必然选择。提升就业能力，是大学生的头等大事。下面我们分别从就业能力概念、专业能力培养和通用能力培养三方面来阐述如何提升就业能力。

第一节　用人单位择才标准

资料显示，进入21世纪，美国雇主接受大学毕业生所考虑的因素主要包括：态度、以前的工作经历、基于行业的专业技能证书、上学年限、面试时的分数、学校学习成绩、求职人学校的声望和教师的推荐等。当然，基本的计算机技能、高度合作技能、基本的性格因素如勤奋、守时、负责、值得信赖等，也是必须具备的。同时，自我导向的快速学习能力、处理抽象概念的能力及轻易解决广泛范围问题的能力，也不可忽视。英国32家企业认定大学生必须具备承诺、胜任能力、信心、创造力、奉献、热情等15种素质。

随着社会经济的发展，国内用人单位的择才理念也越来越趋近外企。据调查，企业对大学生基本能力要求依次为：环境适应能力占65.9%，人际交往能力占56.8%，自我表达能力占54.5%，专业能力占47.7%，外语能力占47.7%。

中外企业的择才标准告诉我们，社会在选择大学毕业生时，他们不仅看重专业因素，也看重非专业因素，而且对某些非专业的东西更加看重。综观中外雇主的择才标准可以看出，影响大学毕业生就业的非专业因素集中表现在以下方面：

一、观念——就业成功的先决因素

观念是人们对社会存在的反映，是人们对客观事物比较稳定的看法，主要指人们的世界观、人生观、价值观，体现在大学生就业过程中，直接表现为择业观、职业观和工作观等。几乎所有的企业在招聘面试中都会向应聘者问及这样的问题："你为什么要来本单位工作""请介绍一下你自己""你有哪些业余爱好"等，这实际上就是对大学生择业观、自我观、生活观的考查。

中国人民大学在对就业困难学生的一项调查中发现，初始期望值过高是这些学生就业困难的主要原因之一，突出表明了大学生就业观与社会需要的错位。因此，培养大学生优良的就业素质，首先要帮助大学生树立正确的观念，包括正确的择业观、工作观、职业观等，而要形成这些正确的观念，根本性的工作还是要加强世界观、人生观和价值观的教育。

二、品格——就业成功的核心因素

从中外用人组织的择才标准看，品格事实上已成为社会选择人才的核心要素。

品格是做人的准则和范式，主要包括行为品格、情态品格、心理品格、意志品格。品格的核心是道德，道德的核心是诚信，中外用人单位几乎无一例外地把道德和诚信作为选择人才的核心标准。大学生在求职过程中常犯的道德和诚信错误主要是编造经历。由于各方面条件的制约，大学生参加社会实践的机会并不太多，而企业又特别重视实践经验，于是一些学生就编造社会实践经历，以蒙混过关。殊不知经验丰富的考官一考核，便露出马脚来。一个在求职过程中就不诚信的人谁敢录用呢?

安利中国公司人力资源总监张玉珠说，每个企业都希望招聘到有才能的人，但最关键的条件还在于人品。一个人的专业能力再强，如果品格不好，用人单位是不会录用的。

三、方法——就业成功的关键因素

现代用人单位高度重视对方法的考查，主要是对大学生思维方法和实践方法的考查。比如，有些用人单位对应聘者进行思维能力测试，就是对思维方法和认识方法的测试；有些用人单位设置一些问题情景，请应聘者回答解决问题的办法，就是对应聘者分析问题、解决问题方法的测试，也是对实践方法的测试；一些外企习惯于从现实生活中选取问题，考查学生的综合思维能力。在信息社会，知识和技能很容易过时，而方法却可以长期发挥作用。

对方法的重视，反映了用人单位对人的可持续发展能力的重视，而我国大学教学存在的某些不足恰恰是重知识传授而轻方法传授，以至于毕业生的实践能力和创新能力较差。

四、能力——就业成功的直接因素

能力因素是大学生成功就业最基本、最直接的因素。除了专业能力之外，中外用人组织提出了明确的非专业能力要求，主要表现在以下几个方面：

1. 表达能力

中国人民大学在对就业困难学生的调查中发现，性格内向、不善于表达也是学生就业困难的主要原因之一。表达被誉为“敲开企业大门的第一块砖”：向用人单位递上一份简历，表现的是文字表达能力；与用人单位一见面，开口就是口头表达能力的展示。武汉统一企业食品有限公司的高层管理曾经很直白地说，企业招进的每一个员工，在一定程度上都代表公司的形象。表达能力在实际工作中也是很重要的，如果不善于表达，必定影响人际关系，影响自己其他能力的发挥。

2. 人际交往能力

人们发现，有些学生在学校里成绩并不好，可他们在社会上却干得不错，重要的原因就是这些“差生”有善于交际的特点。因为交际能力强，他们往往得到的机会更多，能更快地打开工作局面。在现代社会，可以说没有任何一项工作能在孤立状态下完成，不会交往就不能较好地完成工作。对一个集体或团队来说，良好的人际关系意味着团结、和谐、融洽和事业的发展，这正是用人单位重视大学生人际交往能力的原因。

3. 组织管理能力

组织管理能力是指带领团队完成某项综合性工作的能力，包括策划、组织、协调、指挥、沟通、控制等多方面。大学生中相当一部分将走上管理岗位，即便未走上管理岗位，他们也需要很好地融合到某一个团队中去。

4. 适应能力

有 65.9% 的企业重视对大学毕业生环境适应能力的考查，可见适应能力的重要性。经济全球化和科技的迅猛发展，使现代社会呈现加速度发展的特点，生活节奏加快，环境变化加剧，每个人相对固守一个地区、一个单位、一个专业的概率大大减少，因此，大学生只有善于从旧的环境中解脱出来，调整自己的生活方式、行为方式和思维方式，适应新环境的要求，才能获得更充分的生存与发展的条件。

5. 实践能力

实践能力是指大学生在工作中解决实际问题的能力，主要包括应用能力和动手能力。中外用人单位无一例外地重视人才实践能力，不仅包括解决专业问题的能力，也包括解决相邻、相关非专业问题的能力。实践能力可以说是大学生就业能力中的核心。我国传统大学教育存在着重理论轻实践的弊病，大学生中实践能力差的问题比较突出，成为制约大学生就业的主要因素。

影响大学生就业的非专业能力还有很多，如学习能力、应变能力、观察能力以及分析能力等，特别是学习能力，已成为现代用人单位考查的一个重点因素。

五、非专业知识——就业成功不可忽视的因素

一些用人单位到高校举行双选会，往往会对学生进行书面考试，考试的内容不仅包括专业知识，也包括诸如时事、社会知识、礼仪、经济、管理等非专业知识，且占的比重很大，可见社会对大学生非专业知识的重视。

大学生知识面偏窄的问题早已存在，主要是非专业知识的贫乏，甚至出现过文科学生不知爱因斯坦、理科学生不知曹雪芹的笑话。

非专业知识包括一般性社会知识、经济知识、管理知识、科技知识、演讲知识、写作知识等多方面，这些知识既是大学生成为“社会人”的需要，也是大学生可持续发展的需要。

企业的择才标准清楚地表明，在大学生就业过程中，专业因素与非专业因素同等重要，不可偏废。加强大学生就业的非专业因素，仅靠一般意义的就业指导是不够的，必须改革大学现行人才培养模式，把非专业教育放在与专业教育同等重要的地位，使大学生做到专业素质和非专业素质协调发展。

第二节　大学毕业生就业能力提升

随着大学教育和大学毕业生就业竞争加剧日益成为社会关注的一个焦点，如何提高大学毕业生的就业能力亦成为社会各界迫切需要的问题。何谓大学毕业生就业能力？相关文献资料有以下定义。

美国培训与开发协会将就业能力分为 5 个类别、16 项技能，即基本胜任力（阅读、写作、计算）、沟通能力（说和听）、适应能力（问题解决、创造性的思考）、群体效果（人际技能、团队工作、协商能力）、影响能力（理解组织文化、分享领导）等。

瑞士联邦工业大学高等教育中心主任 M · L · 戈德斯密德教授所领导的研究小组认为大学生顺利就业必须具备 5 个方面的能力和素质：就业动机及良好的个人素质、人际关系技巧、丰富的科学知识、有效的工作方法、敏锐的广阔视野。

有学者对大学生就业能力这样定义：就业能力包括基础技能、个体管理技能和团队工作技能等方面，其中基础技能是个体就业和进一步发展必需的，具有基础性的能力，包括沟通能力、信息管理能力、数据运算能力、思考和解决问题的能力等；个体管理技能是指促进个体潜力发挥，有利于个体在就业过程中不断成长的技能、态度和行为，包括显示积极态度和行为的能力、负责任、适应变化、不断学习、安全工作等方面；团队工作技能是指和别人协作、积极参与集体项目方面的能力。

也有国内专家学者认为，就业能力可以大体分为专业能力和通用能力。

综上所述并结合长期在就业一线工作中对毕业生的观察及个别典型案例的分析，认为大学生就业能力由以下几个部分组成：专业技能、基本能力、教育背景、家庭背景。这四部分基本决定了大学毕业生择业、从业的成败。

其中，专业技能指的是通过学习和训练，形成一定的操作技巧和思维活动能力，并通过自己的劳动，运用专业技能获得劳动成果，获得社会的认可，从而在社会分工中发挥自己的价值，获得职业。比如计算机软件程序员，能够通过自己的劳动，编写计算机程序，为相关单位创造价值，获得报酬。足球运动员，通过踢球的技能为社会提供文化精神产品，创造价值，获得职业。再比如，运用体育技能教育孩子篮球、足球、武术等项目技能，可以获得体育教师的职业。画家可以通过自己画画的专业技能获取社会的认可，获得报酬等。

基本能力是指观察、记忆、思维、想象、语言能力、判断力、联想力、模仿能力、创造能力、认知能力、操作能力和社交能力等。比较重要的主要有语言能力、思维能力、操作能力、社交能力、应试能力。它是人们完成任何活动所不可缺少的能力部分。比如在求职过程中的面试环节，毕业生需要逻辑清晰、口齿伶俐地表达思想。

教育背景，是指大学毕业生的学历学位、毕业院校和所学专业，以及受教育的经历。比如社会上某单位招聘，需要211大学毕业生；北京市落户必须保证大学本科学历以上；大部分院校招聘教师需要应聘者具有博士研究生学历；并有部分单位要求应聘者除研究生学历以外，本科学历教育阶段需要拥有良好的专业及名校背景。

家庭背景，是指家庭成员构成，家庭成员背景和社会关系，家庭财富等。比如家庭财富允许的情况下，大学毕业生可以有更多的资金去准备参加面试、参加辅导班等，从而获得更多的机会。家庭社会关系面广的毕业生则可以通过更多的渠道了解更多的单位用人信息。

一、大学毕业生就业能力各部分作用关系

就业能力组成部分在就业过程中所起到的作用不一样，在就业能力组成中的比重不一样。在对专业技能的要求非常高的职业中，专业技能对大学毕业生找到工作起到的作用能达到90%左右。比如建筑设计师、软件程序员等。对专业技能要求不是很高的职业，则对一般能力要求较高，比如某些公务员岗位，需要语言能力、应变能力等。教育背景在择业过程中不同的职业时期，所起到的作用不一样，在精英教育时期，可能会起到90%作用；大众教育阶段，学历在就业能力中的比重在下降，用人单位已经开始重视能力而非学历了。智联招聘的调查报告显示，用人单位对员工学历的要求在降低，对经验和能力的要求却在提高。

前些年，海外教育背景人士非常受职场欢迎，但近些年部分用人单位已经根据能力、毕业院校和专业等指标开始筛选海外教育背景应聘者，导致部分海归毕业生找不到工作，或者待遇等情况不是很理想。

如果一个毕业生就业能力中的四个部分都很突出，那么这个大学毕业生将有很好的就业前景。其中一部分非常突出，其他部分没有严重的短板，这个大学毕业生就业也是值得期待。各个方面都不出色且有短板的大学毕业生在就业方面就要面临就业困难的局面。

二、提高就业能力的方法

（一）提高专业技能水平

专业技能优势明显的专业，毕业生要提高专业技能水平，按照专业设置要求认真学习，提高水平。如果所学专业不是技能型专业，毕业生或者可以对自己感兴趣的其他专业技能强化训练，形成自己的技能特长，或者在就业能力的其他部分尤其是一般能力取得突破。

毕业生培养单位对于社会认可度强、壁垒较高的专业技能，在培养方案中要体现出如何强化在校学生专业技能的方案，可以通过学分控制、竞赛竞争等形式提高毕业生技能。其次要采取措施鼓励学生拥有自己的专业技能特长。

（二）积极参加校内、校外活动

对于提高大学毕业生一般能力而言，积极参加校内、外活动是很好的方式。有专家认为，美国的大学和中国的大学最大的区别是中国的大学生不会有许多课外活动，而美国大学生的课外活动有许多。他们在校期间很重视参加校内、外的各种活动。他们认为通过参加活动可以结交朋友，认识更多志趣相同的男女生朋友。而且在校园的活动里，你可以体会到被人理解、理解别人，帮助别人、被人帮助，满足别人、被人满足等。并且通过活动可以体会、体验和学习各种各样的人生需要的一些技巧，而这些技巧，是生存必要的技巧。许多毕业生会利用这方面的技巧在未来的工作中讨得好人缘，有更广泛的人际交往关系，后面的路会走得更稳。参加课外活动可以丰富自己的交际能力、组织能力、团队合作精神、创造能力。对于大学生来讲，学习成绩固然也很重要，可是在现实的生活中，获取更多的工作经验和人生经验更是一件快乐而有意义的事情。因此，大学生在学习空闲的时间去参加更多有意义的课内、外活动，对提高一般能力是一个很好的途径。

（三）适当参加创业活动

随着商业经济的高速发展和知识经济的迅猛来临，大学生创业已经成为一种浪潮。创业不单是就业的一种模式，而且在创业过程中，可以通过资金分配与调度、产品的销售来锻炼毕业生的一般能力，提高毕业生对社会的了解，增强毕业生的语言、沟通等能力。另外，创业的挑战性极强，对毕业生可以产生全方位的能力锻炼和冲击。比如许多美国的学生在进入校园后，就已经开始做生意了。当然他们做的可能并不是我们想象的那种普遍意义上的生意，他们一般是做网站，成熟后再把网站卖给别的公司。国内大学生可以根据自身情况做一些力所能及的创业活动，规模不需要太大，对自身能力会有极大的锻炼价值。

（四）进行社会实践

一般能力受后天的经验影响较大，这些能力不随年龄的增长而减退、降低，它和人的经历有很大关系。社会实践是一个很好的人生历练，也是一个和社会接触并且锻炼动手能力的很好的方式。曾对一些在社会上各个岗位都还做得不错的毕业生做过调查，他们表示，要读书也要社会实践，他们现在的成功主要依靠了比较丰富的社会经验，希望大学生不光要埋头读书，还要多参加社会实践。阅历增加了，就能触类旁通，把书读活，也能更深地理解书本和社会。此外，国外学校也很重视学生社会实践，很多国外的大学生要靠打工读完大学，积累工作经验。大部分中国大学生做不到，他们包括很多家长认为打工没有必要，其实打过工的人才会真正珍惜生活。2009 年，由麦可思公司联合盖洛普零点调查公司开展的一项调查显示，8 万多名已就业的被调查大学生中，大约每 3 名毕业生中就有 1 人因工作能力缺乏而失去工作。与此同时，75. 5% 的被调查企业存在老年人返聘情况，其支付给返聘者的薪水比同岗位的年轻人要高。对于大学生来说，学好专业知识固然重要，但专业知识掌握得多，并不代表专业能力就强，要将自己所掌握的专业知识尽可能地转化为专业能力，很大程度上需要在实践中锻炼。

毕业生培养单位对于在校大学生动手能力培养要提高重视程度，创造便利条件，鼓励在校大学生参加社会实践、实习。

第三节　专业能力培养

随着经济的快速发展，社会对人才提出了许多新的要求，而高校专业设置的滞后性及不合理性则日益凸显。社会经济发展不断催生新的职业，社会呼唤新型的专业人才。近年来，新兴职业层出不穷，且新兴职业普遍人才紧缺。2008 年中国政府新发布的新兴职业，像玩具设计师、珠宝设计师、网络游戏策划等均出现人才供不应求的现象，毕业生还没毕业就被招聘一空。专业不适应直接导致了专业能力的不足，让许多毕业生到处碰壁，也让企业找不到合适的人才。

尽管西方一些研究者认为随着高等教育大众化和后学历时代的来临，专业知识和技能在就业过程中所起的作用会越来越小，用人单位需要的是具有“核心胜任力”的“聪明人”，而不是那些所谓的“专才”，但我们并不赞成这样的观点。从我国现在的经济发展状况以及劳动力市场的要求来看，专业知识和技能仍然是影响大学生就业的重要因素。正如西方学者恩德尔斯所言：“专业人员和专家在社会中正在变成更为重要和有影响的群体。”一些研究也表明，找到和保持一份好的工作，专业的知识和技能是十分重要的，没有专业知识和技能的人大多只能被迫从事没有技能的简单劳动。在经济衰退时期，那些最早被解雇的员工是那些没有足够专门知识的人或仅有过时职业专门知识的人。可以说，职业专门知识和技能为大学生将来的职业发展奠定了好的基础。下面分别从培养专业兴趣、构架专业知识结构和提高专业技能三方面来讲述如何培养专业能力。

一、培养专业兴趣

（一）兴趣与职业兴趣

据相关调查数据显示，当今大学生择业的主要标准，依据被选率从高到低排序的前5项分别是：有兴趣（62.4%）、收入高（59.7%）、自己的才能得以发挥（41.6%）、有挑战性（40.9%）、福利好（28.2%），而稳定（17.7%）、靠实力晋升快（17.5%）则排名靠后。值得注意的是，“有兴趣”成为大学生择业时的最重要因素。

当今大学生虽然把兴趣作为选择职业的首要因素，但却对自己所选择的职业并不满意。据中华英才网对大学生工作满意程度的调查显示：50%的接受调查者认为工作“不好，跟想做的工作有很大差距”，更有12%的受调查者认为“很差，完全不是我想要的工作”。

大学生选择职业时特别重视“有兴趣”，可是为什么对自己所选择的职业又不满意呢？造成大学生对职业不满意的原因很多，其中一个重要的原因就是选择职业时错把“兴趣”等同于“职业兴趣”，这也是导致大学生频繁跳槽的重要原因之一，下面我们就来探讨两者之间的关系。

1. 兴趣

兴趣是个人对某种事物或某种活动的一种选择态度，表现在某方面需求的情绪倾向。不同的人可能具有相同的兴趣，更多的则不尽相同的。如果你喜欢美术，你会为欣赏到一幅高水平的画而激动不已；如果你喜欢计算机，你使用计算机的系统软件可能会易如反掌；如果你喜欢开车，你和朋友谈起驾驶来，可能会眉飞色舞。相反，若是硬要一个擅长音乐的人把兴趣转移到推导数学公式方面，他会感到无用武之地，也会感到苦不堪言。

2. 职业兴趣

职业兴趣则是指一个人是否喜爱某种职业，是一种职业选择与态度方面的倾向。一般情况下，如果个人兴趣类型与岗位对从业者的能力素质要求（职业环境）是一致的，我们就称之为有“职业兴趣”。如果人们对所从事的工作有“职业兴趣”，就会充分调动和发挥自己的主观能动性，充分开发智力和潜能，即使很枯燥的工作也会变得丰富多彩，趣味无穷，从而增强职业的适应性，而工作满意度也会提高，职业稳定性也会加强，工作绩效也会变好。

反之，如果对所从事的工作没有“职业兴趣”，比如一个喜欢与人交往的人，天天却与机器打交道，一个不喜欢与人交往的人，却从事市场销售的工作，这往往导致自身难以做出优秀的工作业绩，必然会降低对工作的热情和积极性，工作满意度也会随之下降，从而产生困惑和迷茫，甚至会对人们的工作和生活质量产生比较严重的影响。

（二）培养专业兴趣

专业兴趣是指一个人喜爱某一专业，是一种专业选择与态度方面的倾向。

培养专业兴趣的途径：

1. 接受专业兴趣熏陶

积极参加相关的专业兴趣小组、社团、学会。在日常交往中多运用自己的专业知识来获得心理上的满足感，从而提升专业兴趣。

2. 拓宽专业视野

充分利用图书馆、网络资源，参加校内外举办的专业讲座，更广泛地了解专业理论的发展状况及国内外的最新研究成果，前沿理论总是能给人带来新鲜和刺激感，从而增加专业学习兴趣。

二、构架专业知识结构

知识结构是培养大学生就业能力的一个重要基础。什么叫知识结构？作为一名大学生，应该怎样建立和优化自己的知识结构？这些都是当代大学生所关心的问题。

（一）知识结构的概念

我们所讲的知识结构，是外在的知识体系在我们头脑中的内在状况，也就是客观知识世界经过求知者的输入、储存、加工，而在头脑中形成的由智力联系起来的多要素、多系列、多层次的动态综合体。结构决定功能，不同的知识结构，决定该结构的不同功能，能够完成不同性质的工作。在运用知识改造自然的过程中，知识结构好像一个转换器，知识是这个系统的输入或内存，它的输出功能多大、效益如何，就要看这个转换器的结构如何。科学合理的结构会在内存和输入不变的情况下最大限度地输出功能，反之，不合理的结构输出功能会大大降低。有合理知识结构的人，常常成果累累，业绩显赫；而知识结构不合理者，则很可能毫无惊人之举，平平庸庸。

（二）知识结构的模式

当今学术界对人才的知识结构主要提出了三种模式：

1. 宝塔型知识结构

这种知识结构形如宝塔，包括基本理论基础知识、专业基础知识、专业知识、学科知识、学科前沿知识构成。基本理论、基础知识为宝塔型底部，学科前沿知识为高峰塔顶。这种知识结构的特点是强调基本理论、基础知识的宽厚扎实、专业知识的精深，容易把所具备的知识集中于主攻目标上，有利于迅速接通学科前沿。现今我国学校大多是培养这样知识结构的人才。

2. 蜘蛛网型知识结构（复合型人才知识结构）

蜘蛛网型知识结构是以所学的专业知识为中心，与其他专业相近的、有较大相互作用的知识作为网状连接，形如蜘蛛网。这种知识结构，是以自己的专业知识作为一个“中心点”，与其他相近的、作用较大的知识作为网络的“纽结”相互联结，形成一个适应性较大的、能够在较大范围内驰骋的知识网。这种蜘蛛网型知识结构的特点是：知识广度与深度的统一，这种人才知识结构呈复合型状态。随着社会生产的高速发展，这种知识结构的人才非常受社会用人单位的欢迎，进入中国的外资机构尤其重视此类人才。

3. 幕帘型知识结构

这种知识结构是指一个具体的社会组织对其组织成员在知识结构上有一个总的要求，而作为该组织的个体成员，将依其在组织中所处的层次，在知识结构上又存在一些差异。以一个企业为例，企业对其成员的整体知识结构要求是，具有财会、安全、商业、保险、管理等知识。而对企业中处于不同层次的个人来说，要求掌握上述知识的比例是截然不同的，从而组成各自不同的知识结构。这种知识结构强调个体知识结构与组织整体知识结构的有机结合，它对于求职者的启示是，在求职择业的过程中，不但要注意所选职业类型在整体上对求职者的知识结构的要求，同时还要了解所选职业岗位在社会组织中的位置及具体层次，以此来调整自己的知识结构，增强就业后的适应性。

（三）构架专业知识结构的方法

面向 21 世纪，高等学校培养出来的学生必须能够适应现代科技发展的整体化趋势，要培养出具有核心竞争力的学生，即学校培养出的人才要又专又博。作为学生，就要努力构架自己的专业知识结构，适应社会的发展需要。下文阐述了构架专业知识结构的方法：

（1）培养和增强对专业的兴趣

兴趣是最好的老师，每个人都会对他感兴趣的事物给予优先的注意和积极的探索，并从中感到愉悦、放松和乐趣，表现出积极而且自觉自愿的正面情绪。第一，要积极期望；第二，要有目标意识；第三，培养自我成就感，进而培养直接的学习兴趣；第四，在解决问题的过程中增强对专业的兴趣。

（2）重视课堂学习

课堂是大学生进行专业知识学习的主阵地。课堂学习是一种高效率获取知识的学习途径。

（3）不断拓展和优化知识结构

一个人的知识结构不是一成不变的，随着形势的发展、个人经历的变化、教育环境的改变，个人所掌握的专业知识也在不断补充和更新。

（4）提升实践能力

行是知之始，知是行之成。专业知识只有通过实践能力在工作中表现出来才能发挥作用。

（四）构架专业知识结构的原则

每一位专门人才的知识结构都具有自己的特殊性，这是由于他们每个人所从事的专业领域不同所决定的。但是广博性和精深性、理论性和实践性、静态性和动态性、个人爱好和国家需要才是现代大学生合理知识结构的共同性和一般原则。

1. 广博性和精深性的统一

合理的知识结构是广博性和精深性的有机统一体，它既是在广博基础上的精深，又是围绕着精深目标的广博，如果把两者割裂开来，强调一个方面的作用，忽视另一个方面的作用，就必然会造成思路闭塞，所建立起来的知识结构就不能充分发挥作用。

2. 理论性和实践性的统一

合理的知识结构是理论性结构又是实践性结构，是理论性和实践性的互相渗透、互相结合的有机统一。一个人合理的知识结构，不但是在理论知识有效积累的基础上建立起来的，而且是在实践过程中通过具体实践，不断总结经验逐步建立起来的。这就要求我们大学生除了要重视“第一课堂”的学习之外，还要开辟“第二课堂”，走向社会，重视社会实践的学习。

3. 静态性和动态性的统一

合理的知识结构既是静态性结构又是动态性结构，是两者的辩证统一。从知识结构模型看，知识结构是静态的结构。正是由于知识结构的各个层次和联系的各个环节都具有相对静止的位置，人们才能够把握它，调整它。

从知识结构的趋势看，知识结构是动态性结构。因为客观事物是不断运动的，作为客观事物反映的知识结构，当然也是不断运动的；因为主观认识是不断发展的，作为主观认识体现的知识结构，当然也是不断发展的；主观攻关目标是不断变化的，为主观攻关目标服务的知识结构，当然也是不断变化的。绝对静止的、不动的、一成不变的知识结构是根本没有的。

总之，知识结构是静态和动态的统一体，静有其位，动有其轨，只要能正确地认识它，不断地调整它，就一定能保持它的最佳状态，发挥它的潜在作用。

4. 个人爱好和国家需要的统一

个人爱好是个人对某种事物产生的浓厚兴趣。爱好常常是人才成功的重要因素，而且爱好越深，成功率也就越大。国家需要是人才创造活动的出发点和归宿。建立合理的知识结构，不仅要权衡自己的所长所短，而且要把兴趣、爱好、特长与国家的需要和客观条件的可能统一起来，使个人爱好服从国家需要，以国家需要培养个人爱好。鲁迅先生和郭沫若同志原来都爱好医学，但他们为了救国就毅然决然地弃医从文，结果他们不仅对中国的革命事业做出了卓越的贡献，而且在文学上也都取得了非凡的成就。

（五）优化专业知识结构的途径

新时代的大学生必须能够适应现代科学技术发展的整体化趋势，培养出自己的核心竞争力，成为既博又专的人才。为此，大学生必须优化自己的知识结构。

首先，要形成构成自己的知识结构的核心。大学教育已是定向教育，每个专业都有自己固定的必修课程和选修课程。从这些课程中所学到的知识，便构成了知识结构的核心。但是，这还远远不够。必须明确，只有核心知识的知识结构并不是完善的知识结构，还必须配合上核心以外的诸层次的知识，比如说辅助性知识。辅助性知识是紧密围绕核心知识，与之配合发挥知识结构应有功能的。例如，学习自然科学的大学生，不论他学的专业是什么，都应该在哲学、语言、文学、艺术、历史的领域有较丰富的知识，有较正确的世界观和人生观，有高尚的思想情操和社会责任感。这样，在未来的工作中才能充分发挥核心知识的作用。我们经常能够见到这样的事实，有的人，核心知识学得很好，辅助知识忽视了，表现为知识面欠缺，导致在人生的发展上受到限制；有的人核心知识没学好，辅助性知识学了一大堆，表现为知识学得太杂，重心不突出，这样的人很难有所作为。

其次，作为一个大学生来说，在优化自己的知识结构时，学习一些生活性的知识也是很重要的。有的人学习成绩很好，只是不懂生活，也不懂人际交往，致使工作中处处碰壁，一事无成。这些人往往不会想到，一些似乎最不重要的知识，有时恰恰会阻碍一个人远大的前程。有了核心知识，又有了核心之外的诸层次的知识，还不能说已经形成了完整的知识结构，我们需要让这些知识在一个人的头脑中表现出来整体相关的一致性。整体性体现在整个系统大于其各部分之和，相关性则是系统不同部分的相互适应。一个人掌握的知识愈多，对知识间的相关性理解得就愈深，他就会运用得愈好，运用得愈活。

最后，还要使自己的知识结构处于一种不断的动态调节状态。一个人的知识存量的不断积累过程达到一定程度，能够发生质变，使其在成才的道路上获得成功。但是，成才了，不等于说他的知识已经处于饱和状态了，而是要向着新的目标通过不断的反馈与预测继续进行随机的动态调节。如此说来，一个人的知识结构，我们只能依照自己的成才目标，努力去优化，以求得较佳的效果。

三、提高专业技能

（一）专业技能概述

1. 含义

专业技能是指将所掌握的专业理论知识综合运用于实践的能力。大学生应该抓住学习专业知识的黄金时间，充分利用大学的各种资源，制订切实可行的学习计划，努力提升自己的专业素质，在质和量上都达到相关职业的要求。

2. 分类

专业技能分为基础技能和专项技能。基础技能是指从事专业职业所必须掌握的最基本技能。较高层次技能的培养依赖于基础技能的掌握。专项技能是指从事某种职业所必须掌握的某项或几项特殊能力。专项技能是在基础技能上进一步发展起来的能力。

（二）提高专业技能的途径

大学生要提高自己的专业技能，培养核心竞争力应从下面几个方面做起：

1. 要树立牢固的专业思想

专业思想的牢固树立，是学生学专业、爱专业，并为之奋斗终生的基石。学校应该把学生的专业思想教育当作一项重要工作来抓，并贯穿于学校各项工作和学生生活中去，渗透到各科教学中去。

2. 要学好专业知识，打好技能基础

专业技能的形成离不开文化课和专业理论课这两个基础。正确处理好文化课与专业课、专业课与实际运用的关系。文化课必须服务于专业课，专业课又必须与生产实际相一致。让学生多练习，努力培养学生分析问题和解决问题的能力。

3. 要强化技能训练，广泛参与专业技能大赛及相关活动

知识的转化需要实践，实际操作是提高专业技能的重要途径。

（三）相关技能考试及证书

随着社会主义市场经济体制的建立和不断完善，人才评价也逐步向社会化、客观化、公平化、国际化过度，自1991年开始，国家有关部门陆续开始在全国范围内开展专业技术资格考试，作为专业技术人员评聘专业技术职务和执业的条件。对于深化职称改革，提高专业技术队伍素质，促进人才合理流动，起到了积极的作用，并日益为广大专业技术人员和用人单位所接受。拥有相关专业技术资格，已成为当今求职择业的有利条件之一。

各种各样的证书及反映自己能力的材料被大学生们形象地称为“护照”。在世人眼里一度失宠的种种先进称号却被大学生看重并力争拥有。某师范大学毕业生小徐擅长于组织管理，尤其擅长应用文写作之道，连续三年当选为校学生会主席，10余次被评为各级优秀学生干部、优秀团员、三好学生，在全国各级各类报纸杂志上发表文章百余篇，逾20万字。毕业前夕，他捧着厚厚一叠证书和作品跑到一家省直机关毛遂自荐，有关领导被那一颗颗鲜红的印戳和一篇篇作品折服了，于是积极设法录用他。

1. 计算机软件专业技术资格和水平考试

为加速我国电子信息技术的广泛应用和软件事业的发展，科学考核和合理使用人才，促进计算机软件人才之国际交流合作，1991 年 4 月，国家人事部、国务院电子信息系统推广应用办公室共同发布《中国计算机软件专业技术资格和水平考试暂行规定》，明确规定获得计算机软件专业技术资格需要通过国家统一组织的考试，今后中级专业技术职务（含中级）以下的计算机软件人员不再进行专业技术任职资格的评审工作。计算机软件专业技术资格考试级别为：初级程序员（相当于技术员）、程序员（相当于助理工程师）、高级程序员（相当于工程师）。

在进行计算机软件专业技术资格考试的同时，进行水平考试，水平考试跟踪国际水平，其级别为：程序员、高级程序员、系统分析员。程序员、高级程序员级水平考试合格同时具有相应级别专业技术资格，系统分析员水平考试合格可以作为评聘高级工程师的条件之一。计算机软件资格与水平考试每年举行一次，考试实行全国统一组织，统一大纲、统一试题、统一评分标准。

2. 会计专业技术资格考试

为加强会计专业队伍建设，提高会计人员素质，客观、公正地评价和选拔人才，充分发挥会计人员在经济建设中的积极性和创造性，1992 年 3 月，国家财政部与国家人事部共同发布了《会计专业技术资格考试暂行规定》。会计专业技术资格考试分为：会计员、助理会计师、会计师。

助理会计师、会计师资格考试分甲、乙两种，甲种考试为相应专业技术资格应具备的专业水平和业务能力考试，参加甲种考试必须具备规定的学历或取得相应的乙种考试合格证书。乙种考试针对不具备规定学历人员而设。

3. 经济专业技术资格考试

为适应我国加快改革开放和经济建设的需要，增强经济系列职称评聘的客观性、公正性，提高专业人员素质，1993 年 1 月，国家人事部发布了《经济专业技术资格考试暂行规定》，经济专业技术资格实行全国统一考试制度。考试设：经济专业初级资格、经济专业中级资格。经济专业中级资格考试分甲、乙两种，甲种考试为该资格应具备的专业水平和业务能力的考试，乙种考试为经济基础理论和专业知识的考试。

4. 法律职业资格考试

根据 2018 年 4 月 25 日通过的国家统一法律职业资格考试实施办法，初任法官、初任检察官，申请律师执业、公证员执业和初次担任法律类仲裁员，以及行政机关中初次从事行政处罚决定审核、行政复议、行政裁决、法律顾问的公务员，应当通过国家统一法律职业资格考试，取得法律职业资格。

5. 注册会计师资格考试

为加强注册会计师在社会经济活动中的鉴证和服务作用，加强注册会计师的管理，国家实行注册会计师全国统一考试制度。

6. 监理工程师资格考试

为加强监理工程师的资格考试和注册管理，保证监理工程师的素质，国家建设部于1992年6月4日发布《监理工程师资格考试和注册试行办法》。监理工程师资格考试，原则上每两年进行一次，监理工程师资格属执业资格，经本人申请注册后，从事工程建设监理业务。

7. 其他专业技术资格考试

除上述专业技术资格考试外，审计专业、统计专业等也陆续实行全国统一资格考试。

第四节　一般能力培养

一般能力是相对于专业技能而言的。一般能力是职业人要想取得成功必须具备的基本能力，是一种超越具体职业、对人的终身发展起着重要作用的能力，是人们在教育或工作等各种不同的环境中培养出来的可迁移的、从事任何职业都必不可少的跨职业的能力。对大学生而言，通用能力是在校学习期间学到的所有知识的构成和体现方式，它是一个由许多知识而构成的有序列、有层次的整体知识架构体系。它与专业能力共同构成了大学生的文化素质，具有自己独特的特征。

一、主要的一般能力

从当前社会的需要和毕业生的实际状况出发，我们在此着重提出以下七种通用能力：决策能力、创新能力、适应能力、实操能力、表达能力、交往能力以及组织能力。

1. 决策能力

决策能力就是对未来行为目标的决断和选择的能力。良好的决策能力可以实现对目标及其实现手段的最佳选择。因此，能少走弯路、少犯错误，以较小的代价取得进步与成功。人的一生往往会碰到各种需要自己当机立断、痛下决心来决断的事情。对于即将毕业的大学生来说，走向社会，这是人生的一大转折点。面临求职择业，何去何从，别人的意见和忠告各种各样，最终要靠自己拿主意。显然，这是对自己决策能力的一次检验。在未来的工作中，各种问题以及它们的变化进展都需要自己迅速做出反应，及时予以处理。因此训练和培养自己的决策能力是十分重要的。培养决策能力要从日常小事做起，不要事事请别人为自己拿主意，要养成多谋善断的习惯。这样日积月累，以后遇到重大事情时，才不至于无所适从。

2. 创新能力

创新能力是在多种能力发展的基础上，利用已知信息，创造新颖独特具有社会价值的新理论、新思维、新产品的能力。它是一种综合性的、高层次的思维能力和行动能力。从社会来讲，经济的发展、科技的进步离不开发明创造。对个人来说，成功成才依赖于发明创造。用人单位更需要具有创新能力的大学生。创新能力包含多方面的内容，如强烈的好奇心，细微的观察力，深刻的洞察力，大胆设想勇于探索的精神以及提出问题、研究问题、解决问题的能力等。大学生要自觉地培养这些能力，为走上工作岗位后创造性地工作打下扎实的基础。

3. 适应能力

适应社会和改造社会是对立统一的两个方面。现实生活常常不尽如人意，五彩纷呈的现实生活使刚刚步入社会的大学毕业生眼花缭乱，很不适应。大学毕业生面对现实生活中的消极现象常常产生不安、不满的情绪。而常以改造社会为己任的大学毕业生却忽视了适应社会的前提，所以，适应社会的意识不是很强，能力不是很高。人类文明总是在继承与创新的矛盾运动中发展的。适应社会，正是为了担当社会赋予我们的职责与使命。适者生存，生存正是为了发展。大学毕业生只有注意培养自己适应社会的能力，走向社会后才能尽可能地缩短自己的适应期，充分发挥自己的聪明才智。

一个人的适应社会的能力是其素质、能力的综合反映，适应社会能力的强弱是与他的思想品格、知识技能、活动能力、创造能力、处理人际关系的能力以及健康状况等密切相连的。一般来说，一个素质比较高、各方面能力比较强、身心健康的大学毕业生走上社会后，很快就能适应环境、适应工作，即使是在比较困难的条件下和比较差的环境中，也能通过自己的努力取得好的成绩，或者变不利的环境为有利的环境。

需要指出，对社会、对环境的适应，是主动的、积极的适应，不是消极的等待和对困难的屈服，更不是对落后、消极现象的认同，甚至同流合污。适应要同发展结合起来，要同改造联系起来。如果只讲适应，不思进取和改造，社会和个人都得不到进步。

4. 实操能力

实操能力是人的智力转化为物质力量的凭借，是专业工作者必须具备的一种实践能力。在现实生活中，尤其是教学、科研、生产第一线，大学毕业生实际动手操作能力的强弱，将直接影响到作用的发挥，比如：作为一名科技人员，只懂得技术原理不行，没有操作能力，在很多情况下是不能完成技术任务的。作为一名教师，只有丰富的知识是不够的，还要有能把自己的知识传授给学生的能力。学化学的人都知道，实验能力的强弱对实验的效果有很大的影响。学电子的要使用电烙铁，要求焊接速度快、质量好。摆弄仪器，特别是精密仪器的人，手指的灵活程度对调试就有影响。手指灵活，很快就可以调试成功，而手指不灵活就可能需要更长的时间甚至难以调试准确。所以，大学生应注意克服注重理论学习、轻视实践操作的倾向。

一个人实操能力的水平主要体现在操作的速度、准确和灵活三个方面。大学生要提高自己的动手能力关键在于多看、多练。看得多、接触得多就可以掌握一些基本的操作程序和方法，练得多才可能真正提高自己的动手操作的技巧和能力。一个毕业生在实际操作上如果有一手或几手过硬的本领，一定会受到用人单位的青睐。

5. 表达能力

表达能力是指运用语言阐明自己的观点、意见或抒发思想、感情的能力。它包括口头表达能力、文字表达能力、数字表达能力、图示表达能力等几种形式。对于大学毕业生来说，表达能力的重要性是不言而喻的。不仅在参加工作走向社会后，会立即强烈地意识到这一点，而且，在求职择业的时候就会有深切的感受。比如求职自荐信的撰写、个人材料的准备、回答招聘人员的问题、接受用人单位的面试等，哪一个环节都需要较强的表达能力。

6. 交往能力

交往能力实际上就是与他人相处的能力。社会上的人际关系不像学校中的同学、师生关系那么简单。大学生步入社会后，要与各种各样的人发生这样和那样的关系。能否正确、有效地处理、协调好职业生活中人与人的各种关系，不仅影响一个人对环境的适应状况，而且影响着他的工作效能、心理的健康、生活的愉快和事业的成败。大学毕业生在刚刚走上职业岗位时，由于初涉世事，阅历较浅，缺少经验，往往在各种错综复杂的关系面前茫然失措，苦于无法适应，常常感叹“工作好搞，关系难处”。因此，大学生自觉地培养良好的人际交往能力非常重要。

7. 组织能力

尽管不是每个大学生毕业后都会从事组织管理工作，但是却可以说，每个人在将来的工作中都程度不同地需要组织管理才能。现代社会表明，组织管理能力不仅领导干部、管理人员应当具备，其他专业人员都应具备。有些理工科的大学生认为培养组织管理能力是文科学生的事，与己无关，自己又不想当官。这种认识也是不对的。美国著名的“阿波罗登月计划”耗资300亿美元，历时10年，动员42万人、2万家公司、120所大学。这样一个庞大的高科技工程显然不只能靠文科类人才去组织协调，即使不可能人人都有承担大型科研项目的机会，但负责一个课题组，或当一个企业家等，也都需要具有组织管理能力的人来把群众的积极性调动起来，把大家的智慧发挥出来。随着时代的发展，纯“书生型”的人才已不能适应社会的需要。不论哪个专业的毕业生，都必须既有精深的专业知识，又有一定的组织管理能力，这不仅是顺利就业的需要，也是时代的客观要求。

二、培养一般能力的方法

（一）参与社团、社会兼职，提高实操能力

大学生就业能力的培养，要求本人具有一定的主观能动性。作为21世纪的新一代，大

学生必须积极主动地去获得实践能力，寻求各种可能的途径来加强自己的能力。

1. 积极参与学校社团活动，增强沟通能力以及适应能力

社团活动能够提高沟通能力。高校丰富的社团文化活动为大学生的能力培养提供了良好的平台。通过参与社团活动，学生可以锻炼自己的沟通能力。而沟通能力包括良好的口头交流技巧以及良好的倾听技巧。在加入社团时，作为新进人员的大学生，要进行一系列的面试等活动，这其中包括当众自我简介、阐述工作计划等。在这个过程中，能够锻炼学生倾听的技巧以及与面试人员的沟通技巧；参与社团工作的过程中，要面临与领导及其他成员的沟通问题；组织社团工作的过程，更是一个锻炼学生加强沟通技巧及倾听其他成员意见的过程。因此，参与学校社团工作，能够锻炼良好的沟通技巧。

社团活动可以增强适应能力。学校的社团活动是一个有组织有保障的过程，在这个过程中，参与者会遇到形形色色的问题。而作为参与者的学生必须去解决这些琐碎的，甚至超越了学生本身能力的问题，这就锻炼了学生解决问题的能力。在参与活动或者解决问题的过程中，学生应该具有创造性的思考能力，这样才能有效地解决问题，保证活动正常顺利地进行。创造性地思考无论在个体解决问题的过程中，还是在组织团体解决问题的过程中，都具有重要的作用。因此学生要加强社团活动的参与，增强自己解决问题、创造性地思考的能力。

2. 积极寻找社会工作机会，培养人际技能技巧

实践能力不是苦读书本读出来的，也不是毫不付出凭空而来的，大学生要走出教室，走出学校，深入社会中，与工作亲身接触，才能有增强实践能力的机会。

寻找社会兼职工作，加强群体合作技能。在社会的工作中，人们是需要不断地与他人沟通互动展开的。在社会的兼职工作中，接触不同阶层的客户、不同经历的同事，学会人际沟通技巧，为将来的实际工作打下良好的基础。良好的人际技能可以让你的工作事半功倍，可以轻易地化解工作中的困扰与难题。一个人，只有在工作中，才能体会团队工作的精髓，才能获得团队工作的技巧及原则。职场中，团队的合作能力越来越影响着一个人的职场生涯。只有在团队中找准自己的位置，做好自己的工作，与同事和谐相处，才能获得工作的乐趣。

积极投入兼职工作，获得影响能力技能。影响能力主要包括理解组织文化和分享领导这两个层面。组织文化是随着组织的发展壮大而不断沉淀发展的，员工只有深入地理解组织文化，才能获得组织的归属感。大学生在进行兼职工作时，也要积极地理解组织文化，及时地融入组织氛围中，将来从事真正的工作时，才能够进入角色。

（二）扩充知识，积极实践，提高表达能力

培养表达能力，关键在于提高表达的准确性、鲜明性和生动性。准确，是对人们表达能力最基本的和最首要的要求。没有准确的表达，信息就不能如实传递出来，也就失去了表达应有的作用。但同时，表达又需要有人来接受。只有鲜明的、生动的表达，才能更好地排除人们接受信息时的各种障碍，有利于表达目的的实现。因此大学生在培养表达能力时要尽可

能地向准确、鲜明、生动的方向努力。

在具体的实践上，首先要博览群书，扩大自己的知识面，增加自己的知识量。发言之前做好准备，充分熟悉要讲的内容。其次，就是多讲，在各种场合下主动地讲。课堂上踊跃发言，开班会时积极发言。学校里举办的辩论会、讨论会等集体活动，都积极主动地参加。这样，思维就会逐渐敏捷，口齿就会逐渐伶俐，就会逐渐适应各种陌生的大场面而不心慌。

（三）理解他人，认识自己，提高交往能力

人与人之间的交往重在沟通上。沟通能力的提高，涉及两方面：一是提高理解别人的能力，二是增加别人理解自己的可能性。那么究竟怎样才能提高自己的沟通能力呢？心理学家经过研究，提出了一个提高沟通能力的一般步骤：

1. 开列沟通情境和沟通对象清单

这一步非常简单。闭上眼睛想一想，你都在哪些情境中与人沟通，比如学校、家庭、工作单位、聚会以及日常的各种与人打交道的情境。再想一想，你都需要与哪些人沟通，比如朋友、父母、同学、配偶、亲戚、领导、邻居、陌生人等。开列清单的目的是使自己清楚自己的沟通范围和对象，以便全面地提高自己的沟通能力。

2. 评价自己的沟通状况

在这一步里，问自己如下问题：对哪些情境的沟通感到愉快？对哪些情境的沟通感到有心理压力？最愿意与谁保持沟通？最不喜欢与谁沟通？是否经常与多数人保持愉快的沟通？是否常感到自己的意思没有说清楚？是否常误解别人，事后才发觉自己错了？是否与朋友保持经常性联系？是否经常懒得给人写信或打电话？……

客观、认真地回答以上问题，有助于了解自己在哪些情境中、与哪些人的沟通状况较为理想，在哪些情境中、与哪些人的沟通需要着力改善。

3. 评价自己的沟通方式

在这一步中，主要问自己如下三个问题：通常情况下，自己是主动与别人沟通还是被动沟通？在与别人沟通时，自己的注意力是否集中？在表达自己的意图时，信息是否充分？

主动沟通者与被动沟通者的沟通状况往往有明显差异。研究表明，主动沟通者更容易与别人建立并维持广泛的人际关系，更可能在人际交往中获得成功。

沟通时保持高度的注意力，有助于了解对方的心理状态，并能够较好地根据反馈来调节自己的沟通过程。没有人喜欢自己的谈话对象总是左顾右盼、心不在焉。

在表达自己的意图时，一定要注意使自己被人充分理解。沟通时的言语、动作等信息如果不充分，则不能明确地表达自己的意思；如果信息过多，出现冗余，也会引起信息接收方的不舒服。

4. 制订、执行沟通计划

通过前几个步骤，你一定能够发现自己在哪些方面存在不足，从而确定在哪些方面重点

改进。比如，沟通范围狭窄，则需要扩大沟通范围；忽略了与友人的联系，则需写信、打电话；沟通主动性不够，则需要积极主动地与人沟通；等等。把这些制成一个循序渐进的沟通计划，然后把自己的计划付诸行动，体现在具体的生活小事中。比如，觉得自己的沟通范围狭窄，主动性不够，你可以规定自己每周与两个素不相识的人打招呼，具体如问路，说说天气等。不必害羞，没有人会取笑你的主动，相反，对方可能还会欣赏你的勇气。

在制订和执行计划时，要注意小步子的原则，即不要对自己提出太高的要求，以免实现不了，反而挫伤自己的积极性。小要求实现并巩固之后，再对自己提出更高的要求。

5. 对计划进行监督

这一步至关重要。一旦监督不力，可能就会功亏一篑。最好是自己对自己进行监督，比如用日记、图表记载自己的发展状况，并评价与分析自己的感受。计划的执行需要信心，要坚信自己能够成功。记住：一个人能够做的，比他已经做的和相信自己能够做的要多得多。

（四）抓住机遇，学习他人，提高组织能力

1）首先要抓住机遇。大学有各种各样的学生干部，大到学生会主席，小到宿舍长、众多的学生社团干部等，当“官”的机会应该不算少。有些同学可能对有些社团中的职位或宿舍长之类的“小官”不屑一顾，这是不对的。应该看到任何一个职位都可能使你的组织管理能力得到一定程度的锻炼，如有同学推举或老师指定就应当仁不让，有些职位如无人承担，自己应该主动跨出众人的行列要求承担。这份经历对你将十分重要。

2）要注意向别人学习。当然学生干部并不是人人都有机会承担的，在这种情况下，就要注意向别人学习。我们没有机会组织别人，势必有机会接受别人的组织，在这种情况下千万不要漠然处之，被动应付，要以积极的态度配合别人并注意揣摸别人的长处，有机会时，应积极主动地倡议组织一些活动，如组织一场足球赛、举办一次舞会，或寝舍之间组织友谊竞赛活动等。如此，你的组织管理能力同样能得到相应的提高。

第九章 就业信息的筛选

【学习导入】

小王来自小县城，在南方某院校就读。有一次，以为即将毕业参加工作的老乡在临别时对他说："小王，现在找一份好工作太难了，我这次就吃亏在动手太迟上，你以后要吸取我的教训。我这里有一些找工作留下的资料，你可以拿去看看。"小王一看，大部分是用人单位的情况介绍，还有一些发布就业信息的报纸，还有一本就业指导书。把这些资料拿来后，他利用课余时间把它们翻阅了一遍，对求职知识和技巧有了一个大概的了解。转眼间，小王大四了，进入第一学期的小王不动声色地忙开了。他先是给在本地工作的师兄、师姐和老乡们打电话，请他们提供本单位本年度的需求信息。最后到校就业指导中心走了一趟，查询了一下学校本学期就业工作的安排和即将举行的各地人才交流会的信息。做完这些后，他又根据自己收集的过去三年的需求信息，对学校的大客户需求情况做了一番分析和预测，为用人单位邮寄了一份求职信过去。在春节前，各种渠道的信息慢慢地反馈了回来，出乎他的意料，同时有七家单位愿意接受他。就这样，在其他毕业生还毫无头绪、忙着收集信息的时候，他已在计划怎样迈好下一步了。

有时候，毕业生求职总是怨天尤人，怪学校公布的用人单位信息太少，社会上的用人单位太少了，等等。实际上，命运总是青睐有准备的头脑。早做准备，才能抢占先机，捷足先登。

第一节 分析并掌握目标职业的相关信息

对面临求职择业的毕业生来说，最关心的莫过于能收集到更多的就业信息。谁能拥有更多、更有效的信息，谁将赢得择业的主动权。

一、SWOT 分析——知己知彼，方能百战不殆

SWOT 分析是优势、劣势、机会、威胁分析的英文缩写，是求职者进行职业生涯规划和求职竞争必须做的一项基础性工作。求职者在对自己拥有的优势、存在的劣势进行分析时，发现自己求职取胜的机会和可能面对的威胁。实际上，在求职竞争中求职者面临的情况变化莫测，竞争状况难以事前准确预测，求职的优势、劣势相伴而生，机会与威胁相互转化，求职成功与否关键在于求职者能否真正把握和利用自己的优势或相对优势，克服不利的外部因

素和自身不足，抓住有利的因素和有利的时机，及时发现潜在威胁，最大限度地扬长避短，抓住机会，发挥优势，打动招聘官。SWOT 分析是一种充分认识自我，分析错综复杂、相互交错的竞争因素的系统方法，旨在对求职者的优势、劣势、机会、威胁等问题进行结构性分析，为竞争策略和竞争方式的制定提供基础性的分析资料。我们可以画一个表格，然后逐一分析，填写上自己的分析结果，如图 9－1 所示。

内部个人因素	优势（S） 1. 2. 3. 利用优势和机会组合	机会（O） 1. 2. 3. 改进劣势和机会的组合	外部环境因素
	劣势（W） 1. 2. 3. 消除劣势和威胁的组合	威胁（T） 1. 2. 3. 监视劣势和威胁的组合	

图 9－1　SWOT 分析表

1. 评估自己的优势和劣势

每个人都有自己独特的技能、天赋和能力。在当今分工非常细的市场经济里，每个人都可以找到自己擅长的某一领域，而不必样样精通。有些人不喜欢整天坐在办公桌旁，而有些人则一想到不得不与陌生人打交道，心里就发麻，惴惴不安。请先做个表格，列出自己喜欢做的事情和优势所在（如果认为界定自己的优势比较困难，可以做一些测试习题，做完之后，就会发现优势所在）。同样，通过列表，司以找出自己不喜欢做的事情和劣势。挖掘自身的优势和劣势同等重要，因为可以基于这些做两种选择：一是努力改正常犯的错误，提高自身技能；二是放弃那些技能要求很高且自己不擅长的职业。

2. 找出自己的职业机会和威胁

众所周知，不同的行业（包括这些行业里不同的公司）都面临不同的外部机会和威胁，所以，找出这些外界因素将有助于求职者成功地找到一份适合自己的工作，因为这些机会和威胁会影响自身的第一份工作和今后的职业发展。如果公司处于一个常受到外界不利因素影响的行业里，那么这个公司能提供的职业机会自然是很少的，而且没有职业升迁的机会。相反，充满了许多积极外界因素的行业将为求职者提供广阔的职业前景。列出自己感兴趣的一两个行业，然后认真地评估这些行业所面临的机会和威胁。

3. 列出今后 3～5 年内自己的职业目标

请求职者仔细地对自己做个 SWOT 分析评估，列出从学校毕业后 5 年内最想实现的 3～5 个职业目标。这些目标可以包括：你想从事哪一种职业，你将管理多少人，或者你希望自己拿到的薪水属于哪一级别。请时刻记住：你必须竭尽所能地发挥出自己的优势，使之与行业提供的工作机会完美匹配。

4. 提纲式地列出一份今后3~5年的职业行动计划

这一步主要涉及一些具体的内容，特别是达到自己的职业目标而需要提高的内容。列出一份实现最匹配的职业目标的行动计划，并且详细地说明为了实现每一目标你要做的每一件事，何时完成这些事。如果你觉得需要一些外界帮助，请说明你需要何种帮助和如何获取这种帮助。例如，你的个人SWOT分析可能表明，为了实现你理想中的职业目标，需要进修更多的管理课程，那么，你的职业行动计划应说明你何时进修这些课程、是些什么水平的课程以及何时进修这些课程等。你拟订的详尽的行动计划将帮助你做决策，就像外出旅游前事先制订的计划将成为你的行动指南一样。

5. 寻求专业帮助

能分析自己职业发展及行为习惯中的缺点并不难，但要以合适的方法去改变它们却很难。有时需要自己的朋友、上级主管、职业咨询专家帮助自己改善自身的弱势，而协助、监督以及及时的信息反馈，对于弱势的改善和计划的顺利实施都有很大的帮助。在很多情况下借助专业的咨询力量会让自己大走捷径。

二、职业目标分析模型

很多毕业生面临选择职业时抱怨不知道做什么好，不知道人生的目标。下面的分析可以帮助毕业生们明确未来的职业，为未来的职业做一个好的安排。

一种理想的职业，应该包括三方面的特点：一是与自己的人生终极目标相一致，这样才会全力以赴不遗余力；二是与自己的性格能力特征相一致，这样才能比较轻松自如地做好工作；三是该职业必须能够给自己带来丰厚的回报，没有相应的经济条件，再高尚的目标都难以坚持和实现。

要想找到这样的工作，应该进行下列四方面的分析和选择：

1. 职业目标分析

解决“想要做什么”的问题。这个部分的分析帮助你对自己内心的潜在需求进行分析，帮助你找到自己具有使命感的职业目标，一旦当你明白了这个目标，你会发现自己对自己的事业拥有无穷的动力。

1）明确人生目标：你到底想要什么？你知道自己人生的使命吗？

2）价值观系统：自己的价值观系统是什么样的？什么最重要？什么是必要的？

3）职业目标确定：什么类型的职业可以帮你完成自己的人生目标，根据这些思考确定职业的大体方向、范围。

2. 个人特征分析

解决“适合做什么”的问题。这个部分的分析可以帮助你明确自己适合、喜欢和能够做什么。一旦明确这个问题，你将找到一份你比较容易适应和胜任，而且非常喜欢的工作，自己将在工作中不断发展自己，让自己有如鱼得水的感觉。

1）能力分析：自己能够做什么？分析学历、专业、技能、经验等方面。

2）性格分析：自己容易做什么？分析内向、外向、开朗、沉默、善于交际与否等方面。

3）兴趣分析：自己喜欢做什么？分析特长、爱好、天赋等方面。

3. 行业特点分析

解决“做什么好”的问题，这个部分的分析可以帮助你知道做什么样的职业会比较有吸引力。明确了这个问题，可以让自己在以后的工作中，既能好好工作又能得到最大的实惠。

1）职业分类：社会上有哪些类型的职业，各具有什么样的特点。

2）职业利益：不同职业所能够带来的成长和机会以及可以积累的有利资源。

3）职业条件：进入该职业的学历专业和能力要求以及所需要的特殊门槛。

4. 职业目标确定

明白了上面三个问题，进一步找到上面三个问题答案的交集即可明确自己的职业目标。

三、掌握目标单位信息

围绕“以用人单位为导向”的就业准备，介绍其准备工作及结构化的常见程序。

就业的准备工作千头万绪，但都是围绕着两个最基本也是最核心的问题展开的：一是了解自己；一是了解未来的供职单位。简言之，便是“知己知彼”。事实上，对于任何一个既没有职业经验也没有求职经历的应届毕业生来说，了解用人单位的困难程度远胜于对自己的了解。一个明晰了自己长处或者短处的学生，充其量只是拥有了一个庞大但没有坐标定位的信息库，唯有在与某种职业信息建立起一种逻辑层面与操作层面上的必然对应之后，个人信息才可能转化为最符合某个特定用人单位的有效体系，从而在求职中增大成功的概率。

既然求职是一个通过短时间的双向沟通赢得用人单位接纳的过程，那么进行的就业准备就是非常必要了。在做好个人资料准备、介绍的前提下，还应对具体单位做好准备。

1. 了解用人单位的基本信息

要对未来的用人单位有一个整体意义的了解并不是一件轻而易举的事。但如果你对面试官提出的第一个问题是“你们这家公司是从事什么工作的”，落选就一定是情理之中的。

【阅读资料】

27 位应聘者角逐英国广播公司一个重要部门的三个助理制片的职位，这个职位是为那些已成为公司雇员但从未有过编导工作经历的年轻人设置的。

其中：有 6 个人对这个部门制作的节目名称一无所知；有 4 个人可以说出两三个节目，但从未看过；有 10 个人只是在面试的前一个星期才看过一两个节目；仅有 4 个人走访过这个部门，他们借了录像片，并和那里的制片人交谈过。最后，两位最肯于花时间、花精力的员工幸运地获得了这份工作。

为了获得理想职业，面试前不妨把有助了解用人单位的信息点列成清单，然后逐一给予落实。这些信息点大致上可以分为组织内部信息与外部信息两大类，所包括的内容大致有：企业发展历史与最新动态、企业发展目标与企业文化、最高领导人的姓名、规模（员工数量）与行政结构、总部及分支机构的业务范围与地理分布、产品或服务内容与类别、财政状况、绩效考核体系、培训体系和薪酬体系、正在招聘的职位描述及能力要求、员工的职业发展路径、客户类型与规模、竞争对手的类型与规模、单位的公众形象与社会评价等。上述信息的收集会在你的面试对话中最大限度地得到体现。

诚然，上述的这些信息点只能帮助你对未来的用人单位有一个表面化的了解，与你加入单位并通过工作实践后获得的真实情况，不能够建立起一种完全对等的关系。但是，面试官绝不会对这种“肤浅”的认识有所挑剔和责备。只要这些信息可以成为你面试过程中言之有物的知识背景，内化在你逻辑化、结构化、清晰化的交谈语言中，体现出你对该单位发展持有的高度敏感性和获得该职位的诚意与主动性就可以了。

2. 熟悉用人单位的面试结构与类型

尽管职业的类型千变万化，面试风格会因面试官个人的偏好有所差异，前面已做介绍，应聘者应观察、了解单位的面试类型，熟悉其过程，做到心中有数，沉着应试。

第二节　信息获取途径与方法

就业信息是求职择业的基础，谁能及时获得信息，谁就获得了求职的主动权。获得的信息越广泛，求职的视野就越宽阔；所获得的就业信息质量越高，求职的把握性就越大。因此必须学会用各种渠道、各种手段，广泛、全面、准确地收集就业信息。

一、获得就业信息的途径

就业信息的来源很多，就目前而言，求职者获得就业信息的途径主要有以下几个方面：

1. 学校、学院毕业生就业指导机构

此类信息收集的途径具有针对性强、可靠性高、成功率高三大特点，也是目前毕业生获得就业信息的主要来源。

2. 从劳动部门、人事部门、毕业生分配部门及职业介绍部门获得信息

这些部门常年向用人单位输送人员，对用人单位的需求情况比较了解，获得的信息比较准确可靠，并有一定的指导性。

3. 通过报刊、广播、电视等新闻媒体获得用人信息

由于新闻媒体招聘广告传播面广、传播速度快，是较容易获得信息的途径。

4. 通过亲戚、朋友、邻居、师长、校友及其他熟人获得信息

这些信息可能是直接的，也可能是潜在的，从这些途径中获得的信息准确迅速，并且有效性高。

5. 通过电话、信件或拜访等收集用人信息

这种方法主动性强，但盲目性大。在缺乏就业信息的情况下，也不失为一个获得就业信息的方法。

6. 通过网站查询信息

在互联网上，建有 ChinaHR，51job，zhaopin，myjob 等许多就业网站，为我国的求职者提供了一种效率高、成本低、内容多、时间快的现代信息收集渠道。求职者不仅可以非常方便地查阅全国各地的招聘信息，而且可以查阅到大量国家和地区的就业政策信息。

7. 从媒体的报道中挖掘潜在信息

根据自己的兴趣所在和优势，大量浏览和收集与自己专业有关的企业文章，善于从媒体的报道中挖掘潜在信息，因为一家企业的重组、搬迁，都可能意味着有招聘机会。一旦确定了目标，应该给有关企业直接发邮件联系，甚至可以通过电话沟通。

由上可见，广泛交往、建立联系是获得就业信息的重要途径。与人交往，建立联系，不能等到求职那天“临时抱佛脚”，而是要早做准备。为了更有效地得到他人的帮助，最好要有一个通讯录，除了关系密切的朋友外，凡是你接触过或认识的人都可能对你的求职提供帮助，如过去的同事、校友、同学、老师、社团里的熟人、社会组织的领导人，以及你接触到的医生、售货员、服务员、邮递员，甚至在舞会、音乐厅乃至旅途中结识的各类人员，花点时间记下他们的名字和通信地址，说不定什么时候就能用到。你认识的每一个人都是一个潜在的求职机会，并且通过他们你可以认识更多的人。

专家建议，建立一个交往档案对充分发挥人际联系的作用是十分有用的。把日常生活中值得记载的交往经历记载下来，对交往的经过、特点、发生的障碍以及克服的方法进行反思和总结，可以使你积累交往经验，吸取交往中的教训，促进下次交往的成功。定期对你接触的人进行分类整理，看他们可以为你提供哪些帮助。制作一张人际关系表或建立一个交友名

录，对那些能给予你帮助的人做上记号，经常翻翻这些表或名录，可以了解自己的人际关系状况，也可以获得推荐自我的灵感。

除了直接接触到的人员外，通过网络、报刊、电视等，也可以认识许多人。尤其是那些企事业单位的负责人，如果能记得何时听过他们的报告，在哪里见到过他们的文章或看过他们的事迹介绍，对求职成功是十分有益的。

二、就业信息的筛选

在广泛收集就业信息的基础上，要结合自己的情况对就业信息进行加工处理，去伪存真，去粗取精。并对所掌握的信息进行有针对性的整理、分析和排列，使信息具有准确性、全面性和有效性，能更好地为你求职择业服务。

通过查阅号码簿黄页，抄录企业的全称、地址、邮编、电话号码、负责人姓名等方法，或通过网络或公共图书馆查找企业的资料，尽量详细地了解公司的经营范围、产品构成、生产规模、分支机构的设置及业务范围，企业文化、公司的发展前途等基本情况。对应聘专业技术岗位和管理岗位的应聘者来说，要研究用人单位的生产状况，要了解经营、销售、产值等方面的情况，力求从深层次掌握用人单位实质性的东西。

除此之外，还可以直接向用人单位工作的亲友、同学或其他关系，直接了解情况。

第三节　求职陷阱与防范对策

就业求职是每个将走出校门的大学生所要面对的一个重要问题。多年来寒窗苦读，终于有展示的机会了。当终于收到了求职公司的面试通知的时候，心情可能是既激动又兴奋。但是社会上却存在一些所谓的公司，打着招聘的旗号，背后却是“苦心经营”的一个骗局。我们列出一些“骗子公司”的招聘陷阱，供大学生们参考以及警惕这些五花八门的陷阱。

一、招聘陷阱的种类

（一）虚假职位信息

1. 以招聘之名行敛财之实

某些招聘企业利用很多求职者求职心切，在交保证金后没等到上班，就告知其招聘职位已满，钱也不会退还。更加隐蔽的收费还包括服装费、档案管理费、培训费等，实际应该是用人企业承担的成本。而收取这些费用后求职者很少有能通过后期的培训考核的，即使通过了，骗子也会用各种苛刻的工作环境和要求迫使求职者知难而退。

许多非法职介会对求职者收取“服务费”“信息费”等。求职者交钱之前，中介机构承诺招聘信息浩如烟海，总有适合你的职位；可一旦付了费得到了那些信息之后，要么是单位不需要招人，要么就是对口职位刚刚招聘完毕，总之以敛财为目的进行不法勾当。

专家提示：调查显示，职场中最大的骗局当属收取保证金、押金，其比例占20%以上，法律规定用人单位不得向应聘者收取任何费用（包括押金或保证金），所以，那些任职初期需要先缴各种押金的公司是不合法的；而规模很小、态度恶劣却敢开口收取服务费的中介机构，不用多想，一定是想骗取求职者金钱的非法组织。遇到交钱时就应当瞪大眼睛、提高警惕，牢牢按住钱包是求职应聘过程中首先需要注意的。

2. 以招聘之名盗取个人信息

犯罪分子往往利用求职者急于找到工作的心理，通过互联网或其他媒体刊登待遇诱人的招聘广告，诱得求职者的个人信息（如身份证号码或复印件，个人联系方式甚至银行账户等）进行非法活动，如直接盗用账户、冒名高额透支甚至专门做起倒卖个人隐私的生意。等到求职者一段时间之后发现自己的个人利益受到侵害时才恍然大悟上了不法分子的当。

专家提示：当对方要求你提供奇怪的证明材料时一定要多留个心眼，在任何情况下都不能向只有一知半解的“招聘单位”透露有关任何你的隐私信息，一旦发现侵权迹象应当即报案。

3. 以招聘之名宣传自己

为了积累自身知名度，一些小企业会不失时机地对企业或品牌形象进行宣传是企业发展前期的必经阶段。对于他们来说，租下一个展位或刊登一条招聘信息最便宜的只要几百块，却能赚足曝光度。他们一旦参加招聘会都会挂出巨幅宣传画，将展位布置得极其鲜亮夺目；当求职者进行职位询问时，招聘者则对企业文化侃侃而谈数十分钟，末了再每人赠送一本精美宣传画册。如果够细心你会发现，有些公司的招聘信息已经挂了半年甚至更久，只招一两名、要求不高的职位也是如此。其实他们此举是在借招聘之名行广告之实，所谓醉翁之意不在酒。

专家提示：求职者在面谈时若发觉有广告之嫌，应及时抽身，更不要浪费时间去等待这类企业的录用通知。

4. 借招聘之名储备人才

“醉翁之意不在酒”这招不只是小企业会使，大企业偶尔似乎也会用用。对于大型企业来说，为了保证运行稳定，不至于因为人员流动导致瘫痪，必须建立自己的人力资源储备库。在这种需要下，一些大企业选择通过大批量的招聘来实现，公司对满意的应聘者暂时放入人才库，等该岗位空缺后才会从库中寻找人选。

看那些财大气粗的大企业，动辄租下招聘会的整个楼层或报纸的整个版面，招聘职位从前台到经理林林总总几十种，惹得求职者热血沸腾、斗志昂扬。认认真真填好简历，经过三五轮严格的考核筛选，终于过五关斩六将获得首肯，却被告之暂时不能入职。求职者此时的悲凉怕是其他当初未被相中的人所不能想象的。

专家提示：他们的确需要人，但不是现在。对此类招聘，求职者权当作是一次锻炼和竞争的机会，切不可对结果抱太大希望。

5. 以招聘之名窃来劳动成果

此种情况主要出现在一些小规模的广告或设计公司，有些小规模的广告公司或设计公司，由于自身缺乏足够优秀的创意，另行聘请高水平的工作人员又需要较大代价，便想出借招聘新人来获取新鲜创意的点子。

这些企业有一套完整的招聘考核体系，从笔试、复试到最终面试，每个阶段环环相扣、极其正规。按道理能进入最后一轮考核，胜利就能在望了，但往往有很多人就败在这最后一个环节上。面谈得很愉快，工作时间、内容、薪资福利等条件都能够接受，可最后偏偏就没有等到应得的 offer，不少求职者回头搜索失败的理由却依旧没有任何收获。

专家提示：建议求职者在应聘过程中感觉到自己的劳动成果可能会被公司占用时，事先讲明版权归属问题。

6. 以招聘之名施压内部

在本企业内部搭建招聘岗位，并在工作时间进行大规模招聘，企业的目的很可能只是为了向在职人员施加压力，向其显示竞争者的存在，刺激在职人员消除怨言，老老实实地继续工作。

一些劳动强度大、时常加班加点而薪资较低的企业，他们招聘员工非常怪异：数量大，一般招几十人，而且招聘时间和地点往往是上班时间在工厂门口或者是午餐时间在食堂大厅里，求职者一多，整个场面煞是壮观，而求职的结果往往也是石沉大海，没有任何回复的音信。

专家提示：相比其他几种招聘圈套，这种情况给求职者带来的损失要小得多。求职者遇到这种情况同样要擦亮眼睛、保持清醒头脑，免得白费精力。

（二）通过招聘对应聘者进行压榨

1. 粉饰职位信息骗取劳动力

一些公司的确需要人力，但其职位照实说出来总是不能引起求职者的关注和推崇，可能连看都不会看上一眼，招聘者只能投其所好地将职位描述得美轮美奂，而当你被赋予这种“美称”之后才发现，它们不过是金玉其表而已：行政经理等于打杂的，市场总监就是拉业务的，财务分析师居然是保险推销员……等求职者满心欢喜地报到之后，才大呼上当转而重回求职大军，却已错过了最佳时机。一些人被骗进来之后，无奈之下，只好本着“既来之则安之”的心态，极力说服自己转变观念也许能开创出一番新的天地，于是公司的目的就达到了，而求职者的前途和理想却被搁浅了。

专家提示：求职者虚荣心的作祟是遭遇此类问题的主要原因。不要被听上去体面的职位所迷惑，仔细询问职位的工作内涵和细节，是求职者在与招聘者面谈过程中必须要做的。

2. 借试用期榨取廉价劳动力

具体表现为一些单位在试用期即将结束时，便以各种理由炒求职者“鱿鱼”。新员工到职后一般都要经历或长或短的试用期，3~6个月不等，只有少数熟手会将试用期缩短到一个月内甚至一周，薪酬在试用期内总是很少的，转正后才会有大幅提高。可几个月的卖力表现换来的却是被一脚踢出局。因为试用期的工资、福利待遇和正式录用后差异较大，而招聘的费用又微乎其微，利欲熏心的用人单位便通过无休止的“试用”来获得最廉价却最认真的劳动力。

在“你认为最可恨的职场骗局是什么”的调查中，“利用试用期骗取廉价劳力”以20.26%恶冠榜首，成为最可恨的职场骗局。据了解，利用试用期骗取廉价劳力主要有两种形式，一种是以各种理由告诉求职者是不合格的，公司解聘也是无奈之举，再以很少的薪水继续招聘同样也不会熬过试用期的新人，周而复始，降低成本。另外一种手段就是非法延长试用期，一些单位利用试用期的低薪降低用人成本，半年的合同试用就三个月。

专家提示：①了解招聘公司历年招收员工的情况；②密切关注劳动法中的保护内容。另外提醒应届生在寻找第一份工作时，时时留心单位的用人目的和有录取意向的单位必须签订一份就业协议书，按照正常程序，该协议书需学校方鉴证方有效。这样也进一步防止了大学生受“陷阱公司”的“迫害”。

职业指导专家指出，关于试用期，劳动和社会保障部《关于实行劳动合同制度若干问题的通知》早已做了规定，劳动合同期限少于6个月的，试用期不得超过15天；劳动合同长于6个月短于1年的，试用期不超过30天；劳动合同长于1年短于2年的，试用期不超过60天。

3. 以招聘之名诱人犯罪

总有人向往省力而又赚钱的行当，而这行，只在骗子公司存在。没有学历本领要求，只需陪人聊聊天、喝喝饮料就可以月进万元，如此诱惑力极高的招聘广告经常出现在网络、报纸的角落或者街头巷尾的墙壁、电线杆上。而这些所谓的“公关”公司甚至不惜重金租下高档写字楼作为办公接待场所，给应聘者的第一印象不错；再经过招聘者的三寸不烂之舌，向你表述公关行业的高尚和盛行，渐渐打消应聘者的疑虑……

专家提示：对这种骗术，动脑稍加思考就应有所怀疑。如果招聘者夸夸其谈，反复强调招聘职位轻松便能拿高薪，很有可能是在引诱你加入传销、色情及其他非法机构。

4. 招聘时设下薪酬陷阱

所谓薪酬陷阱，一是指招聘时开出优厚的待遇，等到员工正式上班时，之前的承诺却以种种理由不予实现，于是受骗者大呼上当。二是针对薪水中的一些不确定收入，进行虚假或模糊的承诺，最终不能兑现，或者“缩水兑现”。

高薪往往是跳槽的主要诱惑，在高薪的旗号下求职者对一切都信以为真。另外，薪酬中的所谓软成本，就是当初没有明确商定价位，而只有口头承诺的那部分薪酬，那么其变动的空间和额度就难以预估了。再加上没有相关法律的保护，其实现机制更加“灵活”，严重一些，可以说，可付可不付。一旦不付你又如何呢?

专家提示：①先界定薪酬的上下限，并协商支付方式。尽量减少薪酬中的“软性成分”，或者试行一个月后重新规划。②应聘时多个心眼，不清楚的地方要问明白。比如，一年是十二月薪还是十三月薪？试用期待遇如何？时间多长？加班时间费用如何计算？如此种种，问清楚就不会糊里糊涂地上当，吃了哑巴亏。

（三）黑职介作祟

所谓的“黑职介”是指未经过批准擅自从事职业中介活动的各种非法职业中介机构，它们往往违反有关规定，擅自扩大经营范围，从事职业中介活动中的各种非法行为，特别是以信息咨询、婚姻中介、房屋中介等名义非法从事职业中介活动。有关专家介绍了黑中介的种种骗人手段：

1. 骗取产品保证金

“招聘方”热情地考查你一番，即与你签下所谓的“用工合同”，试用期一个月。随即拿出一堆产品，向你收取一定的产品保证金，并承诺一个月后可以退还这笔钱。不过，从你交钱那一刻起，这笔钱肯定就不再属于你了。应聘者往往很容易就通过面试，签下公司自己印制的“合同”后，招聘方即拿出推销产品，几乎全是不知名产品。

专家提示：看清产品，了解市场后再掏钱不迟。

2. 过期不作废

有的职介中心曾经是经过劳动或人事部门批准的中介中心，但由于不规范操作被执法机关吊销了许可证或许可证过期未重新办理，但仍然打着合法经营者的旧旗号蒙蔽急于找工作的打工仔。

专家提示：此招专蒙粗心大意和缺乏社会经验的大学毕业生，对付办法很简单，让其出示由劳动部门颁发的劳动力中介服务许可证或人事部门颁发的人才交流中介服务许可证。

3. 交钱开工

“招聘方”与应聘者简单聊两句即同意来者上班，不过上班前得交一定的服装费、人事资料保管费、培训费等一大堆费用。

专家提示：许多合法的职介机构也存在不合法的行为，因此，求职者第二个判断标准就是看这个机构是否违规收费。根据规定，职介机构在正式给求职者推荐工作之前只能收取10元钱的建档费，并在一年内为其提供求职机会。

4. 与骗子公司互相勾结行骗

这些黑中介多以信息公司的名义出现，在报刊上发布相关的招工信息，最后送往无用工需求和无用工资格的公司。而后者则通过代招聘、代聘的方式，由黑中介和少数有合法手续但违规操作的中介机构发布招工信息，最终达到蒙蔽求职者的目的。由此形成的一个欺骗求职者的“食物链”，这种模式也给相关部门查处工作带来了相当大的难度。

专家提示：保存证据，用法律维权。此陷阱也是最令求职者头疼的问题；职介机构和用人单位勾结，欺骗、欺诈求职者。在这种情况下，求职者应当具备一点相关法律、法规知识，比如学会保存证据，职介机构开出的收据和用人单位的合同等文件都应该妥善保存，至少要备份复印件。

二、警惕网络求职骗术

网络招聘效率高、即时性和针对性强，因此很多企业的人才招聘都通过网络进行。与此同时，一些非法网站利用毕业生求职心切的心理，进行诈骗等违法活动。

骗术一：

骗取资料出售牟利。张同学在一招聘网站上看到沿海某省重点高中招聘教师，填写自己的详细资料以后一星期，开始频繁地收到莫名其妙的短信和邮件，原来是非法网站以招聘为幌子，骗取网民的详细资料后出售给中介公司牟利。

骗术二：

利用照片赚取点击率。长相不错的王同学听说某航空公司网上招聘“空姐”，于是就按照要求寄去自己的资料和艺术照，半个月后复试通知没有等到，却在该网站上看到自己的照片，被命名为“某少妇玉照”，点击率高达1万次。

骗术三：

骗取报名费。许多上网求职者填写资料以后会收到索要报名费或者考试费之类的电子邮件，而一旦将钱汇出，通常没有了下文。

骗术四：

拉人做传销。周同学通过网络求职网站被一家“公司”“录用”了。到该公司上班时被告知必须交5 000元户口费。交钱以后才知道上班还要先拉5个人“前来工作”。

骗术五：

模糊概念，偷梁换柱。周同学在网上应聘到私立高中任教，签合同的时候，该校承诺待遇从优，月薪2 000元包食宿，年终福利另算。正式上班时才发现食宿条件恶劣，待遇也无法落实，但是迫于高额违约金，有苦难言。进入夏季，各大高校迎来了应届毕业生求职的高峰。网络招聘效率高、即时性和针对性强，因此很多企业的人才招聘都通过网络进行。与此同时，一些非法网站利用毕业生求职心切的心理，进行诈骗等违法活动。

专家提醒：

面对各种网络招聘的骗术，同学们一定要保持谨慎，以免上当受骗。

首先，应该进入信誉高的专业人才网站应聘。各教育部门的官方网站大多开办了招聘专栏，由于他们会对招聘单位进行比较严格的审核，因此发布的信息较为真实。一些大型的专业人才网站都设立了严格的审查制度，也很少出现欺诈的情况，而一些不知名的小网站则容易出现违法招聘。

其次，凡是附加了“报名费”“考试费”等条件的网站，一定要高度警惕，按照规定这些费用是不能够收取的。填写个人资料的时候，最好不要留下自己的详细的住址和手机号码，一般只要留下自己的电子邮箱即可，尽可能做一些必要的保留。

同时，对招聘单位的实际情况也要了解清楚。投简历前，可以通过自己应聘的单位所在城市的熟人，去打听这家单位的状况，或者通过工商部门、学校就业指导中心核实单位的真实性。复试时，要通过各种渠道对应聘单位进行实地考察，以摸清应聘单位的发展前景。签订《全国普通高校毕业生就业协议书》或者劳动合同时，一定要注明双方谈妥的福利、保险、食宿条件等，这样双方产生纠纷时就不会空口无凭了。

面对竞争激烈的就业市场，求职者往往心情过于迫切，由此便容易掉入企业设计的陷阱。因此，在求职时不应该只看到某个职位的诱惑，而应该事先意识到，求职本身是有风险的，可能会遇到一些陷阱。

求职时应该保持相对冷静的心态，要有客观冷静的意识。事实上，很多求职陷阱都有清楚的破绽。例如，以某种名义向求职者索取钱财，这是明显的可疑行为。但是，由于人在本能上有趋利避害的心理，往往在此时不容易保持冷静的态度。从而产生一种侥幸心理，认为或许付出100元或者几百元就能获得一个职位。

对于求职所做的付出，求职者应该要有心理底线。很多人在求职中受骗也是个人侥幸心理导致的。求职者一定要把握自我，不能失去判断，尤其是不要有依赖心理，不要把改变的权利永远放在对方手中。

第十章　简历撰写与笔试、面试

【学习导入】

小吴，工科专业，毕业时向某大学投递简历，简历用的是一个网上下载的模板，没有仔细查看，在性别一栏，将自己男性的性别，写成了女性。导致用人单位将其筛选出去。用人单位和他联系时，说小吴不认真，暂时不能满足我单位的要求。小吴很是后悔。

后来了解到，其实小吴专业成绩不错，平时同学反映很好，但就那么一点疏忽导致了就业上出现了问题。

在如今竞争激烈的社会，对于每一个职位都有成千上万的求职者，那么你如何能够成为这上千万人中的佼佼者呢？找工作实际上就是推销自己的过程，那么如何成功地把自己推销给招聘人员呢？简历就是大学生推销自己的首要工具，招聘人员在面试之前所获取的所有关于你的信息都是来自简历，个人简历是大学生自我生活、学习、工作、实践、成绩的概括集锦，他将求职者的个人能力、过往经历、教育状况等内容在方寸之间展示给招聘单位。

通过筛选简历来进行招聘是人力资源招聘的主要渠道，所有的招聘几乎都是通过个人简历来对求职者进行初步的筛选和判定。无论是通过哪一种招聘渠道——企业网站申请、招聘会、平面媒体以及他人推荐，每一种招聘渠道都需要个人简历。

我们可以以不变应万变，将自己的简历准备好，把它当作你向招聘人员推销自己的一个独特的品牌介绍。一份好的简历，能让你在众多的竞争者中脱颖而出，给你赢得一次面试的机会。

第一节　简历的撰写

个人简历是求职者给招聘单位发的一份简要介绍。简历虽小，但它不仅仅是个人情况的直接反映，还考验了求职者的文字功底、审美倾向和个人习惯等因素，以及这些因素中潜在的职业素质。一份好的个人简历对于获得面试机会至关重要。因此，写简历时首先要具备科学的态度、掌握科学的方法，以合理性为原则进行设计。

一、个人简历的内容

个人简历可以采用表格形式，也可以采用其他形式。个人简历一般应包括以下几个方面的内容：

1）个人资料。个人资料必须包括姓名、性别、联系方式（手机、微信、电子邮箱等），而出生年月、籍贯、政治面貌、婚姻状况、身体状况、兴趣爱好等则视个人及应聘的岗位情况可有可无。

2）与学业有关的内容。该部分内容包括毕业学校、专业、获得的学位、毕业时间、学过的专业课程（可把详细成绩单附后）及一些与应聘岗位有关的辅修课程。

3）本人经历。该部分内容包括大学以来的简单经历，主要是学习和从事社会工作的经历，有些用人单位比较看重应聘者在课余时间参加过哪些活动，如实习、社会实践、志愿者工作、学生会工作、团委工作、社团活动等，切记不要列入与自己所应聘的岗位毫不相干的经历。

4）荣誉和成就。该部分内容包括“优秀学生”“优秀学生干部”“优秀团员”及奖学金等方面所获得的荣誉，还可以是你认为较有成就的经历。

5）求职愿望。该部分内容表明你想做什么、能为用人单位做些什么，内容应简明扼要。

个人简历应该浓缩大学生活的精华部分，要写得简洁精练，切忌拖泥带水。个人简历后面可以附上个人获奖证明，如“三好学生”“优秀学生干部”证书的复印件，国家英语考级证书的复印件及驾驶执照的复印件，这些复印件能给用人单位留下深刻的印象。

2. 个人简历的类型

尽管所有的简历都由相似的几大部分内容组成，但是以不同的方法设计可以产生不同的效果。不同形式的简历让你有机会强调自己的优点，简要介绍对求职有利的内容而避开其他不利方面的内容。

（1）时间顺序型

时间顺序型是最普通也是最直接的个人简历类型，即从求职者最近的经历开始，逆着时间顺序逐条列举个人信息。这种简历清晰、简洁，便于用人单位阅读。一份按时间顺序排列的简历应包括目的、摘要、经历和学历等部分。

按时间顺序写的简历一般适用于以下情况：

1）求职者的工作经历能很好地反映出相关工作技能的不断提高。

2）求职者可靠的工作记录表明求职者获得了不断的提升。

（2）功能型

功能型是一种不太常用但往往很有效的简历类型。功能型简历强调求职者的资历与能力，并对求职者的专长和优势加以一定的分析和说明。工作技能与专长是功能型简历的核心内容。一份功能型简历一般包括目的、成绩、能力、工作经历及学历等。求职者可根据自己的实际情况选择使用功能型简历，它一般适用于以下几种情况：

1）求职者的部分工作经历及技能与求职目的无关。

2）求职者只想突出那些与应聘岗位相关的内容。

3）求职者是一个应届毕业生、退伍军人或者求职者想改行。

4）求职者的工作经历有中断，或存在特殊问题。

(3) 复合型

复合型简历是时序型简历和功能型简历的综合运用。求职者可以按时间顺序列举个人信息，同时刻意突出自己的成绩与优势。一份复合型简历一般包括目的、概况、成绩、经历和学历等。复合型简历能直接体现求职者的求职目的。它一般适用于以下几种情况：

1）求职者是一个应届毕业生、退伍军人或者求职者想改行。

2）求职者曾经有过事业的巅峰。

3）求职者既想突出个人成就与能力，又想突出个人经历。

(4) 业绩型

业绩型简历以突出成绩为主，因此一般将“成绩”栏直接提到“目的”栏后。

一份业绩型简历一般包括目的、成绩、资历、技能、工作经历及学历等。

(5) 目的型

除了上述几种主要的类型以外，简历也可以完全根据求职目的来设计。只要适合于具体情况，目的型简历可以是上述类型中的任意一种（一般多为复合型）。

目的型简历一般适用于特定职业的求职，对特定领域的求职者较为适用，如教师、计算机工程师、律师等。

3. 个人简历的撰写原则

一份出色的个人简历，不仅对找工作很有用，而且是让陌生人了解自己和拉近彼此关系的关键，因此撰写时一定要遵循以下原则：

(1) 真实性原则

简历是求职者给企业的第一张“名片”，不可以撒谎，更不可以掺假，但可以进行优化处理。专家指出，优化不等于掺假，即可以突出强项，忽略弱势。例如，一个应届毕业大学生可以重点突出在校时的学生会工作和实习、志愿者、支教等工作经历，不单单是陈述这些经历本身，更重要的是提炼出自己从中获得了什么具有价值的经验，而这些收获能在今后持续发挥效用。如此一来，招聘人员便不会以“应届生没有工作经验”为由而拒你于千里之外了。

(2) 针对性原则

撰写简历时可以事先结合自己的职业规划确定求职目标，设计有针对性的版本。

(3) 价值性原则

把最有价值的内容放在简历中，无关痛痒的无须浪费篇幅，语言要讲究平实、客观和精练，太感性的描述不宜出现。通常，简历的篇幅为A4纸版面1~2页，不宜过长，也不宜过短。简历中尽量提供能够证明自己工作业绩和能力的量化数据。

(4) 条理性原则

在简历中将公司可能雇用你的理由用自己过去的经历有条理地表达出来，最重要的内容有个人基本资料、工作经历（职责和业绩）、教育与培训经历，次重要的信息有职业目标（这一定要标示出来）、核心技能、背景概述、语言与计算机能力及奖励和荣誉信息，其他的信息可不做展示。对于自己的最闪光点可以点到为止，不要过于详细，面试时再详尽地展开。

另外，在网上求职要注意在保护自己隐私的前提下，尽量提供自己的真实信息。网络是虚拟的，招聘却很真实。许多大公司将“面对面”的招聘会放到网上，就意味着做好了“打假”的准备。例如，像普华永道这样的跨国大公司会不惜人力、物力，到就业办或者院系印证求职者个人简历中的某个小细节；有的公司还会要求填写各类兼职中同事的姓名和手机号，并打电话去印证个人简历的真实性。

除了信息真实、讲诚信以外，网上求职还要懂得保护个人隐私。网络信息鱼龙混杂，要懂得识破骗子公司的网络欺诈，投简历前先看一下有关防骗的文章。招聘用语暗藏玄机，读懂大小公司的招聘网络用语，有助于大学生在网上求职时少走弯路，避免上当受骗。正规大公司都有专业的人力资源部门，网络招聘中的公司简介、职位描述、招聘要求等往往具体而贴切，如职责能力要求、在公司中的位置、向谁负责、由谁领导、薪资待遇、假期规定等都会条分缕析、一一注明；而那些过于简单、笼统、千篇一律的职位描述，其背后可能潜伏着一个说谎的“皮包”公司。

应届毕业生找实习单位时应该注意，培训生的培训费用应该由公司负责，如果遇到非要交钱的培训，就要仔细观察公司的客户、员工，看看他们是否有不同寻常的行为，切勿上当受骗。

4. 个人中文简历的外观设计

第一印象很重要，这是大家都明白的道理。对人如此，对简历也是如此。况且在某种程度上，简历就代表了求职者。写一份合理的简历，其内容至关重要，但内容需要合理的外表及格式加以承载。合理的简历外观应该符合以下几点要求：

（1）简洁

简历没必要教条地规定应该用几页纸，但求职者应注意的是简历不宜太长。

因为招聘人员根本没有那么多的时间仔细阅读你的简历，你认为重要的内容，在招聘人员那里可能就是多余的信息。所以，请记住，简历就是一块“敲门砖”，它最主要的目的是为你争取面试的机会。试想，如果你把要点放在简历的第 6 页上，招聘人员很可能在看第 4 页时就已经失去耐心了。

（2）清晰

要确保招聘人员扫一眼就能找到他们想要的信息。要使用简单清晰的语言，不要说高深莫测的话，不要妄想招聘人员会理解你写的一些缩略语。要保证你选择的字体易看清、方便复印，字号大小要适中，标题和姓名可以用稍大的字体加以突出。

（3）整体布局合理

要注意各部分之间的布局关系，要做到条目清晰，既能让简历各部分内容很好地反映出来，又能让招聘人员很容易获取主要信息，就需要在布局和排序上面下些功夫，如先主后次、纵横结合，学会利用分栏、表格、阴影等编辑手段。

（4）纸质优良

使用优质纸张，用激光打印机打印，尽量不用复印件。因为在面试阶段，招聘单位完全可能会复印你的求职材料，如果在你的复印件的基础上复印，就很难看清楚。虽然不同的招聘单位对招聘简历的格式有不同的偏好，但是大多数招聘单位都不喜欢格式花哨、字迹不清的简历。一般而言，不要选用彩色蜡笔、颜色鲜亮的纸，尤其是不要选用用荧光纸制作的简历，除非你申请的是高级媒体或设计工作。

简历模板

姓名	×××	性别	男	
民族	汉族	籍贯	×××	
出生日期	1900－01－16	婚姻状况	未婚	
学历	专科	体重、身高	60 千克、170 厘米	
毕业院校	××职业学院	专业	物业管理	
求职意向	物业管理客服、工程方面			
地址	×××××××××		邮编	×××××
联系电话	×××××××××××		邮箱	×××××
主修课程	物业管理基础、物业管理实务、物业管理概论、会计学基础、市场营销			
个人技能	（1）熟练掌握物业管理技能 （2）拥有团队合作能力			
社会实践	（1）第一个暑假在苏宁电器公司做空调安装辅助工近两个月 （2）第一个寒假在蓝光饮品公司做普工将近一个月 （3）第二个暑假在富士康科技有限公司做普工将近两个月 （4）周末去一些公司做促销员和发传单			
兴趣爱好	音乐、交际、朗诵			
自我评价	本人性格开朗、为人诚恳、乐观向上、兴趣广泛、拥有较强的领导能力和合作精神，具有较强的策划和沟通能力，并以微笑面对每个人			

第二节　笔　试

笔试是一种与面试相对应的测试，是让应试者笔答事先拟好的试题，然后根据应试者解答的情况评定应试者成绩的一种考试方法。这种方法可以有效地考核应试者的基本知识、专业知识、管理知识、综合分析能力和文字表达能力等素质的差异。

一、笔试内容和形式

笔试内容一般包括性格测试、智商测试和英语水平测试三个方面。笔试形式主要有七种：选择题、是非题、匹配题、填空题、简答题、问答题、小论文。

每一种笔试形式都有它的优缺点。比如论文笔试，它以长篇的文章表达对某一问题的看法并表达自己所具有的知识、才能和观念等。该方式有下列优点：易于编制试题，能测验书面表达能力，易于观察应聘者的推理能力、创造力及材料概括力。同时它也存在下列缺点：评分缺乏客观的标准，命题范围欠广博、不能测出应聘者的记忆能力。

其他笔试形式的优点为评分公正、抽样较广、免除模棱两可及取巧的答案，可以测出应聘者的记忆力，试卷易于评阅但它也有下列缺点：不能测出应聘者的推理能力、创造力及文字组织能力，试题不易编制，答案可以猜测。

二、笔试的准备

从某种角度来说，笔试能更深入地考查应聘者的综合素质。应聘者平时的知识积累程度、对知识是否真正理解和掌握等，通过笔试能得到较好的体现。用人单位的出题方式远比学校的出题方式灵活多样，更侧重于考查能力，而不是单纯地考查知识。因此，在笔试之前，大学毕业生应对此进行深入的了解，做到知己知彼，不打无准备之仗。

1. 笔试前的知识准备

（1）学以致用，理论联系实际

现在的招聘考试越来越强调用学过的知识来解决实际问题，具有很强的实用性。换句话说，现在的招聘考试主要考查应聘者对知识的运用能力。因此，大学毕业生在复习过程中必须始终突出一个“用”字，能够把学得的知识运用到工作实际中去解决各种具体的问题。

（2）提纲挈领，系统掌握

在知识与能力这两者中，知识无疑是基础，没有扎实的基础知识，也就无从谈什么能力的培养和提高。掌握知识的一个有效方法就是把零散的知识系统化。笔试往往范围大、内容广，存在一定的随意性和盲目性，因此，凡是与求职有关的知识，如文史知识、科技知识、经济知识、法律知识和一般的计算机知识，均要系统地复习一遍。

（3）多读多练，提高阅读能力

提高阅读能力对扩大知识面和回答招聘考试的各类问题很有益处。要提高阅读能力，首先得坚持进行阅读实践。知识的获得主要依靠传授，能力的提高则必须通过实践。经常做些阅读训练有助于阅读能力的提高。在做阅读训练时，一定要做到眼到和心到，特别是心到，即对每个问题都仔细揣摩、认真思考、分析比较、综合归纳，努力提高自己的阅读能力。

（4）敏锐思考，提高快速答题能力

为了适应招聘考试中的题量，还应该尽快培养自己快速阅读、快速思维和快速答题的能力。因为现代阅读观念不仅着眼于信息的获取，而且特别重视速度。所以，在准备笔试的时候一定要提高做题的速度。

对求职者进行笔试，不仅仅考查其文化、专业知识，而且考查其心理素质、办事效率、工作态度、修辞水平、思维方法等。所以，求职者在参加笔试时，要认真审题，将自己的认识水平、知识水平和能力水平充分发挥出来。

2. 笔试前的心理准备

笔试怯场，大多是缺乏信心所致。求职过程中的笔试毕竟不同于学校平时的考试，因此，笔试前要做好充足的心理准备。

（1）要适当地减轻思想负担，不可给自己施加过大的压力

有的求职者把笔试看得过于重要，对笔试的结果忧心忡忡，心理负担过重产生紧张情绪，临进考场时脑子一片空白。对于这种情况，求职者应该有足够的自控力，可怀着"豁出去"的心理投入笔试中，要树立"胜败乃兵家常事"、这次不成还有下次、这个单位不用我还会有更好的单位等着我的思想，不能老想着笔试结果会怎么样，要把注意力放在回答问题上，这样就会大大消除紧张和怯场情绪。

（2）保证充足的睡眠

笔试的前一天要注意休息，避免考试时因精神不振而影响正常思维。

（3）适当运动，放松身心

笔试前要适当参加一些文体活动，从而使高度紧张的大脑得到放松和休息，以充沛的精力去参加考试。

三、笔试时的答题技巧

求职者除了要做好充分的知识准备、调整好自己的心态之外，还需要掌握一些答题技巧，这样才能让自己的笔试更为成功。

1. 了解笔试类型，做到有的放矢

不同的笔试类型有不同的考试内容，大学毕业生在考前应做详细的了解，针对不同的情况做相应的准备。例如，公务员考试有明确的考试范围，考生复习时相对有针对性。而一些用人单位的笔试则相对灵活，范围也比较大，没有明确相关的参考书。对此，毕业生可围绕用人单位划定的大致范围翻阅一些有关的图书资料。笔试成绩与毕业生平时的努力程度有很大的关系，如果毕业生兴趣广泛，平时注意搜集各种信息，考试时就能驾轻就熟、得心应手。

2. 答题时要掌握好主次之分

有的求职者对于一些简答题准备较充分，于是洋洋洒洒写了上千字；而对论述题则准备不够，就随便写了几十个字。这样做成绩当然会受到影响。求职者只有在浏览全卷的基础上，抓住重点题目下功夫，认真答写，充分显示自己的知识水平，才可能赢得这份工作。

3. 科学答卷

求职者在拿到试卷后，首先应浏览一遍，了解题目的多少和难易程度，以便掌握答题的速度，然后根据先易后难的原则排出答题的顺序，先答相对简单的题，后攻难题。这样就不

会因为攻难题而浪费太多的时间，导致没有时间做会答的题。遇到较大的综合题或论述题时，应先列出提纲，然后逐条论述。答完试卷后，要进行一次全面复查，特别要注意不要漏题、跑题，要纠正错别字、语法不通、词不达意等错误。特别值得注意的是必须做到字迹端正、卷面整洁，因为招聘单位往往从卷面上联想求职者的思想、品质、作风。对于字迹潦草、卷面不整洁的人，招聘单位先不看其答的内容，单从其卷面就觉得他不可靠；而对于那些字迹端正、答题一丝不苟的人，招聘单位认为他态度认真、作风细致，对他更加青睐。

第三节　面　试

面试是测量和评价一个人的知识、能力、品德、性格等方面状况的一种手段和方法。面试能够从不同角度对求职者的素质进行比较鉴别，进而客观地评价出求职者的优劣，因而在社会上得到了极为广泛的运用。

一、面试考查的内容

从理论上讲，面试可以测评求职者的任何素质，但在人员甄选实践中，并不是以面试去测评一个人的所有素质，而是有选择地用面试去测评它最能考查的内容。面试考查的主要内容有以下几个方面：

1. 仪表风度

仪表风度是指求职者的体型、外貌、气色、衣着举止、精神状态等。像国家公务员、教师、公关人员、企业经理人员等，对仪表风度的要求较高。实践证明，仪表端庄、衣着整洁、举止文明的人，一般做事有规律，注意自我约束，责任心强。求职者应该注意着装得体，举止文雅、大方，表情丰富，回答问题时要认真、诚实。

2. 专业知识

作为对专业知识笔试的补充，面试对专业知识的考查更具灵活性，可以了解求职者掌握专业知识的深度和广度、其专业知识是否符合所要录用职位的要求等，所提问题也更接近空缺岗位对专业知识的要求。

3. 工作实践经验

一般来说，招聘者在查阅求职者的个人简历或求职登记表的基础上，会做些相关的提问；会查询求职者的有关背景及过去工作的情况，以补充、证实其所具有的实践经验；通过对工作经历与实践经验的了解，考查求职者的责任感、主动性、思维能力、口头表达能力及遇事的理智状况等。

4. 口头表达能力

招聘者一般会考查求职者能否将要表达的内容有条理、完整、准确地传达给对方；引例、用语是否确切；发音是否准确，语气是否柔和；说话时的姿势、表情如何；能否将自己的思想、观点、意见或建议顺畅地用语言表达出来。考查的具体内容包括：表达的逻辑性、准确性、感染力，音质、音色、音量、音调等。求职者在面试时应注意谈话是否前后连贯、主题是否突出、思路是否清晰、说话是否有说服力。

5. 综合分析能力

招聘者一般会考查求职者在面试中是否能对主考官所提出的问题，通过分析抓住本质，在回答时做到说理透彻、全面分析、条理清晰。

6. 思考判断能力

招聘者一般会考查求职者能否准确、迅速地判断面临的状况，能否恰当地处理突发事件；能否迅速地回答对方的问题，且答案简洁、贴切。求职者应在准确、迅速、决断方面重点准备，对自己的判断应该有信心。

7. 反应能力和应变能力

反应能力和应变能力主要考查求职者对招聘者所提的问题理解是否准确，回答是否迅速、准确，对于突发问题的反应是否机智敏捷，对于意外事情的处理是否妥当，等等。

8. 自我控制能力和情绪稳定性

自我控制能力对于国家公务员及许多其他类型的工作人员（如企业的管理人员）显得尤为重要。一方面，在遇到上级批评指责、工作有压力或个人利益受到冲击时，能够克制、容忍、理智地对待，不致因情绪波动而影响工作；另一方面，工作要有耐心和韧劲。

面试时招聘者还会向求职者介绍本单位及拟聘职位的情况与要求，与求职者讨论有关工薪、福利等求职者关心的问题，以及回答求职者可能问到的其他一些问题等。

二、面试前的准备

面试是一个综合测试系统和动态交流过程，它不仅考查求职者多年的积累和前期的准备，还考查面试过程中诸多可变的或人为的因素对求职者的影响，因此面试前的准备显得尤为重要。面试前的准备工作包括以下各项：

1. 招聘单位信息准备

求职者在面试前要尽量搜集面试公司的更多信息，对面试公司了解得越多，越能把握自己，越能应付自如。接到面试通知之后，要全面搜集该公司的资料，如公司的规模、性质、开办年月、做什么产品项目、年营业额、成长幅度、人事制度、企业文化、在行业中的排名等，尽量多了解一些。现在的公司一般都有自己的网站，求职者对所面试的公司信息了解得越清楚，其面试成功率就越高。

一个对他所面试的公司很熟悉的求职者，往往较容易获得招聘者的认同；相反，一个对所面试的公司做什么产品都不去了解的人是很难取得招聘者的信任的。除此之外，要尽可能了解所申请的职务，如果熟悉职务的性质，将会成为强有力的求职者。值得注意的一点是：为某项特殊职务做好一切准备绝对是正确的，但千万不可以将自己局限在某项特殊职务上，而忽略对其他职务的考虑。

准备好了这一切，然后需要通过地图确定到达面试地点的路线，有时间的话，最好能在面试前先跑一趟，观察一下公司周边的环境。

2. 面试材料准备

面试之前应该准备好以下材料：

1）钢笔或水笔两支，以备随时填写正式的表格。

2）记事本。面试时记录或计算时可能用得到记事本。将笔和记事本放在手提包的外层，方便随时使用，不至于到时现翻，既浪费时间又显得缺乏组织能力。

3）最近更新的简历至少两份，即使你的简历已使你获得面试机会，招聘者仍有可能收取另一份简历。准备简历有两个目的：第一，在公司填写申请表时，可随时取出作为参考；第二，面试后可直接留给公司。

4）文凭和各种证书。如果担心丢失，可带复印件。

5）照片和身份证。照片和身份证有可能用不着，但有备无患。

6）其他有必要提供的资料。

3. 个人形象准备

找工作如同商业行为，雇主是买方，你是卖方，要吸引买方，除了要“慧中”以外，还要“秀外”。况且，当你踏进面试会议室后给人的第一印象就是你的仪表。在考虑衣着时请先考虑公司的性质及应聘的职位。如果公司规定穿制服的话，你就要准备整洁大方的套装。如果是网络公司的话，也可以穿着便装。若是应聘销售、公关、市场及高级职位，穿深色或者灰色的套装会比较合适，当然，可以用一些雅致的小饰物来装扮自己，服装问题应该在面试前就决定好、考虑周到，不要临时变卦。

4. 心理情绪准备

面试前几天要调整好自己的情绪，保持良好的精神面貌，最主要的是要善用假想。有个很著名的美国短跑运动员曾经说过她的成功秘诀之一便是假想。除了刻苦的训练和心理调节以外，她在每次赛前都会假想跑道的长度、弯度、材料弹性，周围的人声人浪，甚至场边青草的味道。

三、面试后应注意的问题

面试对于求职者来说是至关重要的，然而许多求职者通常只注意到面试前的准备和面试中的应对，对面试后该做的事情却忽略了。

其实，面试后的工作做得好坏往往影响到全局，甚至改变结局。对此，有关专家给出四点建议：

1. 及时退出考场

当招聘者宣布面试结束后，求职者应礼貌道谢，及时退出考场，不要再补充几句，也不要再提什么问题（如果你认为确有必要的话，可在事后写信或回访），以免影响他人。

2. 不要过早打听面试结果

在一般情况下，招聘组每天面试结束后要进行讨论和投票，然后由人事部门汇总，最后确定录用人选可能要等 3 ~ 5 天甚至更长的时间，求职者在这一段时间一定要耐心等候消息，切不可到处打听，更不要托人“刺探”，急于求成会适得其反。

3. 学会感谢

面试结束以后，即使对方表示不予录用，也应通过各种途径表示感谢。如果是电话相约面试的，可以再打一个电话表示感谢；如果是通过熟人得以参加面试的，可请熟人转达谢意；如果是自己事先写求职信联系面试的，可再写一封简短热情的信表达谢意。请注意，面试后表示感谢是十分重要的，因为据调查，十个求职者有九个不回感谢信，你如果没有忽略这个环节，则显得别具一格而又注重礼节，说不定会使对方改变初衷。

4. 保持联络

面试后的一段时间里最好不要到外地旅游或办事，必须外出时要向面试单位说明并提供联系方式，以免通知你面试结果时找不到你，另一方面也表达你的诚意。

四、面试忌语

恰当得体的语言无疑会增强你的竞争力，帮助你获得成功，反之，不得体的语言会损害你的形象，削弱你的竞争力，甚至导致求职面试的失败。那么，在求职面试中要注意哪些影响自己成功的忌语呢？

1. 缺乏自信

最明显的就是“你们要几个？”对用人单位来讲，招 1 个是招，招 10 个也是招，问题不在于招几个，而是你有没有这 1/100 或 1/2 或独一无二的实力和竞争力。“你们要不要女的?”这样询问的女性，首先给自己打了“折扣”，是一种缺乏自信心的表现。面对已露怯意的女性，用人单位正好“顺水推舟”，予以回绝。你若是来一番非同凡响的介绍，反倒会让对方认真考虑。“外地人要不要?”一些外地人出于坦诚，或急于得到“兑现”，一见招聘人员就说这么一句，弄得人家无话可说。因为一般情况下，不得不要外地人，也不是所有的外地人都要，这要看你的实际情况能否与对方的需求接上口，是否让人家觉得很有必要接纳。

2. 急问待遇

“你们的待遇怎么样?”工作还没干就先提条件，何况我还没说要你呢！谈论报酬待遇，无可厚非，只是要看准时机，一般在双方已有初步意向时再委婉地提出。

3. 不合逻辑

招聘者问：“请你告诉我你的一次失败经历。”“我想不起我曾经失败过。”如果这样说在逻辑上讲不通。又如：“你有何优缺点?”“我可以胜任一切工作。”这也不符合实际。

4. 报有熟人

“我认识你们单位的××”，“我和××是同学，关系很不错”等。这种话招聘者听了会反感，如果招聘者与你所说的那个人关系不怎么好，甚至有矛盾，那么，你这话引起的结果就会更糟。

5. 本末倒置

例如一次面试快要结束时，主招聘者问求职者：“请问你有什么问题要问我们吗?”这位求职者欠了欠身，开始了他的发问：“请问你们的规模有多大? 中外方的比例各是多少? 请问你们董事会成员中外方各有几位? 你们未来五年的发展规模如何?”参加求职面试，一定要把自己的位置摆正，像这位求职者，就是没有把自己的位置摆正，提出的问题已经超出了应当提问的范围，使主招聘者产生了反感。

6. 不当反问

主招聘者问：“关于工资，你的期望值是多少?”应聘者反问：“你们打算出多少?”这样的反问就很不礼貌，很容易引起主招聘者的不快。

7. 拿腔拿调

有一位从新加坡回国求职的机电工程师，由于在新加坡待了两年，“新加坡腔”比新加坡人还厉害，每句话后面都长长地拖上一个“啦”字，诸如“那是肯定的啦”。半个小时面试下来，招聘者们被他“啦”得晕头转向，临别时也回敬了他一句：“请回去等消息啦!”

第十一章　签约、离校、报到流程

【学习导入】

小黄是某大学2017届毕业生，由于所学专业饱和，所以求职非常难。小黄通过多方渠道，终于联系上了一个愿意接受的公司，并与公司签订了就业协议。有就业协议在手，小黄心里一块大石头落了地，所以也没有追着企业去签订劳动合同。由于该公司是小黄的多层亲戚朋友介绍，小黄始终没有问劳动报酬是多少。进入公司辛辛苦苦工作一个月后，小黄发现自己发的工资只是同工种同事工资的一半。小黄找到领导，问为什么同样工作，自己的工资那么少，并要求提高自己的工资。领导说："你来之前也没有和我们约定工资，也没有和我们签订劳动合同，工资我们想给你多少就给你多少，你感觉低不想干可以走人。"小黄听后非常生气，但是感觉自己束手无策，哑巴吃黄连——有苦说不出。

毕业生在与用人单位达成初步的聘用意向后，有几个关键环节是要特别关注的，下面我们着重讲述，望引起广大毕业生的注意。

第一节　就业协议签订

一、就业协议书及其法律性质

协议，通俗地讲是做某些事情之前共同协商、共同达到统一目的、对达成意向的事项从书面形式共同约束。在法律协议上，是合同的同义词，是指两个或两个以上实体为了开展某项活动，经过协商后达成的一致意见。只要协议对合同双方的权利和义务做出明确、具体和肯定的规定，即使书面文件上被冠以"协议"或"协议书"的名称，一经双方签署确定，即与合同一样对签约双方均具有约束力。

就业协议书是明确毕业生、用人单位、学校在毕业生就业工作中权利和义务的书面表现形式，是毕业生落实用人单位、用人单位接收毕业生以及学校制定毕业生就业方案、毕业生就业主管部门编制毕业生就业计划的依据。

就业协议书由国家教育部和省毕业生就业指导中心统一印制，一式4份，由学校毕业生就业指导服务中心统一发放，人手一份，按编号发放使用。毕业生与用人单位通过双向选择签订毕业生就业协议书。就业协议书要明确劳资双方的责任、义务与权利，任何一方不得擅自解除或违约，违约方须承担违约责任。

大学生就业协议书属于"三方协议"，根据国家的相关规定，大学生就业必须与用人单位签订《高校毕业生就业协议书》，即我们俗称的“三方协议”。所谓三方，一方是毕业生、一方是用人单位、第三方是学校。“三方协议”内容大概包含三部分。第一部分主要规定的是三方当事人的基本情况，包括甲方用人单位的名称、性质及接收毕业生的使用意图，乙方毕业生的基本情况，丙方毕业生所在学校的名称、联系人等。第二部分主要规定的是协议的基本内容，包括甲方和乙方均相互了解，自愿达成协议，丙方经审核同意乙方到甲方工作，三方中有一方要变动协议，需提前一个月征得另外两方同意，并承担违约责任……第三部分主要是三方签名和盖章。从以上就业协议书的条款来看，已经具备了合同有效成立的全部要素。根据我国合同法的有关规定，该协议包括了合同的主要条款，即当事人、合同的标的（对将来订立劳动合同的约定）、合同履行的时间和违约责任，并且根据合同法规定，只要合同订证双方的主体适合，是双方的真实意思表示，内容具体确定，不违反法律的强制性规定，则合同有效成立。而就业协议书已具备合同的上述有效成立要件，故从其性质来看属于合同的一种，而并非有观点认为的“就业协议书是一种普通意向书”，并且从就业协议书的内容来看，毕业生、用人单位和高校主要是为了就将来用人单位与毕业生签订劳动合同而事先订立的初步协议即预约合同。就业协议书样本如图 11－1 所示。

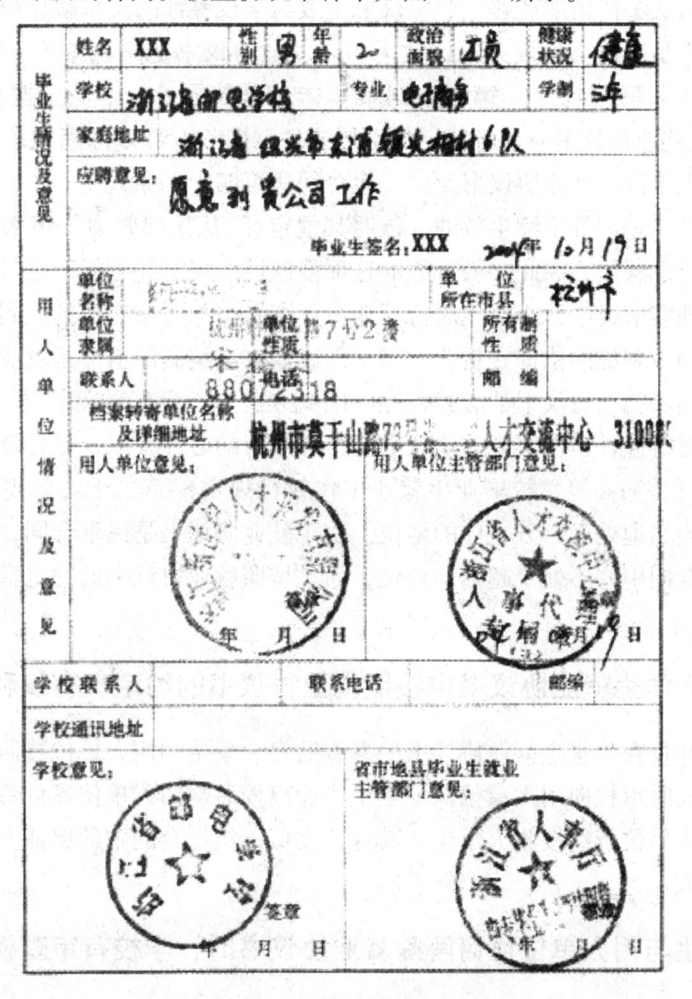
毕业生情况及意见

姓名 XXX　性别 男　年龄 20　政治面貌 团员　健康状况 健康

学校 浙江省邮电学校　专业 电子商务　学制 三年

家庭地址

应聘意见：愿意到贵公司工作

毕业生签名：XXX　2004年 10月 19日

用人单位情况及意见

单位名称　单位所在市县 杭州市

单位隶属　单位性质　所有制性质

联系人　电话 88072318　邮编

档案转寄单位名称及详细地址　杭州市莫干山路

用人单位意见：　年　月　日

用人单位主管部门意见：　年　月　日

学校联系人　联系电话　邮编

学校通讯地址

学校意见：　签章　年　月　日

省市地县毕业生就业主管部门意见：　年　月　日

图 11－1　就业协议书样本

二、就业协议书中的权利与义务

《普通高等学校毕业生就业工作暂行规定》第二十四条明确规定："经供需见面和双向选择后，毕业生、用人单位和高等学校应当签订毕业生就业协议书，作为制订就业计划和派遣的依据，未经学校同意，毕业生擅自签订的协议无效。"因此，就业协议书是毕业生与用人单位签署的一份具有法律约束力的文件，其内容明确毕业生、用人单位和高校在毕业生就业工作中的权利义务，也是高校及教育行政部门派遣毕业生的依据。

（一）学校在协议书中的权利与义务

在缔约中，如果完成了要约和承诺两个步骤，合同即可成立，在不违反法律、行政法规强制性规定和社会公共利益的情况下则可生效，从这个意义上讲，就业协议书一经毕业生和用人单位签字盖章即生效，学校鉴证与否并不影响就业协议书的成立和生效。但根据现行就业规范的有关规定，就业协议书在双方签字后应送学校鉴证登记，学校鉴证登记后列入就业方案。因此，如何从法律角度理解就业协议书生效与学校鉴证的关系就显得尤为重要，有观点认为学校鉴证不是协议书生效条件，故无须将就业协议书送学校鉴证。根据《普通高等学校毕业生就业工作暂行规定》第二十四条"未经学校同意，毕业生擅自签订的协议无效"，则可以推定就业协议书应具备特定的生效要件，即教育部以部门规章的形式规定未经学校同意，毕业生签订的就业协议书无效，但合同法第四十四条规定："法律、行政法规规定，应当办理批准、登记等手续生效的，依照其规定。"从法律效力等级来看，部门规章的效力等级要低于行政法规，因此，教育部的这项强制性的规定并不能产生阻碍就业协议书生效的效力。但在现实情况中，毕业生履行就业协议书必须通过持有报到证到用人单位报到的方式实现，而打印报到证的依据是就业方案，而就业方案编制的前提是就业协议书，学校鉴证是衔接就业方案和就业协议书的必经程序。因此未经学校鉴证的就业协议书尽管已生效，但实际上并无可履行性，学校鉴证是协议真正得以履行的必经程序，也是就业协议书订立的最后环节。根据《普通高等学校毕业生就业工作暂行规定》第二十四条规定，学校在大学生就业协议书中当然地处于一方主体的地位。由于就业协议书是民事合同，当事人之间的地位平等，学校在合同中并不处于超然的地位，而是按照就业协议书的约定享受权利，承担义务。具体来说：

1. 学校在大学生就业协议书中按照就业协议书的约定享有权利、承担义务

通常来说，学校在大学生就业协议书中享有监督大学生和用人单位按照协议约定合理履行协议的权利，同时承担向用人单位保证学生毕业离校后与用人单位签订劳动合同的义务以及向学生保证用人单位依约接收大学生。其地位类似于担保合同中的保证人，但其权利义务又不局限于保证人。

2. 在大学生与用人单位协商解除就业协议书时，学校有审查权

由于学校在大学生就业协议书中处于一方当事人的地位，在大学生与用人单位协商解除

就业协议书时，就应当取得学校的同意。如果学校不同意解除就业协议书的，就业协议书不得解除。如大学生与用人单位擅自解除就业协议书，则大学生与用人单位应当对因解除协议而对学校造成的损失承担连带赔偿责任。

3. 如因学校的过错导致大学生与用人单位不能订立劳动合同时，学校应承担违约责任

这种情况主要表现为学校无正当理由拒绝发放派遣证或者学校无正当理由强制改派，在实践中少有此类情况发生。如果发生了这种情况，则学校应当向大学生和用人单位承担赔偿责任。

4. 在就业协议书履行过程中，如果因大学生或用人单位违约导致未能订立劳动合同的，学校应当获得赔偿

因为，首先学校是就业协议书中的一方当事人，大学生或用人单位一方违约，则应当向合同的相对方承担违约责任，这里的相对方显然是包括学校在内的另外两方；其次，学校在履行就业协议书的过程中承担一定的义务，就业协议书最终不能顺利履行必然会给学校造成一定的损失，既然有损失，违约方就应当承担赔偿责任。

（二）用人单位与高校毕业生在劳动合同签订阶段的义务

1. 用人单位在签订劳动合同过程中的义务

我国现行劳动法尚未涉及劳动合同签订阶段当事人的权利与义务，事实上，用人单位与高校毕业生在签订一份劳动合同时因人而异，有的情况下当事人权利义务的形成，也就是法律需要明确规定的内容是客观存在的，如同德国法律中雇主与申请人之间的权利义务一样，有些权利义务的形成是客观的，如用人单位的诚信义务；不得在招聘中含有就业歧视内容的义务；签订劳动合同阶段将企业面临破产或已进入重整期间的事实如实告诉求职者的义务，这种情况对求职者非常重要，一个求职者可能面临着若干选择和可能，如果为了一时的高薪水而不明企业的状态，在劳动合同履行期间即面临失业，绝非其预期，因此，用人单位应承担这样的告知义务。有些招聘是求职者专门应约而往，并为专项聘用，如高级技术人员或高级管理人员的应聘可能会有相应的支出，如差旅费、住宿费等，凡是应约定而往，不论是否最终能够签订劳动合同，用人单位均应负担上述费用。用人单位在签订劳动合同阶段不得向求职者收取任何费用，包括报名费、资料费等。

2. 求职者在签订劳动合同过程中的义务

近年来，中国就业市场发育加速，市场化程度日益提高，但是，在快速发展的同时亦留下诸多隐患。其中之一即是劳动合同签订过程中的诚信危机。不少求职者，尤其是二次就业中出现使用假文凭、假学历现象。一方面说明唯文凭、学历论仍有相当市场，用人单位招聘过程中形式审查重于实质审查，有漏网者；另一方面，国家相关机构对制售假证件打击不

力。对待签订劳动合同过程中出现的失信行为，有两种选择：一是，严格限制这种不当行为，凡是以假文凭、学历蒙混过关者，其所签订的劳动合同一律无效。这一做法可能会引起部分用人单位的反对，毕竟他们同样承担着劳动合同无效的风险。二是，比照民事可撤销合同，凡是用人单位与毕业生形成劳动合同关系，即使出现假学历、假文凭者仅是该证件无效，并不能直接导致劳动合同无效，用人单位可申请撤销这样的劳动合同，不能套用无效合同原理，即合同自始无效，毕竟劳动合同履行后不可能再恢复原状，因此，可申请撤销该劳动合同或者劳动合同从发现欺诈时无效；如用人单位在履行该劳动合同过程中，认定该毕业生能力没有任何问题，希望继续履行这样的劳动合同，该份劳动合同仍应认定有效。比照用人单位在签订劳动合同时所负的义务，大学生求职者同样在该期间负担相应义务，主要表现为诚信义务，大致包括：

1）求职者应如实告知用人单位自身的真实情况，尤其是对其所求职之工作岗位有不合适的情形更应如实告知用人单位。如求职者申请大货车司机岗位而其又缺乏十年驾龄，这种情形求职者应如实告知用人单位；或者是因残疾或已经存在的疾病的治疗可能占用工作时间；或者是可能被收监而阻碍其从事该工作；或者是在竞业限制期限内；等等。

2）求职者有如实回答用人单位所提问题的义务。当然，涉及个人隐私时，这种义务仅仅限于与申请岗位有关的问题，不涉及求职有关的问题，求职者可以拒绝回答。

3）对于申请者的职业竞争能力、知识、经验以及职业经历、资格考试成绩及报告，用人单位的提问不受限制，求职者有如实回答之义务。

4）女性求职者不负担对用人单位对其可以预期未来是否结婚问题作答的义务，这不属于申请者的义务。(一定程度上，这应是申请者的一项权利，但是这里以不承担这项义务为命题更具意义。)

5）求职者如实告知其健康状况的义务。用人单位非常关注求职者的健康状况，因为求职者的健康状况直接关系将来员工因病给用人单位造成的损失，如生病期间正常的工资支付等。健康状况的告知义务因人而异，如对于民事航空飞行员的要求要比一般工人严格得多。对一些运作规范，且有一定规模的用人单位，招聘时如面试合格要求健康检查，但仍有相当用人单位不需高校毕业生进行健康检查，或很少进行健康检查。在这种情形下，高校毕业生应如实告知用人单位既往病史，尤其是带有传染性的既往病史更要如实告知用人单位。

三、毕业生就业协议书签订过程中的若干法律问题

（一）用人单位在签订就业协议过程中的常见违法行为

1. 采用欺骗、误导手段促使毕业生签订就业协议书

用人单位是就业协议书中的一方，在招聘毕业生时，本应实事求是地介绍自身发展状况及给予毕业生待遇等情况。但为了增加自身“魅力”，吸引到高素质人才，有的用人单位便夸大其词，甚至弄虚作假，造成应聘者与之误签就业协议书。

2. 让毕业生预交押金或证件等

有的用人单位在招聘时，虽然诚心实意网罗人才，但由于害怕毕业生签订就业协议书后违约，带来自身利益损害，遂要求毕业生签订协议时，向其交纳一定数额的押金或毕业证、身份证等物，以达到制约的目的。但由此却造成自身行为违法，如某药厂招聘市场营销员，待遇较高，由于该厂实力较弱，缺少发展潜力，原先吸引来的毕业生经过一段时间工作磨炼后，纷纷另谋高就，该厂因此被人戏称为“人才培训基地”。痛定思痛，厂方再次招聘毕业生时，便要求他们将毕业证交给厂方保存，若有人要离开，即扣留其毕业证。

3. 就业协议中对毕业生试用期要求过长

在目前高校连年扩招的情况下，毕业生就业竞争激烈，压力增大，加之有些毕业生法律知识缺乏，致使有些用人单位在就业协议中提出不合法要求，也被毕业生接受下来。其中试用期要求过长就是常见一例。例如某厂与一毕业生签订的协议书中规定，该毕业生在厂中试用一年，试用期内若无不良表现，即可被正式录用。此例中，虽然该毕业生也同意工厂提出的试用期要求，但该试用期明显较长，违反法律规定。

（二）毕业生在签订就业协议过程中的常见违法行为

1. 提供虚假自荐材料骗取用人单位签订协议

自荐材料是毕业生向用人单位介绍自己的重要资料，用人单位也正是通过它来了解、评价毕业生的基本素质和能力，并决定是否录用。因此，有的毕业生为在众多应聘者中脱颖而出，对个人自荐材料进行虚假包装，或伪造计算机、英语等级证书，或假造“三好学生”“优秀学生干部”等荣誉称号。最终，自荐材料言过其实，却骗取了用人单位的录用。

2. 期望值过高而造成随意毁约

比较而言，近年来毕业生违约现象比用人单位数量多，并呈上升趋势。其中，毕业生择业时期望过高是其随意违约的主要因素。有的毕业生害怕找不到工作岗位，见到用人单位就盲目、草率签约，等找到更好的单位后，就立即放弃原先所签的协议，也有的毕业生看到各方面不如自己的同学签了一个好单位，心理上顿时失衡，随之也毁约。

（三）签订就业协议过程中的相关违法责任

1. 大学生违反就业协议书的法律责任

就业协议书为预约合同，因此一经订立就对当事人具有约束力，一方不得随意解除，否则应承担违约责任的法律后果。违反预约的法律责任一为强制实际履行，二为损害赔偿。应当强调的是，由于预约合同本身的性质只是为了将来订立合同，因此，违反预约合同后，强制实际履行的责任形式并不成为其责任形式，其原因在于：违反预约合同的表现在于因一方过错而导致本合同即劳动合同不能成立，如按照实际履行的要求，则当事人必须按照预约约定成本合同，那么，预约必将产生与本合同相同的法律结果，这违反了预约合同成立的初衷。预约合同的订立主要是为将来订立本合同做准备，由此预约合同生效而产生的权利是在未来成立本合同的可能性，当事人有理由对未来本合同的成立产生信赖，因此预约合同的损害赔偿范围除双方当事人约定的违约金赔偿、定金赔偿外，主要是指信赖利益损失。这种损失必须是基于信赖而产生，即根据诚实信用原则有理由相信本合同会得以成立，由于对方过错而导致本合同不能成立，致使己方蒙受损失。由此，违反预约合同的法律责任则主要限定为损害赔偿（包含违约金责任、定金责任等方式）而非实际履行。《中华人民共和国合同法》第一百一十二条第二款规定，当事人可以在合同中约定，一方违反合同时，向另一方支付一定数额的违约金。这说明，合同法允许当事人在合同中约定违约金。根据教育部高校学生司统一制定的就业协议书的内容，就业协议书的违约责任主要是指支付违约金。违约金条款是毕业生就业协议书条款中的重要组成部分，是毕业生在用人单位违约情形下追究其责任的依据，也是毕业生自己违约后承担责任的依据。

（1）违约的适用情形

违约一般适用于一方解除协议不当或违反协议条款规定。在用人单位一方，最常见的是用人单位拒绝与毕业生签订劳动合同或者签订合同时没有按照协议书上劳动合同的有关条款来签；在毕业生一方，比较集中的违约情形是毕业生不去签约单位报到。

（2）违约金的性质

就业协议书的违约金是约定违约金。所谓约定违约金，是指当事人事先经过协商一致，约定一方违约时根据违约情况向对方支付一定数量的违约金，也就是说如果毕业生与用人单位未在协议中约定违约金，并且在按照有关法律不能确定时，一方违约时则不承担违约责任。

（3）违约金的数额

一般而言，违约金的数额由协议当事人自行约定。但是，如果违约金约定的数额略高，可由有权机关根据公平原则进行调整。上海高校就业协议书为保障毕业生的权益，对违约金数额“建议不高于毕业生月收入数”。但鉴于约定违约金是当事人的权利，同样的违约行为，对当事人所造成的损失也只有当事人自己最清楚。因此，对各种合同关系中的违约金问题都由法律（或者行政法规）做出规定是不可能、也是不必要的。违约金数额最终还是要以双方约定为准。

需要说明的是，毕业生如对用人单位的情况不是很了解或感觉不是很如愿，或本人正在考研过程中，存在不确定性，在这种情形下，毕业生可与用人单位在就业协议书中就解除条件做约定。若约定条件一旦成立，毕业生可依约定解除协议，而无须承担违约责任。另外，按照协议书的规定，协议书的效力终止于毕业生与用人单位签订劳动合同或聘用合同之日，即就业协议书的生效期限为成立之日到订立劳动合同或聘用合同之日这一段时间。违反就业协议书也只可能在此期间产生，在此期间之外不存在违约情形。

2. 关于用人单位违反就业协议书的法律责任

（1）关于用人单位向毕业生收取押金或证件的法律责任

1994年3月4日，劳动部、公安部、全国总工会联合下发的《关于加强外商投资企业和私营企业劳动管理，切实保障职工合法权益的通知》第二条明确规定："企业不得向职工收取货币、实物等作为'入厂押金'，也不得扣留或者抵押职工的居民身份证、暂住证和其他证明个人身份的证件。对擅自扣留、抵押职工居民身份证等证件和收取押金（品）的，公安部门、劳动监察机构应责令企业立即退还本人。"这一规定，同样适用于国有企业和集体所有制企业，表明用人单位收取"入厂押金"或证件等做法，违反劳动法中关于当事人平等自愿、协商一致建立劳动关系的规定，侵害了毕业生合法权利，必须予以制止，并让其退还相应抵押物（金）。可见，对于毕业生的违约行为，用人单位应通过法律等正当途径解决，而不应"以恶防恶"。

（2）关于用人单位对毕业生试用期要求过长的法律责任

首先要明确的是，工作试用期不是毕业生一定要有的，而是在毕业生和用人单位双方协商一致后，"劳动合同可以约定试用期"（《中华人民共和国劳动法》第三章第二十一条），但"试用期最长不得超过六个月"（见上条）。因此，试用期超过六个月法定期限的协议是无效的，用人单位因此给毕业生造成的损失，应予赔偿。当然，若协议中只是试用期方面无效，合同双方仍愿遵守其他部分，按合同法第三章第五十六条规定："合同部分无效，不影响其他部分效力的，其他部分仍然有效。"

四、如何签订就业协议

就业执议书的签订程序每个学校略有不同，常规步骤如下：

（一）签订就业协议书

1. 签订程序

一般来说，应当严格按照以下程序签订就业协议：毕业生和用人单位在供需见面、双向选择的基础上确定用人意向→毕业生填写本人基本情况并签名→在双方在场情况下填写协议内容→接收单位发主管部门填写基本情况并盖章或接收单位及人事代理部门签署意见并盖章→毕业生拿协议书回所在学院盖章→交学校毕业生就业指导中心签订意见并盖章。

2. 协议书填写说明

（1）毕业生情况部分

如实填写姓名、学制、学历。专业名称、家庭地址要详细填写，避免造成不必要的麻烦。联系电话一定要填写清楚，电话号码变更要及时告知本班辅导员，一旦有事学院或用人单位便于通知。

（2）单位情况部分

检查用人单位名称是否与用人单位的有效印鉴名称一致；单位联系人、电话、通信地址及性质要写清楚；档案转寄地址一栏，一定要将人事档案保管单位的全称和地址填写清楚，有人事档案保管权的单位可填写单位地址，无人事档案保管权的单位应填写其委托保管档案的地址（人才市场、人才交流中心——主要指挂靠到人才交流中心或人才市场的三资企业、民营企业和私营企业）。

(3) 双方协商达成的附加条款

双方应将毕业生就读本科、考取专升本、体检等特殊要求、违约责任及违约金以及其他有关事项经协商达成的附加条款填写清楚，落实在协议书应聘意见或用人单位意见栏里，或者另备一份补充协议，避免将来出现麻烦。

(4) 关于用人单位公章

在与用人单位签订协议书时，一定要注意用人单位级别和主管部门，不要以为只要有接收单位公章就万事大吉，也不要以为“反正有单位同意接收我，无所谓”，其实，用人单位除有单位性质之分，还有级别之分，一定要将所有需要的公章盖全，避免不必要的麻烦（用人单位上级主管部门意见，有用人自主权的单位此栏可略）。用人单位有几种级别：中直单位、省直单位、市县属单位、区属单位。

1）联系中直单位的，有人事部门接受意见和公章即可（国家机关、事业单位、国有企业，例如：中铁大桥局的人事章）。

2）联系省直单位的，分两种：一种是联系国有企事业单位的，如果直接到省主管厅局就业，有厅局的接收意见和人事章即可；如果联系的是厅局下属的单位，就要有该单位的接收意见和人事章，还要有主管厅局的人事章（如省公路局要有省交通厅人事章）；另一种是挂靠到省人才交流中心的非国有企业（三资、私营、民营），应有企业的人事接收章和省人才交流中心的人事章（所以，应该在和用人单位洽谈的时候咨询清楚，也就是了解该单位是否有用人权和档案保管权）。

3）联系市县属单位的，有三种情况：联系的是国有企事业单位，有用人单位的意见和人事章，用人单位主管局的人事章，以及市县人事局的接收章；联系的是挂靠到市县属人才交流中心的非国有企业，就应该有该企业的人事接收章、市县人才交流中心的人事章以及市县人事局的毕业生调配专用章；如：联系县公路局的，有单位的人事章、主管局的人事章，加盖市县人事局的公章（无编制的要有市县人才服务中心章）。

4）联系区属单位的，要有用人单位人事接收意见、公章，用人单位主管局人事接收章，区人事局公章，最后加盖市人事局调配章。

毕业生通过与用人单位的双向选择等形式确定就业意向后，需与用人单位签署由国家教育部统一印制的《高等学校毕业生就业协议》，学校以此作为毕业生派遣的依据。

《高等学校毕业生就业协议》为三方协议，需要毕业生本人、用人单位（含上级主管部门）、学校（包括学院）三方签名或签章后生效。

三方协议签约的一般程序：毕业生填写基本资料并签名→用人单位签章→学校签章。

（二）就业协议书的遗失补办

1）毕业生本人写一份遗失说明，含姓名、专业、遗失详细经过。

2）遗失说明交由辅导员（负责人）审核，并加盖学院公章。

3）把学院审核过的遗失说明交到就业指导中心审核。

4）在就业信息网上公示若干天（通常为一周）。

5）公示结果无异议的，凭本人有效证件（身份证或学生证）到就业指导中心领取新就业协议书。

第二节　就业协议的违约处理

1. 关于毕业生就业过程中违约行为的界定

毕业生就业过程中的如下行为视作违约：

1）毕业生与用人单位、学校签订完成三方协议书，毕业生要求再重新与另外单位签约的；

2）毕业生与用人单位在三方协议书上签署应聘意见与用人意见后，学校尚未签章，毕业生要求重新与另外单位签约的；

3）毕业生同时持有两份及以上协议书并与两个及以上单位签订就业协议的。

2. 对毕业生就业过程中违约的处理

为倡导毕业生诚信就业，保障学校毕业生就业机会平等，对同时持有两份及以上就业协议的毕业生，除要求毕业生按正常程序与其中一个用人单位解除就业协议之外，学校将给予违约毕业生相应的处理并将处理结果记入本人档案；对就业过程中要求违约的毕业生，学校原则上不受理，但对以下几种情况，可适当放宽：

1）与学校友好单位之外的用人单位签订协议后，找到新的用人单位后，申请重新签订协议的；

2）毕业生通过自身家庭社会关系或个人努力找到就业单位，签订协议后，申请重新签订协议的；

3）要求新签的单位，经学院、学校审查，明显比已经签约单位更适合毕业生本人今后的发展；

4）毕业生签约后，发现个人存在客观原因无法满足签约单位要求，经学院、学校审查真实性后，可申请重新签订就业协议；

5）经学校调查，申请重新签订就业协议理由可以采取的其他情况。

3. 毕业生申请重新签订就业协议程序

申请领取新的协议书，重新签订就业协议的毕业生，需遵循如下程序并完善毕业生与用人单位解除就业协议申请审批表：

1）真实、详细地说明申请与用人单位解除就业协议的理由。

2）向已签就业协议单位说明情况，取得其谅解，并由单位以书面形式向学校出具与毕业生解除就业协议的函件。

3）经学院毕业生就业领导小组同意后，将毕业生与用人单位解除就业协议申请审批表交就业指导中心，审批同意后领取新的就业协议书。

4）十个工作日内将与新的用人单位签订的就业协议书交回就业指导中心并完善协议书网上录入、审核手续。

5）毕业生与用人单位解除就业协议申请审批表原则上应装入申请学生本人档案，有特殊情况者，本人可在离校前一周内向学院提出申请，经学院毕业生就业工作领导小组讨论通过，学校毕业生就业工作领导小组同意后，可将毕业生与用人单位解除就业协议申请审批表撤出本人档案。

6）申请与用人单位解除协议、重新签订就业协议一次后，学校原则上不再受理其在校期间提出的任何形式的协议解除申请。

第三节　报　到

大学毕业生在顺利完成学业，并与用人单位签订就业协议之后，应在规定的时间内前往所签约的接收单位报到上班。

一、报到所需的材料

1. 报到证

毕业生前往用人单位，本、专科毕业生必须持有全国普通高等学校本专科毕业生就业报到证。用人单位凭报到证办理接收手续和转接档案、户口关系的迁移手续。

2. 毕业证

自主择业的毕业生本人携带毕业证。委培、定向毕业生的毕业证由学校主管部门在毕业生档案中寄送原委培、定向单位人事主管部门。

3. 户口关系

毕业生本人在学校主管部门办理户口迁移手续后，由自己携带，并到接受单位办理转入关系的手续。委培、定向生的户口关系由学校主管部门在毕业生档案中寄送原委培、定向单位人事主管部门。

4. 档案关系

所有毕业生档案均不得由毕业生自己携带，而是由毕业生档案具体管理部门（所在院系或学生处）进行认真审核后，在毕业生离校后两周内，按照机要文件的有关要求，统一寄送毕业生工作单位所归属的人事档案管理部门。

二、毕业生离校手续的办理及注意事项

（一）应取得材料

通常情况下，毕业生离校时应取得的相关材料有：

1）学历、学位证书：在教务处或学院辅导员处领取。

2）报到证：在学校就业指导中心办理领取。

3）户口迁移证：在学校保卫处或户籍科办理领取。

4）组织关系：学生党员必须到党委组织部办理组织关系转接手续，团员到校团委或学院办理组织关系转接手续。

（二）应交回材料

除了上述毕业离校时应取得的材料，毕业生在离校前还应向学校交回一些材料，通常情况下，为方便离校，学校会发给每个毕业生一张毕业流程表，毕业生按照表中提示的内容到不同的部门交回不同的材料，并盖章确认。所有的章盖完之后，离校手续就办理完毕。一般情况下毕业生离校时应交回学校（或向学校交清）的项目有：

1）毕业论文：交至学校指定的部门，通常是图书馆；

2）学费、住宿费：结清应交学费、住宿费，取得财务处盖章；

3）图书借阅证：将手中借阅的图书交还图书馆，图书借阅证交回校图书馆注销；

4）病历：交回校医院注销；

5）校园卡类：将所有所欠费用交齐，交回卡务管理部门注销；

6）学生证：交回相关部门注销；

7）宿舍钥匙：交回宿舍管理部门；

8）学校规定的其他应交回的材料。

（三）毕业生派遣、报到

1. 派遣回生源地报到

毕业离校前领取普通高等学校专本科毕业生就业报到证，在规定的时间内（毕业当年的7月1—30日）到生源地人事局报到，并于当年到人事局确认是否已收到自己的档案，如未收到，请与原关系所在处联系。

毕业生未按时前往办理报到手续，将会导致以后档案管理、使用及其他与档案有关的业务不能顺利办理。

户口在学校的，到学生处领取户口迁移证，回生源地入户。

2. 已落实接收单位（能接收档案、户口，并已签订有效《普通高等学校专本科毕业生就业协议书》的毕业生）

1）毕业生在毕业当年各校的规定时间前将已签订的《普通高等学校专本科毕业生就业协议书》交到学校毕业生就业指导办公室，由就业办上报派遣方案。

2）毕业离校时领取普通高等学校专本科毕业生就业报到证到接收单位报到，凭报到证回户口所在地迁移户口。户口在学校的，到学生处领取户口迁移证到单位入户。

三、报到

毕业生办理离校手续时，将会领到报到证、户口迁移证、党团组织关系介绍信等材料。报到证、户口迁移证都有写明确的有效期限，必须在有效期限内到报到证上指定的单位报到。逾期，报到证、户口迁移证将失效。

四、户口档案的托管

（一）托管形式

大学生毕业后，其档案转交形式一般分为三种：

1）大部分由高校邮寄到市级以上毕业生就业指导中心；

2）一部分被人事部门人才交流中心与高校联系后进行人事代理；

3）另一部分交给毕业生本人或留在学校。

与此相对应，档案托管形式也有三种：

1）有的只需代管档案，是不收费的；

2）有的需要户口托管，少量收费；

3）还有少数进行转正定级、职称评定、党团关系代管，须到人事部门人才交流中心进行人事代理，收费较高。

（二）托管对象

1）已签署就业协议书但单位不予接收户口、档案关系者。

2）未签署就业协议书，不准备回生源地就业的毕业生。

3）未签约的毕业生由于考生来源地非生源地，建议办理托管，否则按家庭所在地办理派遣手续。

（三）托管办理需审核的资料及程序

1）毕业生凭就业协议书原件进行托管资格审查并领取托管申请表。

2）填写托管申请表后交由托管单位审核签章。

3）托管手续完成：托管到高校毕业生就业指导服务中心的待托管单位受理签章之后即

完成托管手续；托管到人才服务中心的还需将人才服务中心盖章之后的就业协议书复印一份现场交工作人员。学校依据所收到的协议书复印件制定派遣方案。

4）托管后续工作：毕业生离校时到所托管单位办理报到手续。

（四）几点供毕业生选择托管单位时参考的建议

1. 适合托管到各高校毕业生就业指导中心的毕业生类型

1）暂未落实就业单位的毕业生；

2）暂不就业拟继续考研的毕业生；

3）正处于试聘用阶段尚未签约的毕业生；

4）以短期、临时、灵活方式就业的毕业生。

托管到该单位可以方便毕业生毕业后2年以内办理改派手续。按照国家有关规定，毕业生毕业两年以内可以办理改派手续，超过两年不能再办理改派手续，只能办理人事调动手续；该单位不能提供工作后转正定级及人事调动服务。

2. 适合托管到人才服务中心的毕业生类型

1）已与上海市单位以及北京市、深圳市的部分单位签订就业协议，但单位暂不解决毕业生户口、档案关系，工作几年之后可通过人事调动将户口和档案关系调到用人单位的毕业生；

2）已与合资、民营或外资企业签约但单位不能接收户档关系的毕业生；

3）准备出国学习或工作的毕业生。

托管到该单位可为毕业生提供工作之后的转正定级、计算工龄以及人事调动等服务。

毕业生只需根据自己的情况选择其中一家单位进行托管。

五、报到可能遇到的问题及处理方法

1. 报到证遗失

如果你的报到证不慎丢失，必须补办，首先应在当地市（或市以上）级报纸登报声明自己丢失报到证，应注明报到证编号，再持登有声明的报纸原件交由学校毕业生就业指导办公室到省高校毕业生就业指导中心补办。

2. 毕业生报到时接收单位拒收

毕业生与用人单位的签约具有法律效力，双方均有义务遵守。但是，如果由于用人单位发生了严重变故，如企业破产、消减编制、转产等原因，而无法继续接收毕业生时，则单位必须向学校出具退回毕业生的公函，由毕业生联系单位就业。

3. 毕业生未能按期报到

毕业生应在规定的时间内到接收单位报到。如果由于不可抗拒的原因（如生病、外出遇灾未归等）无法按期报到，应采取信件、电话、电报、传真等方式向接收单位说明情况，否则将自行承担被用人单位拒绝接收的后果。

4. 毕业生因表现不好被接收单位退回

如果毕业生在报到以后，由于工作表现不好而被用人单位退回，学校将其档案、户口等关系转回家庭所在地，按社会待业人员处理。

第四节　改派及档案

一、改派

毕业生因特殊原因要离开原报到单位到新单位工作，需要办理改派手续，将派到原就业单位的报到证、户口迁移证和档案等人事关系改派往新的工作单位或其上级人事主管部门。

1. 改派须准备的材料

1）退函：原接收单位及其上级主管部门同意改派并出具的书面材料。

2）接收函：新接收单位出具的经其上级主管部门批准同意接收的书面材料；

3）毕业生本人申请改派的书面材料和就业报到证、户口迁移证明。

2. 改派程序

1）本省内调整的，持原单位（或主管部门）退函、现接受单位接收函或协议书交由学校毕业生就业指导办公室到高校毕业生就业指导中心审批并办理改派手续；

2）跨省区调整的，退函和接收函必须经过单位所在地省级毕业生就业主管部门盖章同意，否则无效。

二、档案查询

回生源地报到的毕业生，请在当年内到生源地的人事局查询是否已收到档案，如未收到，及时到学校开具《机要档案交寄证明》，然后到机要局查询，过期将无法查询。

三、注意事项

1）派遣回生源地的毕业生，一般都到报到证所指定的人事局报到。

2）请持毕业证、报到证、户口迁移证、身份证等前往报到。

3）派遣到接收单位的毕业生，报到程序按接收单位要求办理。

四、关于档案、党团组织关系问题

1）毕业生档案一般不予自带，也不留在毕业院校。暂缓就业毕业生档案在省高校毕业生就业指导中心托管；

2）暂缓就业的毕业生，在暂缓就业期限届满时，还没有落实就业单位的，档案一律由省毕业生就业指导中心寄回生源地人事部门，省高校就业指导中心将不再保留任何毕业生的档案。

3）暂缓就业的毕业生党员和预备党员，其组织关系暂时保留在毕业院校。

第十二章　就业权益维护

【学习导入】

案例1：合肥某高职院校毕业生小王（化名），参加人才招聘会后幸运地得到了一次面试机会，虽然公司不大，但是小王来自农村，毕业就要偿还助学贷款，能找到一份工作还贷是当务之急，所以他如约而去。经过面试他被录取了，但是公司要试用三个月，交押金500元。小王尽管心有不满，但是考虑到工作不容易找，他还是交了押金。他认认真真地工作，希望顺利通过试用。由于工作努力、有成效，部门主管表扬了他。他很高兴，认为这样留下的可能性大了。然而两个月后，小王突然被告知：他被解雇了，试用期工资按正式工的一半发，一共800元。他想不通，部门经理告诉他，由于失误，他使公司损失了一笔大订单。可是小王压根就不知道所谓的“大订单”从何而来，经理说，这是商业秘密。小王于是想要回押金，经理说押金已作为对公司的赔偿。小王越想越气，却不知道怎么办。明明是被公司当作廉价劳动力使用，却还背了个工作失误的名声。可是，他也没有办法。

这个案例是大学生在就业时经常会碰到的。当前企业竞争压力大，为了节约成本，不少不正规的企业瞄上了初入社会的大学生，把大学生当作廉价劳动力。缺乏社会经验的大学生很容易就掉入了不良企业的圈套。因此，大学生在就业时，应该签订劳动合同，将各自的权利义务在合同中写明，日后才不会出现没有凭据，而无处说理的尴尬境地。

案例2：南京某财经学院毕业的季萍（化名）同学收到一家保险公司的复试通知，这让她十分欣喜。但是该公司接下来提出的要求又让她十分犹豫：该公司要求她在面试时交100元培训费，180元考试费，如果她愿意的话，还可以再交20元就可以将考卷买回家提前做好上交。应聘怎么还要交这么多钱？到底该不该去？想到这家公司的待遇还可以，如果放弃了就太可惜了，季萍在两难选择中。

这个案例也很典型，以诸如培训费、考试费、服装费、资料费等名目向求职者收取的费用五花八门，而绝大多数都打了水漂。作为刚毕业的大学生，本身并不宽裕，动辄几百元的费用让人负担不起。所以，千万要警惕：交费越多的用人单位越不可靠。这点可以从大型跨国企业和知名国企的招聘中看出，真正看中人才的用人单位，不会向你要这几个小钱的。

本章将同大家一起学习就业权益维护的相关知识。

第一节 劳动合同制度

一、劳动合同概述

合同又称契约。劳动合同是指劳动者与用人单位确立劳动关系、明确双方权利与义务的协议。根据这个协议，劳动者加入企业、个体经济组织、事业组织、国家机关、社会团体等用人单位，成为该单位的一员，承担一定的工种、岗位或职务工作，并遵守所在单位的内部劳动规则和其他规章制度；用人单位应及时安排被录用的劳动者工作，按照劳动者提供劳动的数量和质量支付劳动报酬，并且根据劳动法律、法规及劳动合同的约定提供必要的劳动条件，保证劳动者享有劳动保护及社会保险、福利等权利和待遇。

劳动合同的签订，在法律上确立了劳动者与用人单位之间的劳动关系，双方的有关权利、义务通过书面合同的形式确立下来，并特定化、具体化。

（一）劳动合同的内容

劳动合同的内容可分为两个方面：一方面是必备条款的内容，另一方面是协商约定条款的内容。

1. 必备条款

《中华人民共和国劳动法》第十九条规定了劳动合同的法定形式是书面形式，其必备条款有以下七项：

1）劳动合同期限。法律规定合同期限分为三种：第一，有固定期限，如 1 年期限、3 年期限等均属于这一种；第二，无固定期限，合同期限没有具体的时间约定，只约定终止合同的条件，若无特殊情况，这种期限的合同应存续到劳动者到达退休年龄；第三，以完成一定的工作为期限，如劳务公司外派一名员工到另外一个公司工作，两个公司签订了劳务合同，劳务公司与外派员工签订的劳动合同期限是以劳务合同的解除或终止而终止，这种合同期限就属于以完成一定工作为期限的种类。用人单位与劳动者在协商选择合同期限时，应根据双方的实际情况和需要来约定。

2）工作内容。在这一必备条款中，双方可以约定工作数量、质量及劳动者的工作岗位等内容。在约定工作岗位时可以约定较宽泛的岗位概念，也可以另外签一个短期的岗位协议作为劳动合同的附件，还可以约定在何种条件下可以变更岗位条款等。掌握这种订立劳动合同的技巧，可以避免工作岗位约定过死，因变更岗位条款协商不一致而发生的争议。

3）劳动保护和劳动条件。双方在这方面可以约定工作时间和休息休假的规定、各项劳动安全与卫生的措施、对女工和未成年工的劳动保护措施与制度，以及用人单位为不同岗位劳动者提供的劳动、工作的必要条件等。

4）劳动报酬。此必备条款可以约定劳动者的标准工资、加班加点工资、奖金、津贴、补贴的数额及支付时间、支付方式等。

5）劳动纪律。此条款应当将用人单位制定的规章制度约定进来，可采取将内部规章制度印制成册，作为合同附件的形式加以简要约定。

6）劳动合同终止的条件。这一必备条款一般是在无固定期限的劳动合同中约定，因而这类合同没有终止的时限。其他期限种类的合同也可以做此约定。须注意的是，双方当事人不得将法律规定的可以解除合同的条件约定为终止合同的条件，以避免出现用人单位应当在解除合同时支付经济补偿金而改为终止合同不予支付经济补偿金的情况。

7）违反劳动合同的责任。一般约定两种违约责任形式：一种是一方违约，违约方赔偿给对方造成的经济损失，即赔偿损失的方式；另一种是双方约定违约金的计算方法，采用违约金方式应当注意根据职工一方的承受能力来约定具体金额，避免出现显失公平的情形。

违约不是指一般性的违约，而是指严重违约，致使劳动合同无法继续履行，如职工违约离职、单位违法解除劳动合同等。

2. 协商约定条款

按照法律规定，用人单位与劳动者订立的劳动合同除上述必备条款以外，还可以协商约定其他内容，一般简称为协商条款或约定条款，实际上称其为随机条款似乎更准确，因为必备条款的内容也是需要双方当事人协商、约定的。

这类约定条款是当国家法律规定不明确，或者国家尚无相关法律规定的情况下，用人单位与劳动者根据双方的实际情况协商约定的一些随机性的条款。劳动行政部门印制的劳动合同样本一般都将必备条款写得很具体，同时留出一定的空白由双方随机约定一些内容。

例如，可以约定试用期、保守用人单位商业秘密的事项、用人单位内部的一些福利待遇等内容。

随着劳动合同制的实施，人们的法律意识、合同观念会越来越强，劳动合同中约定条款的内容会越来越多。这是改变劳动合同千篇一律的状况、提高合同质量的一个重要体现。

（二）劳动合同的订立

劳动合同订立是指劳动者和用人单位经过相互选择和平等协商，就劳动合同条款达成协议，从而确立劳动关系和明确相互权利义务的法律行为。

1. 劳动合同订立的原则

《中华人民共和国劳动法》第十七条规定：“订立和变更劳动合同，应当遵循平等自愿、协商一致的原则，不得违反法律、行政法规的规定。”这一规定明确了劳动者与用人单位签订劳动合同必须遵循的三项基本原则：

1）平等自愿原则。平等指双方当事人法律地位平等，双方都有权选择并就合同内容表达各自独立的意志。自愿是指劳动者与用人单位自由表达各自的意志，主张自己的权益和志愿，任何一方都不得强迫对方接受自己的意志。凡采取欺诈、胁迫等手段把自己的意愿强加给对方的，均不符合自愿的原则。对于双方当事人来讲，平等是自愿的基础和条件，自愿是平等的表现，二者相辅相成、不可分割。平等自愿原则是劳动合同订立的基础和基本条件。

2）协商一致原则。在订立合同的过程中，劳动者与用人单位双方对劳动合同的内容、期限等条款进行充分协商，达到双方对劳动权利、义务意思表示一致。只有协商一致，合同才能成立。

3）合法原则。合法原则是指遵守国家法律、行政法规的原则。劳动者和用人单位在订立劳动合同时，不能违反国家法律、行政法规的规定，这是劳动合同有效并受法律保护的前提条件。依法订立劳动合同，必须符合以下几项要求：

①订立劳动合同的目的必须合法。当事人不得以订立劳动合同的合法形式掩盖非法意图和违法行为，以达到不良企图的目的。

②订立劳动合同的主体必须合法。这是指双方当事人必须具备法律、法规规定的主体资格。用人单位应是依法成立的企业、个体经济组织、国家机关、事业组织、社会团体等。劳动者必须具有劳动权利能力和劳动行为能力，即应是年满16周岁、具有劳动行为能力的中国人、外国人和无国籍人。双方主体在签约时，主体资格必须合法。

③订立劳动合同的内容必须合法。双方当事人在劳动合同中所设定的权利、义务条款必须符合国家法律、法规和有关政策的规定。例如，有的劳动合同规定“发生工伤事故，单位概不负责”“旷工3天予以除名”“不享受星期天休假”等，这些规定均属于内容违法而无效的条款。对此，用人单位应承担由此而产生的法律责任。

④订立劳动合同的程序必须合法。有的地方性的法规除了要求当事人签订书面合同并签字盖章以外，还规定劳动合同须由劳动行政主管部门的劳动合同管理机构进行鉴证，方能生效。

⑤订立劳动合同的行为必须合法。

2. 劳动合同订立的意义

一般而言，劳动合同的订立具有以下意义：

1）依法订立的劳动合同明确了双方的权利、义务及责任。劳动者与用人单位之间签订劳动合同，双方就形成了一定的劳动法律关系。劳动法律关系同其他法律关系一样，是以合同当事人双方的权利、义务为其内容的。双方当事人享有什么样的权利，应该履行怎样的义务，必须借助劳动合同予以明确。

2）依法订立的劳动合同对双方当事人产生法律约束力。劳动合同经双方当事人意思表示一致而成立，双方当事人应严格按照合同的规定履行合同，任何一方未经合同另一方的同意，不得擅自变更或解除劳动合同，但法律赋予一方当事人在特定情况下享有单方解除权的除外。劳动合同的效力体现为受法律保障的强制执行力，法律正是通过要求当事人严格履行合同、对违反合同的当事人追究其法律责任的方式维护劳动合同的严肃性的。

3）依法订立的劳动合同是处理劳动合同争议的依据。劳动合同当事人在履行合同过程中，基于对劳动合同条款的不同认识，或因为其他原因，难免发生争议。在处理这些劳动争议时，争议处理机关应当在查明事实真相的情况下，依照合同和法律的规定，判断是非曲直，明确当事人的责任。

3. 劳动合同订立的两个阶段

劳动合同的订立是劳动合同当事人就合同条款通过协商达成一致意愿的过程，这一过程一般分为要约和承诺两个阶段：

1）要约。要约是指一方当事人以订立合同为目的向另一方就合同主要内容做出的意愿表示。因此，要约的发出人和接受人均须特定，且要约的内容足以构成合同的主要条款，同时应做出缔约的表示，否则不算有效要约。如果仅有订约的意思而未就合同主要内容做出表示，只能称为要约邀请，不能产生要约的效力。要约仅在要约有效期内对要约人具有法律约束力，要约期满其效力自动解除。因此，用人单位如果仅在招工启事或广告及简章中介绍自身情况，并发出招工信息，并未就合同主要内容给予说明，该行为只能算是要约邀请，不构成有效要约。而如果用人单位在招工简章中对合同条件给予明确说明，则属于有效要约，一旦应招者承诺，则用人单位有义务与劳动者签订劳动合同。如应招者不同意所列条件，而提出新的条件，则属于反要约，用人单位可以承诺，也可不予承诺。

2）承诺。承诺是指受要约人完全无条件地接受要约以成立合同的意愿表示。承诺必须由受要约人本人在有效期内做出，且应当完全接受要约条款，如果接受的意愿与要约不一致而改变了要约的实质性内容，则只能视为反要约，不构成有效承诺。劳动者或用人单位一旦同意对方要约而做出承诺，劳动合同即告成立。

任何一份劳动合同的成立，一般都要经过上述两个阶段，但具体可能要经过“要约—反要约—再要约—承诺”的复杂的反复协商过程。合同一经成立，即对双方当事人产生法律约束力。

4. 劳动合同订立的步骤

劳动合同的订立一般包括以下几个步骤：

1）用人单位公布招工简章。简章一般包括：用人单位的情况介绍，需招收的人员数量、岗位或工种，各层次、各种类的岗位招用人员的条件，被录用人员的权利、义务，报名时间和地点，需携带和提交的证明文件、材料、报名手续等。

2）劳动者自愿报名。符合条件的应招人员结合自身情况，有选择地自愿报名。一般来说，报名时应招人员应提交身份证及户口证明、毕业证书、工作简历和其他证明材料，并填报用人单位要求填写的各种表格，如报名登记表、工作申请书等。报名一般应当本人亲自到场，但特殊情况下亦可请人代为报名。用人单位根据劳动者所提交的材料进行初步资格审查，以确定其是否有报名资格。

3）全面考核。用人单位对于符合基本资格条件的报名者进行德、智、体全面考核，着重从身体条件、业务能力、心理素质等方面考评，同时根据工作岗位的需要而有所侧重。例如，对于学徒工，应侧重于文化考核；对于技术工，应侧重于技术技能考核；对于管理人员，应侧重于综合素质考核等。考核的具体内容、标准由用人单位确定，考核时可采取申请资料审查、背景调查、笔试、面试、实地操作、体检等多种方式。经过考核，用人单位要对申请人做出尽可能合乎实际的评定结论，对于评定结论要张榜公布。

4）择优录用。用人单位通过对报名者进行全面考核之后择优录用，并通知被录用者订立劳动合同。

5）签订劳动合同。劳动合同草案一般由用人单位提出，用人单位在草案中要注意遵守法律、法规，如对妇女及未成年人的特殊保护、最低工资规定、工作时间的规定等。在合同草案的基础上双方本着平等自愿、协商一致的原则，对合同条款做出修改，最后签订正式的劳动合同。在履行了上述手续后，合同即依法成立。值得注意的是，鉴证不是劳动合同订立的必经程序，劳动合同在当事人达成一致意愿签订合同后即告成立，双方可自行决定是否鉴证，是否鉴证不影响合同的成立与生效。

（三）劳动合同的变更

劳动合同的变更是指在合同成立以后、尚未履行或未完全履行以前，当事人就合同的内容达成的修改和补充。《中华人民共和国劳动合同法》第三十五条规定："用人单位与劳动者协商一致，可以变更劳动合同约定的内容。变更劳动合同，应当采用书面形式。"这一规定包括以下内容：

1）合同的变更必须经当事人协商一致，在原来合同的基础上达成变更协议。

2）合同内容的变更是指合同内容的局部变化，不是合同内容的全部变更。

3）合同变更后，原合同变更的部分依变更后的内容履行，原合同没有变更的部分依然有效，即合同的变更并没有取消原合同关系，只是对原合同的内容进行了部分修改。

（四）劳动合同的解除

劳动合同的解除是指当事人双方提前终止劳动合同的法律效力，解除双方的权利义务关系。通常来讲，解除劳动合同有以下几种情况：

1. 双方协商解除劳动合同

用人单位与劳动者协商一致可以解除劳动合同。协商解除劳动合同没有规定实体、程序上的限定条件，只要双方达成一致，内容、形式、程序不违反法律的禁止性、强制性规定即可。

2. 用人单位单方面解除劳动合同

用人单位单方面解除劳动合同是指当具备法律规定的条件时，用人单位享有单方解除权，无须双方协商达成一致意见，其主要包括过错性辞退、非过错性辞退和经济性裁员三种情形。

（1）过错性辞退

过错性辞退是指在劳动者有过错时，用人单位有权单方解除劳动合同。过错性解除劳动合同在程序上没有严格限制。用人单位无须支付劳动者解除劳动合同的经济补偿金。若规定了符合法律规定的违约金条款的，劳动者须支付违约金。过错性辞退适用的情形主要有以下几种：

1）劳动者在试用期间被证明不符合录用条件的。

2）劳动者严重违反用人单位的规章制度的。

3）劳动者严重失职，营私舞弊，给用人单位造成重大损失的。

4）劳动者同时与其他用人单位建立劳动关系，对完成工作任务造成严重影响，或者经用人单位提出，拒不改正的。

5）因劳动者以欺诈、胁迫的手段或乘人之危，使对方在违背真实意愿的情况下订立或者变更劳动合同致使劳动合同无效的。

6）劳动者被依法追究刑事责任的。

（2）非过错性辞退

非过错性辞退是指劳动者本人无过错，但由于主客观原因致使劳动合同无法履行，用人单位在符合法律规定的情形下，履行法律规定的程序后有权单方解除劳动合同。

非过错性解除劳动合同在程序上具有严格的限制，具体是指：用人单位应提前 30 日以书面形式通知劳动者本人或者额外支付劳动者 1 个月工资后，才可以解除劳动合同；用人单位选择额外支付劳动者 1 个月工资解除劳动合同的，其额外支付的工资应当按照该劳动者上个月的工资标准确定。此外，用人单位应当支付劳动者经济补偿。非过错性辞退适用的情形主要有以下几种（注意以下每个条件之间的先后顺序关系）：

1）劳动者患病或非因工负伤，在规定的医疗期满后仍不能从事原工作，也不能从事用人单位另行安排的工作的。

2）劳动者不能胜任工作，经过培训或者调整工作岗位，仍不能胜任工作的。

3）劳动合同订立时所依据的客观情况发生重大变化，导致劳动合同无法继续履行，经用人单位与劳动者协商，仍未能就变更劳动合同内容达成协议的。

（3）经济性裁员

经济性裁员是指用人单位为降低劳动成本、改善经济管理，因经济或技术等原因一次裁减 20 人以上，或不足 20 人但占企业职工总数 10% 以上的劳动者。经济性裁员具有严格的条件和程序限制，用人单位裁员时必须遵守规定，用人单位应当支付劳动者经济补偿金。应该注意的是，企业进行经济性裁员时，用人单位有以下情形之一的，依据非过错性辞退和经济性裁员的规定单方解除劳动合同：

1）从事接触职业病危害作业的劳动者未进行离岗前职业健康检查，或者疑似职业病病人在诊断或者医学观察期间的。

2）在本单位患职业病或者因工负伤并被确认丧失或部分丧失劳动能力的。

3）患病或非因工负伤，在规定的医疗期内的。

4）女职工在孕期、产期、哺乳期的。

5）在本单位连续工作满 15 年，且距法定退休年龄不足 5 年的。

6）法律、行政法规规定的其他情形。

3. 劳动者单方解除劳动合同

劳动者单方解除劳动合同是指劳动者享有单方解除权，无须双方协商达成一致意见，也无须征得用人单位的同意。其有以下两种情况：预告解除和即时解除。

（1）预告解除

预告解除即劳动者履行预告程序后单方解除劳动合同。

预告解除有以下两种情形：

1）劳动者提前30日以书面形式通知用人单位，可以解除劳动合同。

2）劳动者在试用期内提前3日通知用人单位，可以解除劳动合同。

（2）即时解除

用人单位有下列情形之一的，劳动者可以即时解除劳动合同：

1）未按照劳动合同的约定提供劳动保护或者劳动条件的。

2）未及时足额支付劳动报酬的。

3）未依法为劳动者缴纳社会保险费的。

4）用人单位的规章制度违反法律、法规的规定，损害劳动者权益的。

5）因《中华人民共和国劳动合同法》第二十六条第一款规定的情形致使劳动合同无效的。

6）法律、行政法规规定劳动者可以解除劳动合同的其他情形。

此外，用人单位以暴力、威胁或者非法限制人身自由的手段强迫劳动者劳动的，或者用人单位违章指挥、强令冒险作业甚至危及劳动者人身安全的，劳动者可以立刻解除劳动合同，无须事先告知用人单位。

对于劳动者可即时解除劳动合同的上述情形，劳动者无须支付违约金，用人单位应当支付经济补偿。

（五）违反劳动合同的法律责任

违反劳动合同的法律责任是指一方当事人违反劳动合同给对方造成损失时应承担的法律后果。

1. 劳动者的赔偿责任

《中华人民共和国劳动合同法》第九十条规定：“劳动者违反本法规定解除劳动合同，或违反劳动合同中约定的保密义务或竞业限制，给用人单位造成损失的，应当承担赔偿责任。”劳动者的赔偿责任主要有以下几点：

1）劳动合同被确认无效，给用人单位造成损失的，有过错的劳动者应当承担赔偿责任。

2）劳动者违反劳动合同中约定的保密义务或者竞业限制，劳动者应当按照劳动合同的约定向用人单位支付违约金。给用人单位造成损失的，劳动者应当承担赔偿责任。

3）劳动者违反劳动合同法规定解除劳动合同，给用人单位造成损失的，应当承担赔偿责任。

4）劳动者违反培训协议，未满服务期解除或者终止劳动合同的，或者因劳动者严重违纪，用人单位与劳动者解除约定服务期的劳动合同的，劳动者应当按照劳动合同的约定，向用人单位支付违约金。

2. 用人单位的赔偿责任

用人单位对劳动者的赔偿责任主要有以下三个方面：

（1）用人单位订立劳动合同违法的法律责任

1）用人单位自用工之日起超过1个月不满1年未与劳动者订立书面劳动合同的，应当向劳动者每月支付2倍的工资。

2）用人单位违反规定不与劳动者订立无固定期限劳动合同的，自应当订立无固定期限劳动合同之日起向劳动者每月支付2倍的工资。

3）用人单位违反规定，以担保或者其他名义向劳动者收取财物的，由劳动行政部门责令限期退还劳动者本人，并以每人500元以上2 000元以下的标准处以罚款，给劳动者造成损害的，应当承担赔偿责任。

（2）用人单位履行劳动合同违法的法律责任

用人单位的下列情形之一的，由劳动行政部门责令限期支付劳动报酬、加班费或经济补偿；劳动报酬低于当地最低工资标准的，应当支付其差额部分，逾期不支付的，责令用人单位按应付金额50%以上，100%以下的标准向劳动者支付赔偿金：

1）未按照劳动合同的约定或国家规定及时足额支付劳动报酬的。

2）低于当地最低工资标准支付劳动者工资的。

3）安排加班不支付加班费。

4）解除或者终止劳动合同，未依照法律规定向劳动者支付经济补偿的。

（3）用人单位违法解除和终止劳动合同的法律责任

1）用人单位违反《中华人民共和国劳动合同法》规定解除或终止劳动合同的，应当依照《中华人民共和国劳动合同法》规定的经济补偿标准的2倍向劳动者支付赔偿金。

2）劳动法依法解除或终止劳动合同，用人单位扣押劳动者档案或其他物品的，由劳动行政部门责令限期退还劳动者本人，并以每人500元以上2 000元以下的标准处以罚款，给劳动者造成损害的，应当承担赔偿责任。

3. 连带赔偿责任

连带责任是我国民事立法中的一项重要的民事责任制度，其目的在于补偿救济，加重民事法律关系当事人的法律责任，有效地保障当事人的合法权益。用人单位招用与其他用人单位尚未解除或终止劳动合同的劳动者，给其他用人单位造成损害的，应当承担连带赔偿责任。个人承包经营者违反《中华人民共和国劳动法》规定招用劳动者，给劳动者造成损害的，发包的组织与个人承包经营者承担连带赔偿责任。

在商业竞争日趋激烈的今天，优秀的员工越来越成为企业维持生存、保持竞争优势的关键所在。这些员工在其他单位任职期间所获知的劳动技能、客户资源，甚至商业、技术秘密都已成为一种重要的资源，因此，恶意挖人成为一些企业提升竞争力的一种捷径。虽然《中华人民共和国劳动合同法》并未明文禁止劳动者的兼职行为，但是用人单位雇用这种与其他用人单位尚未解除劳动合同的劳动者，侵害到其他用人单位的利益，作为实际利益的获得者，应当对此承担连带赔偿责任。因为这种行为扰乱了市场正常的竞争秩序，侵害了其他单位的权益。劳动合同法应对用人单位的这种行为予以规范，以维护正常的市场秩序，促进劳动关系的和谐发展。

该项法律责任的构成要件包括以下三点：

1）用人单位有招用与其他用人单位尚未解除或终止劳动合同的劳动者的行为，即用人单位招用劳动者时，该劳动者与其用人单位仍存在劳动关系。

2）用人单位招用劳动者对其原用人单位造成损失。

3）用人单位招用劳动者的行为与其原用人单位的损失之间存在因果关系。

原用人单位既可以同时请求该用人单位和劳动者承担赔偿责任，也可以任意选择该用人单位或劳动者先行承担赔偿责任。无论该用人单位是否存在过错，只要该用人单位存在招用与其他用人单位尚未解除或终止劳动合同的劳动者的行为，且因该行为对原用人单位造成损失的，该用人单位就应当对其损失承担连带赔偿责任，而不论该用人单位是否知道其招用的劳动者与其他单位尚未解除或终止劳动合同。

第二节　劳动保护和安全卫生

一、工资制度

工资是指用人单位依据国家有关规定和劳动关系双方的约定，以货币形式支付给员工的劳动报酬，如月薪酬、季度奖、半年奖、年终奖。但依据法律、法规、规章的规定，由用人单位承担或者支付给员工的下列费用不属于工资：社会保险费、劳动保护费、福利费、用人单位与员工解除劳动关系时支付的一次性补偿费、计划生育费，以及其他不属于工资的费用。

在政治经济学中，工资本质上是劳动力的价值或价格，是生产成本的重要组成部分。工资主要有计时工资、计件工资、奖金、津贴和补贴、延长工作时间的工资报酬和特殊情况下支付的工资等形式。《中华人民共和国劳动合同法》对工资做出了以下规定：

1）工资应当以法定货币方式按月支付，不得以实物及有价证券替代货币支付。

2）用人单位支付给劳动者的工资不得低于当地最低工资标准。最低工资是指劳动者在法定工作时间内履行了正常劳动义务的前提下，由其所在单位支付的最低劳动报酬。最低工资不包括延长工作时间的工资报酬，以货币形式支付的住房补贴和用人单位支付的伙食补贴，中班、夜班、高温、低温、井下、有毒、有害等特殊工作环境和劳动条件下的津贴，国家法律、法规、规章规定的社会保险福利待遇。最低工资的具体标准由各省、自治区、直辖市人民政府规定，报国务院备案。

3）用人单位不得克扣或无故拖欠劳动者的工资。用人单位无故拖欠劳动者工资的，由劳动保障行政部门责令支付劳动者的工资报酬，并加发相当于工资报酬25%的经济补偿金，并可责令用人单位按相当于支付劳动者工资报酬、经济补偿金总和的1～5倍支付劳动者赔偿金。用人单位拒不支付劳动报酬还有可能触犯《中华人民共和国刑法》，需要承担刑事责任，最高可以判处7年有期徒刑。无故拖欠工资是指用人单位无正当理由超过规定付薪时间未支付劳动者工资。但是，以下几种情况不属于无故拖欠工资：

①用人单位遇到非人力所能抗拒的自然灾害、战争等原因，无法按时支付工资。

②用人单位因生产经营困难、资金周转受到影响，在征得本单位工会同意后，可暂时延期支付劳动者工资，延期时间的最长限制可由省、自治区、直辖市劳动行政部门根据各地情

况确定。

二、工作时间和休息休假

我国实行劳动者每日工作时间不超过 8 小时、每周工作时间不超过 44 小时的标准工作制。用人单位由于生产经营需要，经与工会和劳动者协商后可以延长工作时间，一般每日不得超过 1 小时；因特殊原因需要延长工作时间的，在保障劳动者身体健康的条件下延长工作时间每日不得超过 3 小时，每月不得超过 36 小时。用人单位不得违反规定延长劳动的工作时间。

休息时间是劳动者按法律规定不必从事生产和工作，而由自己自行支配的时间。用人单位应当保证劳动者每周至少休息 1 日。休假是休息时间的一部分，指除公休日休息之外的休息时间。我国规定的休假时间有法定节假日、带薪年休假、探亲假、产假、婚丧假。

三、劳动安全卫生

"劳动安全卫生"一词有广义和狭义两种解释。

广义的劳动安全卫生是指劳动者在劳动过程中应当享受各种适宜的劳动条件和卫生条件。狭义的劳动安全卫生是指对劳动者在劳动过程中生命安全与身体健康的保护。具体讲，劳动安全指生产劳动过程中，防止危害劳动者人身安全的作业和急性中毒事故；劳动卫生指生产劳动环境合乎一定标准的卫生条件，防止有毒有害物质危害劳动者健康。

我国制定劳动安全卫生法的目的和出发点，在于保护劳动者在劳动过程中的安全和健康，以促进现代化生产技术的不断发展。因此，其重要意义在于以下两个方面：

1）保障劳动者在劳动过程中的人身安全检查和健康。在劳动过程中，客观上存在各种不安全、不卫生的因素，只有采取了相应的防护措施，才能有效地防止伤亡事故，避免有毒有害物质的危害。

2）改善劳动条件，促进现代化生产技术的发展。我国劳动安全卫生法规要求在劳动过程中，采取各种措施改善劳动条件，其中采用先进技术，改进技术设备，实现劳动生产过程的机械化、自动化和密闭化是加强劳动保护的重要措施之一。因此，随着生产技术的高度现代化，不仅可以改善劳动条件，减轻劳动强度，而且能够促进劳动生产率的大幅提高。

《中华人民共和国劳动法》对劳动安全卫生做出一系列明确规定，主要内容如下：

1）用人单位必须建立健全劳动安全卫生制度，严格按照国家安全卫生规程和标准，对劳动者进行劳动安全卫生教育，防止劳动过程中的事故，减少职业危害。

2）劳动安全卫生设施必须符合国家规定的标准。新建、改建、扩建工程的劳动安全卫生设施必须与主体工程同时设计、同时施工、同时投入生产和使用。

3）用人单位必须为劳动者提供符合国家规定的劳动安全卫生条件和必要的劳动防护用品，对从事有职业危害作业的劳动者应当定期进行健康检查。

4）劳动者在劳动过程中必须严格遵守安全操作规程。劳动者对用人单位管理人员违章指挥、强令冒险作业，有权拒绝执行；对危害生命安全和身体健康的行为，有权提出批评、检举和控告。

四、对女职工和未成年工的特殊保护

加强对女职工与未成年工的特殊保护，关系到中华民族的兴旺发达和民族优秀体质的延续。我国劳动法规，对女职工和未成年工的保护做了特殊规定，这是由其身体条件和所承担任务的特殊性决定的，对他们的特殊保护直接涉及我国民族的整体素质和繁衍水平以及下一代职工队伍的健康成长。

1. 对女职工的特殊保护

女工特殊保护是根据妇女身体结构、生理机能的特点以及抚育子女的特殊需要，在劳动方面对妇女特殊权益的法律保障。

根据《中华人民共和国劳动法》和《女职工劳动保护规定》，女职工特殊劳动保护主要包括以下内容：

1）根据女工的生理特点安排就业，实行同工同酬。

2）禁止女工从事特别繁重的体力劳动和有损健康的工作。

3）建立健全对女工“五期”保护制度。“五期”保护是指女工在经期、孕期、产期、哺乳期、更年期给予特殊保护。

4）定期进行身体检查，加强妇幼保健工作。

2. 对未成年工的特殊保护

未成年工的特殊劳动保护是指根据未成年工身体发育尚未定型的特点，除改善一般劳动条件以外，需要在工作时间、工作场所等方面给予全心全意的特殊保护。

在我国，未成年工是指年满16周岁未满18周岁的劳动者。对未成年工的特殊劳动保护规定如下：

1）就业年龄的限制。我国法律规定，严禁一切企业招收未满16周岁的童工，乡镇企业、私营企业和个体工商户也不例外，对违反者要严肃查办。

2）工作时间的限制。对未成年工应缩短工作时间，禁止安排他们做晚班或加班加点。

3）工种的限制。禁止安排未成年工从事矿山井下、有毒有害、国家规定的第四级体力劳动强度的劳动和其他禁忌从事的劳动。

第三节 社会保障制度

一、社会保障

社会保障是指国家或社会对劳动者在生育、年老、工伤、待业、残废等客观情况下给予物质帮助的一种法律制度。社会保障是现代社会保障制度的一部分，它通过国家立法，强制征集专用资金用于保障劳动者在丧失劳动能力和劳动机会时的基本生活需求。社会保障既不同于社会救济，也不同于职工工资。

在现代社会中，社会保障发挥着越来越重要的作用。

1. 社会保障是劳动力再生产的必要条件

劳动者一生中，生、老、病、死、伤、残、失业在所难免。社会保障为暂时或永久丧失劳动能力者及其家属提供物质帮助，解决他们的生活困难，保证或改善他们的日常生活水平，使他们能够生息和繁衍。如医疗保障，职工伤病得到及时医治，使患者能早日康复，使劳动力再生产得以正常进行；又如对女职工生育给予医疗、产假、产假工资等生育保障待遇，既保证了女职工本人的身体恢复，又为繁衍、哺育后代提供了基本保障；再如对职工的遗属（供养的直系亲属）进行抚恤，也使劳动力再生产得到保证。

2. 社会保障是提高劳动生产率、促进经济发展的重要条件

建立社会保障制度后，职工丧失劳动能力时，生活上就有了保障，因而解除了职工的后顾之忧，这对于调动职工的生产积极性，提高劳动生产率起着重要的作用。

3. 社会保障对社会的安定具有重要作用

社会保障集聚了企业（单位）、个人和国家的经济力量，建立了必要的社会保障基金，对丧失劳动能力和暂时失去工作的劳动者给予物质帮助，保证他们的基本生活，有助于消除社会不安定因素，使国家政权更加巩固。比如，我国职工的养老保障制度使数以千万计的退休职工老有所养、老有所医，不仅稳定了退休职工队伍，而且也稳定了在职职工队伍。因此，社会保障对保障社会安定、国民经济的发展具有重要的作用。

二、社会保障原则

社会保障所遵循的原则如下：

1. 风险分担互助互济

所谓风险分担，是指劳动者丧失劳动能力时，不是由个人，也不是由某个企业来负担“风险”所需资金，而是由个人、企业单位和国家共同承担。所谓互助互济，是指由国家、社会、个人共筹社会保障基金，并调剂使用。它通过收入再分配，并由社会保障机构将筹集的保障基金，对丧失劳动能力的人，打破地区之间、人员年龄之间、单位之间的界限，进行重新分配，分配的数额和标准依法确定，由国家予以保障，具有一定的稳定性。

2. 权利与义务相统一

先尽义务，后享权利。就是说，社会保障待遇的享受者和其所在企业（单位），只有按国家（或地方政府）规定的条件参加并缴纳了保险费，当被保险者符合规定的条件时，才有权利享受社会保险待遇。

3. 统一立法，强制实施

社会保障是国家法律规定的一项保护劳动者权益的制度。由于社会保障制度关系到每个劳动者的切身利益，关系到国家的经济发展和社会安定，因此由国家制定法律建立社会保障制度，强制实施，并由专门的社会保障机构集中管理，协调好各方面的关系。

三、社会保障待遇种类及其主要的内容

根据《中华人民共和国劳动法》及其他有关社会保障法规的规定，我国当前实施的社会保障待遇包括以下几项：

1. 养老保险制度

根据1997年7月16日《国务院关于建立统一的企业职工基本养老保险制度的决定》，养老保险制度改革主要内容如下：

1）企业缴纳基本养老保险费的比例，一般不得超过企业工资总额的20%。个人缴纳基本养老保险费的比例，1997年不得低于本人缴费工资的4%，1998年起每两年提高1个百分点，最终达到本人缴费工资的8%。

2）按职工缴费工资11%的数额为职工建立基本养老保险个人账户，个人缴费全部记入个人账户，其余部分从企业缴费中划入。

3）本决定实施后参加工作的职工，个人缴费年限累计满15年的退休后按月发给基本养老金。

2. 医疗保险制度

根据1994年4月14日国家体改委、财政部、劳动部、卫生部颁发《关于职工医疗制度改革的试点意见》，职工医疗制度改革的主要内容如下：

1）职工医疗保险费用由用人单位和职工个人缴纳。用人单位缴费比例，不超过职工工资总额10%的由省级人民政府决定；超过职工工资总额10%的，由省级人民政府审核后，报经国家财政部批准。

2）建立社会统筹医疗基金和职工个人医疗账户相结合的制度。用人单位为职工缴纳的医疗保险费用的大部分（不低于50%）和职工缴纳的医疗保险费用，记个人医疗账户，用于支付个人的医疗费用。

3）建立对职工个人的医疗费用制约机制，减少浪费。职工就医，医疗费用首先从个人医疗账户支付；个人医疗账户不足支付时，先由职工自付，再从社会统筹医疗基金中支付，但个人仍要负担一定比例。

3. 工伤待遇

职工因工伤残或患职业病享受工伤保障待遇。因工负伤或患职业病的职工，其医疗费、住院费、就医路费，全部由单位负担，住院医疗期间的膳食费由单位补助2/3，医疗期间工资照发；因工伤残的职工，经过医院证明完全丧失劳动能力的，按退休处理；饮食起居需要人扶助的，按本人工资的90%发给退休费，并根据实际情况发给一定数额的护理费；饮食起居不需要人扶助的，按本人工资的80%发给退休费；属于部分丧失劳动能力者，由单位安排适当工作，并根据伤残等级发给伤残金。

4. 失业待遇

我国当前实行失业保障的范围，限于国有企业职工的以下情况：宣布破产企业的职工，濒临破产企业在法定整顿期间被精简的职工，企业终止、解除劳动合同的工人，企业辞退的职工，经批准的关停企业精减的职工。失业者在当地劳动部门进行失业登记，并由政府每月提供最低生活保证金。

此外，《中华人民共和国劳动法》还规定，劳动者死亡后，其遗属依法享受遗属津贴。劳动者享受的社会保险金必须按时足额支付。

应当指出的是，我国的各项改革正在深化，社会主义市场经济体制尚在逐步建立，全国统一的社会保障法也在制定过程中。因此，目前的社会保障主要根据有关的单位的规定、条例执行。由于各个企业经营状况不同，经济效益差别很大，因而各项保障费用的实际标准及支付情况也不一样，这种情况短时间不可能改变。只有等待将来全国统一的社会保障制度真正健全了，这个问题才能彻底解决。

第四节　劳动争议的处理

劳动争议又称劳动纠纷，是指劳动者与用人单位因执行劳动法律、法规和履行劳动合同、实现劳动权利和利益、履行劳动义务而发生的争执。

劳动纠纷是现实中较为常见的纠纷。劳动纠纷的发生，不仅使正常的劳动关系得不到维护，还会使劳动者的合法利益受到损害，不利于社会的稳定。

根据《中华人民共和国劳动法》的规定，我国劳动争议的处理方式有以下四种：

一、协商解决

协商解决是指通过协商的方式自行和解，是双方当事人应首先选择的解决争议的途径，同时也是在解决争议过程中可以随时采用的。协商解决是以双方当事人自愿为基础的，不愿协商或者经协商不能达成一致时，当事人可以选择其他方式解决。

二、企业调解

企业调解是指双方当事人可以选择向企业劳动争议调解委员会申请调解的处理方式。这种调解实行自愿原则，具体体现在两个方面：一方面是只有在双方当事人都同意由企业劳动争议调解委员会处理该争议时，调解委员会才能受理该案件；另一方面是当事人可以不经过调解而直接申请仲裁。此外，由于调解委员会主要由企业代表和工会代表组成，因而，当工会与企业因履行集体合同发生争议时，不适合向调解委员会申请调解，当事人应直接申请仲裁。

三、申请仲裁

若经企业调解委员会调解后，双方仍然达不成协议，当事人一方或双方均可向当地劳动争议仲裁委员会申诉。当事人也可以不经企业调解委员会处理而直接申请仲裁。需要注意的是，因为处理签订集体合同发生的争议缺乏法律依据，所以，这类争议是由劳动保障行政部门会同有关方面进行协调处理，不可以申请仲裁。除这种争议以外，对于其他争议而言，劳动争议仲裁是强制性的必经程序。也就是说，只要有一方当事人申请仲裁，且符合受案条件，仲裁委员会即予受理；当事人如果要起诉到法院，必须先经过仲裁，否则人民法院将不予受理。

四、提起诉讼

当事人如果对劳动争议仲裁委员会的仲裁裁决、不予受理仲裁决定或通知书不服，可以在规定的时限内向当地基层人民法院起诉。法院由民事审判庭依据民事诉讼程序对劳动争议案件进行审理，实行两审终审制。法院审判是处理劳动争议的最终程序。

第三篇

创业篇

第十三章　创业基本知识

【学习导入】

“创业教育，将成为21世纪现代人的第三本教育护照。”联合国教科文组织“面向21世纪教育国际研讨会”指出，21世纪的青年除了接受传统意义上的学术教育和职业教育外，还应当拥有第三本教育护照——创业教育。

权威数据显示，21世纪全世界将有50%大中专学生走上自主创业道路，年轻人将成为未来创业的主体。受全球经济发展影响，我国目前也处于创业活跃期，平均每百人中有12.3人在创业。这些创业者的面孔也正日趋年轻，越来越多的大学毕业生加入自主创业大军中，成为创业洪流中最引人注目的亮点。

大学生创业者缺乏必要的能力和相应的经营管理知识是一个不争的事实。理想能否变为现实，年轻的创业者怎样才能实现心中的光荣与梦想？在这个充满创业激情的年代，创业教育在“象牙塔”中应运而生。

以前我们对学生进行的是就业教育和指导，告诉他们应该掌握哪些职业技能，培养哪些职业素养，但是今天，高校对学生的教育不能再仅仅局限于就业教育，还应当拓展到以创造、创新、创业为主题的创业教育。

大学毕业生的就业问题，近年来已成为各类院校一个不可回避的现实问题。把创业教育引入高校教研工作，这一全新的课题无疑有着重大的现实意义。

从择业教育到创业教育，这是就业观念上的一个重大转变。走自我创业之路，从长远来看也是将来大学毕业生的一种重要选择。在一些经济发达的西方资本主义国家，很多大学毕业生从学校毕业后就直接走上独立创业之路。例如，美国有“硅谷之父”之称的威廉·休莱特，在他的母校斯坦福大学工学院的恩师特曼教授的鼓励下，一毕业就向银行贷款1 000美元成立了惠普公司。“雅虎”的杨致远与费罗，读博士期间在一学校的拖车里成立了自己的工作室，毕业后在写字楼租了办公室正式成立了自己的公司。长期位居世界首富的“微软公司”总裁比尔·盖茨，更是大学没读完就出来自己创业。诸如此类的例子还有很多，这说明并非每个人都非得先在别人的公司里打上十年八年的工，然后才能出来创业。尤其是在当今的知识经济时代和市场经济时代，直接将“智本”转化为“资本”的可能性更是大大增加。

对于刚刚走出校门的大学生来说，创业毕竟不是说干就能干的事，必须具备一定的条件。一方面，敢于独立创业的人，应该说综合素质都比较高，这就要求他们在校期间学会过硬的本领。另一方面，高校应该增加创业教育的课程，把创业教育当作一个重要的教研课题来对待。作为一门特殊的课程，创业教育不再是过去理论课那种“纸上谈兵”，而需要提供实践机会让学生“真刀真枪”地去干。

创业教育的内容，应该围绕独立创业这一课题来进行。从理论上说，应该让学生了解创业需要具备哪些基本的条件，尤其要教会学生树立明确的风险意识，使他们懂得规避风险的重要性。不同的行业在创业的过程中，会遇到不同的情况，可以结合古今中外历史上许多成功人士的实例，和学生进行分析研究。创业教育要培养学生坚韧的创业精神。例如，日本"松下电器"的创始人松下幸之助，不但在创业过程中积累了丰富的经验，而且还把他的管理经验写成了一本本的专著，理论与实践相结合，可以作为创业教育重要的参考教材。

第一节　创业概述

一、什么是自主创业

创业，是人们开创事业的活动，是一个发现和捕捉机会并由此创造出新颖的产品、服务或实现其潜在价值的过程，它包括创业者、创业环境、创业机会和创业模式四大要素。

自主创业是近几年兴起的一种创业模式，是大学毕业生不向社会寻求工作，而是自己利用所学的科学文化知识和专业技能，以自筹资金、技术入股、寻求合作等方式创立新的就业岗位的创业模式；或者说毕业生不做现有就业岗位的竞争者，而是自谋职业，通过创立公司、开办企业等个体性行为为自己、为社会更多的人创造就业机会的创业活动。高职学生与社会力量合作，与同学合作业，不仅是一种可能，而且是国家鼓励的一种从业方式。在全国建设小康社会的进程中，随着社会主义市场经济的发展，国家为高校毕业生自主创业提供了越来越有利的条件。信息产业的发展，使人们获取市场信息的渠道更加快捷便利；科学技术的日新月异、市场经济的迅速变化、人们生活节奏的日益加快，使高职学生的创业机会日益增多。

高职学生的自主创业类型包括技术创业型、利用技术创业型、利用创新思想创业型等。技术创业，即创业者本人在某专业领域具有一定的技术成果或技术特长，充分利用其技术特长开发产品、自主创业。利用技术创业，即创业者具有一定的管理知识，对新技术较为敏感，充分利用管理知识，采用新技术，通过管理创新或利用他人的技术自主创业。利用创新思想创业，即创业者利用企业运作、营销策略等方面新颖的想法，带来经营上成功的自主创业。资本市场的发育成熟，使得从就业到创业、从投入到回报所花费的时间缩短。融资渠道的增多、国家政策的扶持，也使得某些领域创业增加，创业行为将更加普遍。创业者在形成了基于市场需求的创业构思之后，往往会积极寻求技术掌握者或管理者的合作，从而形成创业团队。这一方式更多地适用于毕业生在某些领域的创业活动。

高职学生也接受了较为完整的高等教育，运用所学知识创业，不但可以解决自己的就业问题，而且可以为他人创造就业机会，有利于个人发展和经济社会的发展。国家就业政策鼓励高职学生自主创业，为社会提供新的就业岗位。中国需要一批大学生投入创业活动，用自己的热情和智慧去带动产业的发展。目前，由大学生创办的民营经济已经形成了一定的规模，并为社会提供了一定的就业机会，给国家和社会创造了新的财富。

从择业到创业是高校毕业生就业观念的一个大转变。在大学生创业领域，既需要勇于开拓、挺立潮头的弄潮儿，也需要大量在求职就业过程中分流汇聚而来的同道者。有的人在求职过程中，由于各种原因暂时难以找到合适的职业岗位，这时，更需要树立自强自立、艰苦创业的就业观念，积极进取、自愿自谋职业，走自主创业之路。

二、高职学生为什么选择自主创业

随着高校连年扩招，大学生数量迅速增加，高校毕业生所面临的就业压力越来越大。长期以来，人们普遍存在重学历教育、轻职业教育，重学历文凭、轻职业技能的传统观念，使得高职生面临的就业压力更大。面对这种形势，高职学生选择自主创业既可以为自己寻找出路，又可以为社会减轻就业压力。当前，想自主创业的人并不少，他们这方面的意识越来越明显。这些高职学生不再依赖家长、学校，而是主动寻找发展机遇。比尔·盖茨、张朝阳等人的名字在大学生中并不陌生，他们已经成为许多大学生所崇拜的偶像，他们的创业故事也为同学们津津乐道。作为偶像，这些人的经历给大学生提供了自主创业的经典模式，许多高职学生怀着对未来的美好愿望，希望自己有一天也能像他们一样成就一番事业、出人头地。另外，很多高职学生还认为，创业本身就是一种职业，并且处在职业的高峰，它可以给自己一片更广阔的天地。在今后的社会中，自主创业的人会越来越多，甚至成为个人职业发展的主流，成为高职学生毕业后职业生涯的首选。

高职学生虽然没有很多钱，但他们有的是精力、时间和智慧，所以也具有自己的独特优势。关于在校高职学生创业的好处，大家认可的有以下几方面：

1）边学习边自主创业，有效地消化和运用在学校所学的理论知识，让自己对所学知识和技能理解更深刻，打下的基础更牢固。

2）在与社会的接触和自主创业的过程中，会更加清楚应该学习什么，还有哪些理论知识不足，然后明确自己以后的行动。趁自己还在学校，要努力地去学习和研究，毕业后，才能最好最快地投入工作。

3）可以多交朋友，认识更多的创业伙伴，更广泛地接触和认识社会。

4）认清高职学生在校时有极强的团体力量，社会的接受和认可比毕业时还强。所以，现在就应该利用这些力量为创业创造条件，为社会创造利益。

5）一边学习，一边做事。工作有工资，年终有分红。做事心情好，努力有回报。

6）毕业后，别的人正在努力找工作，你却是一家小公司的老板了，不仅解决了自己的就业问题，而且为社会创造了就业岗位。

7）在以经济建设为中心的大环境中，工资待遇是不得不考虑的一个重要因素，自主创业可能会带来良好的经济效益。

8）替别人打工不如为自己打工。大部分选择自主创业的学生都是抱着这种心态：一方面认为从事属于自己的事业做起来会更有工作激情、更投入，从而更容易成功，而且这种成功是属于自己的；另一方面，就算失败，也是自己造成的，不会去怪别人，不会感到遗憾。

9）实现自我价值。一些自我意识很强的学生选择自主创业是为了通过这一途径来证明自己的能力。在一些单位，由于制度的约束，人们无法按照自己的想法做事，创业可以有一个空间来发挥自己的才能，来实现自我价值，并得到社会的认同。

10）无奈之举：当然，找不到工作也是一些毕业生选择创业的一个原因，特别是由于高校连年扩招，大量的毕业生涌向人力资源市场，一些人必然要面对的问题就是找不到工作或是短时间内找不到合适的工作，在这种情况下，选择创业也是一种无奈之举。

11）时间自由。对很多人来说，时间上的自由可以说是最大的动力。具有约束性的8小时工作时间不是每个人都能适应的，如果自己创业，时间的掌握上就比较自由一点，这也是现在出现自由职业者的原因。因为这个原因，选择创业的学生都认为自我空间很重要，没有必要没有事都得守在单位里浪费时间，可以做更多自己想做的事情。

第二节　大学生创业现状及意义

一、大学生创业现状

大学生创业，有梦想，有激情，然而真正能够生存下去，稳定经营，持续发展的却寥若晨星。其原因是多方面的：创业者缺乏必要的创业和相应的经营管理知识；创业环境不够成熟，尽管近两年国家出台了一系列鼓励大学生创业的优惠政策，但这些政策和配套措施尚未真正落到实处；社会还缺乏可以为大学生创业提供专门咨询和服务的机构和部门；资金缺乏也是毕业生创业面临的现实问题。

根据中国人民大学发布的《2016年中国大学生创业报告》显示，有近90%的我国在校大学生有创业的意向，20%有强烈的创业意向，其主要的创业领域涉及餐饮、农业、信息技术、文化等。这一现象说明创业文化已经在中国的大学生群体中留下了很深的印记，同时，近年来中国各大高校一直致力于培养校园中的创业氛围，对在校大学生进行创业教育培养，起到了积极作用。报告中还提到，随着毕业生逐年增多，选择毕业后自主创业的大学生的人数也在一直增加。

二、大学生创业的意义

大学生创业具有很高的价值，从事创业活动是一件非常光荣的事。党的十九大报告指出，要“提供全方位公共就业服务，促进高校毕业生等青年群体、农民工多渠道创业就业。破除妨碍劳动力、人才社会性流动的体制机制弊端，使人人都有通过辛勤劳动实现自身发展的机会”，具有强烈的时代感，为解决我国的就业问题与可持续发展问题提供了一种新思路。大学生具有较多的知识与技能，肩负着崇高的历史使命，应该响应时代的召唤，成为创业的主力军，奏出创业的伟大乐章。

随着中国加入WTO、国企改革的深入和西部大开发的进程，大学生毕业志向和就业趋势将更加呈现出多样化和自主化。高校毕业生创业也将成为解决日趋严峻的社会就业问题的途径之一，鼓励并帮助大学毕业生创业，对于增强民族的自信、繁衍民族生命力、增强国家核心竞争力都将有重要意义。

高校对学生的教育不能仅仅局限于就业教育，还应当拓展到以创造、创新为主题的创业教育。自谋职业，自主创业，不仅可以为国分忧，为社会献力，而且也有利于体现自身价值，实现个人理想，特别是当前，国家的改革环境、经济环境都非常需要创业，也非常有利于创业。

大学生创业兴起于20世纪80年代的美国，硅谷大批“学生”的成功创业有力地刺激和推动了美国经济的发展，创业教育也在此时受到了前所未有的关注。长期以来在我国大学校园里创业教育严重缺失。传统教育模式中学生被过分地强调对书本知识的理解和掌握，从而造成学生对社会经济发展与就业需求关注不够的现状。随着近年来高校毕业生人数的增加，越来越多的学生面临就业问题。当一些学生转变观念，选择创业时，却发现他们缺乏必要的知识和足够的心理准备。创业教育缺席，第一推动力不足，目前这一问题已经引起各高校有关部门的高度重视。

第三节　创业相关知识与准备

对打算创业的大学生来说，了解创业所涉及的相关实务知识和国家鼓励支持大学生创业相关政策及创业经济法律等知识，才能走好创业的第一步。

一、创业实务知识

（一）工商税务知识

1. 工商登记

工商登记是国家对生产经营者所行使的管理职能之一，也是生产经营者确认自身合法地位的法律程序。生产经营者为了保护自己的合法权益，必须在法律上明确其地位，从而在法律的保护下从事正常的生产经营活动。

申请开办公司的，应先提交开办公司的申请报告。申请报告应写明开办公司的宗旨、公司的名称、地址、组建负责人的姓名、公司的性质、生产经营范围、生产经营方式、公司资金总额、职工人数、筹建周期以及其他需要写入的内容。

工商登记审批程序的最后一个环节就是领取营业执照。

工商行政管理机关在审查核实的基础上，填写营业执照或企业法人营业执照，由主管领导签署意见并记录在案，同时出具标准登记通知书，通知被核的人员或公司。生产经营者领取营业执照后，即标志着已取得了合法的生产经营资格；如果开办的是公司，在接到标准通知后，法定代表人到登记主管机关领取执照，并由公司法定代表人履行签字备案手续。公司自领取营业执照之日起即宣告成立，标志着公司取得了法人资格，同时也取得了公司名称专用权和生产经营权，公司的合法权益受国家法律保护，也确定了必须承担国家法律规定的义务和责任。

2. 税务登记

守法经营、依法纳税是每个公民应尽的义务。为了保证生产经营活动顺利开展，生产经营者应在领取营业执照之日起 30 日内到税务机关进行税务登记。

税务登记的内容主要包括工商户的名称、地址、经济性质、主管部门、生产经营范围、经营方式、资金状况、工商行政管理部门的工商登记证照号码、开户银行及账号等。

3. 金融知识

创业所从事的生产经营活动一旦开始运营，就需要每时每刻与资金打交道；离开了钱，生产经营活动将寸步难行。企业每天购买原料、卖出产品、发放工资、缴纳税款、支付利息等，都必须与资金打交道。怎样从银行借钱？怎样才能合理地使用资金？怎样才能有效地回避风险？这就要求创业者掌握同银行及保险部门打交道的基本知识，利用现代化社会发达的信用和保险制度为创业服务。

二、创业方向和形式的选择

（一）创业方向的选择

选择什么项目作为自己的创业方向（行业）呢？这是创业者创业之初首先要考虑的问题。一般对初次创业者来说应考虑以下因素：

1. 选择资金周转期短的行业

创业起步阶段，因为自己的资金有限，而且有限的资金要用于办理各种手续、购置固定资产、购买原材料等。因此，创业起步阶段选择的行业，其资金周转期要尽可能短一些。在确定创业项目之后，如果只有资本而无周转资金，创业经营就会困难重重，创业目标也难以实现。

2. 选择技术性要求不太高的行业

一般来说，在小资本创业初期，可以选择技术性要求不太高、资本需要量不大的行业。因为技术性要求过高往往对创业资本要求也比较高。

3. 选择成长性的行业

创业就是要使自己的事业不断发展壮大。一个成功的创业者所选择的创业行业应该是成长性行业。企业经营业绩比较好，而且逐年增长，甚至有高速发展的前景，这才是最有前途的投资创业行业。有发展前途的行业，既是对创业者的挑战，也能够给创业者以更多的回报。所以，在选择创业行业的时候一定要考虑所选行业的成长性。

（二）创业形式的选择

要想创业成功，可以根据自身的实际情况，选择最合适的创业形式。根据近几年大学生创业成功者的经验，创业形式一般有以下几种：

1. 开办自己的企业

开办自己的企业，从头做起，这是很多成就大业的创业者最常用的方法。从头开始虽然相对比较困难，但最大的好处是一张白纸可以描绘最新最美的图画。大学生创业，一人有限责任公司和有限责任公司是较为理想的创业选择形式。首先，大学生创业初期普遍存在资金短缺、融资渠道不畅、承担风险能力较弱等问题，而根据新的公司法，有限责任公司最低注册资金仅为3万元，这对很多创业者而言，并不是难事。其次，我国尚没有自然人破产制度，有限责任公司的股东以出资额为限对公司的债务承担责任，不像合伙企业那样要承担无限连带责任，因此一人有限责任公司和有限责任公司形式能对创业者起到“保护屏障”的作用。最后，面对未来，一人有限责任公司和有限责任公司的形式更有利于专业化管理，有利于把企业做强做大，更能满足大学生的创业欲望。

2. 合作经营

合作经营是利用原有的企业、公司等的场地、设备、技术、资金合作生产、加工某种产品。合作经营，可以节省大量的时间与精力，缩短创业周期，投入相对比较低。

3. 加盟特许经营

特许经营（连锁经营）是目前世界流行的生意模式：特许经营总部通常有一个成功的生意，并有标准的经营方式，可以像复印机一样复制，如肯德基、麦当劳、小肥羊、佐丹奴专营专销以及汽车、空调、彩电、摩托车等特约销售、维修等。虽然特许经营在目前还处于起步发展的阶段，但经过近几年的普及和推广，发展速度很快，一些知名品牌的特许经营体系中，网点规模增长很快，有的一年可以增长上百个网点，这说明社会上越来越多的人正加入特许经营的事业中。特许经营提供了一种低风险的双赢模式。特许经营成功的关键在于选择合适的特许经营系统。

4. 网络创业

网络创业将成为大学生就业新途径。网上就业在国外已成气候，光在美国eBay站点上就有43万人直接或间接就业。目前，我国已有超过5 000人在易趣网上直接就业。其中，1/3为自己创业的网店老板。在易趣网上万个网上店铺中，在校大学生开的“个人店铺”已达40%。教育部高教司负责人表示，良好的技术素质与理论知识是大学毕业生们实现网上就业的重要条件。网络创业无疑让面临就业压力的毕业生们多了一种选择。“人在家中坐，钱从网上来”的新就业方式正在向我们走来。

5. 自由职业者

自由职业者就是创业者通过设计、咨询、策划、计算机编程、写作、翻译等一些创造性的劳动或专业技术工作而获得报酬或利润。自由职业也是创业的一种形式。如果既想做老板，又不想太累，最好的途径就是做自由职业者。

由于科技的发展、社会经济格局的变化，自由职业者具有越来越强的生命力与影响力。据有关资料介绍，现在美国新创的小企业中，自由职业者占了30%左右，还将有上升的势头。在中国经济发达的地区，也有越来越多的人选择了这种创业形式。

世界已开始步入知识经济时代，企业的核心竞争力已不在于固定资产的多少，而在于掌握专业知识、高新技术和经验的程度、虚拟的企业在技术的支持下，可以大有作为。只有一个人的企业，可以有百万、千万的资产和营业额。自由职业者只有在知识密集型行业才适合其生存与发展。

成功的自由职业者很大程度上依赖于个人在业界的声誉与地位。由于其工作的特殊性，很难对其工作成果进行有效的评估，判断的标准只好借助个人的名气。有名气的人可以待价而沽，没有名气的人寸步难行。自由职业还必须有广泛的人际关系。

三、创业的相关政策法规

（一）经济法律知识

毕业生在创业中必然会遇到很多法律问题，而守法经营是每个生产经营者的基本要求，学会运用法律知识处理有关问题可以有效地避免损失，提高效益。这里着重介绍与创业密切相关的政策法规。

1. 个人独资企业

所谓个人独资企业，是指在中国境内设立的，由一个自然人投资、财产为投资人个人所有、投资人以其个人财产对企业债务承担无限责任的经营实体。它具有以下主要特征：

一个自然人投资，其财产为投资人个人所有。不仅企业初始的资产为投资人所有，而且企业成立后存续期间形成的所有财产，也归于投资人所有。

投资人以其个人财产为企业债务承担无限责任。这里包括三层意思：一是企业的债务全部由投资人承担；二是投资人承担企业债务的责任范围不限于出资；三是投资人对企业的债权人直接负责。

2. 合伙企业

所谓合伙企业，按照我国1997年8月1日起施行《合伙企业法》规定，就是在中国境内设立的由各合伙人订立合伙协议，共同出资，合伙经营，共享收益，共担风险，并对合伙企业债务承担无限连带责任的营利性组织。

设立合伙企业必须有合格的合伙人，且合伙人数应不少于2人，但由于合伙企业的合伙性质，合伙人相互之间的信任尤其重要，因此，在实践中合伙人人数不宜太多，一般不超过20人。

合伙人必须具有相应的民事能力，即为完全民事行为能力人，且能承担无限责任。限制行为能力人不得作为合伙人，无行为能力人更不得作为合伙人。所以，只有18周岁以上的人和已满16周岁未满18周岁但以自己的劳动收入为主要生活来源的人，才能作为合伙人。

3. 公司企业

按照我国的《公司法》，公司是指在中国境内设立的有限责任公司和股份有限公司。二者都是企业法人。

有限责任公司，是指股东以其出资额为限对公司承担责任，公司法人以其全部资产对公司的债务承担责任的经济组织。

股份有限公司，其全部资本为等额股份，股东以其所持股份为限对公司承担责任，公司以其全部资产对公司的债务承担责任的经济组织。

公司股东作为出资者按投入公司的资本额享有所有者的资产受益、重大决策和选择管理者等权利。公司享有由股东投资形成的全部法人财产权，依法享有民事权利，承担民事责任。

有限责任公司由50个以下的股东共同出资设立，设立时应当具备五个条件：一是股东符合法定人数；二是股东出资达到法定资本最低限额（注册资本应由股东一次全部缴足）；三是股东共同制定公司章程；四是有公司名称和符合有限责任公司要求的组织机构；五是有固定的生产经营场所和必要的生产经营条件。

股份有限公司可以采取发起设立和募集设立，设立股份有限公司应当具备六个条件：一是发起人符合法定人数；二是发起人认缴和社会公开募集的股份达到法定最低限额；三是股份发行、筹办事项符合法律规定；四是发起人制定公司章程并经创立大会通过；五是有公司名称和符合股份有限公司要求的组织机构；六是有固定生产经营场所和必要的生产经营条件。

（二）鼓励大学生创业的相关政策

大学生创业是个热门话题，大量事实表明，大学生不论是在校时创业，还是毕业后创业，政策是影响成败的重要因素之一。

2003年6月，国家工商总局下发《关于2003年普通高等学校毕业生从事个体经营有关收费优惠政策的通知》后，上海、天津、重庆、黑龙江、辽宁、吉林、安徽、江西、福建、广东、广西、陕西、甘肃、新疆等省、市、自治区纷纷出台了类似政策，后来又陆续出台了优惠贷款的政策，这些政策被概括为大学生创业优惠政策。纵观这些政策，我们把优惠概括为如下方面：

1. 注册登记优惠

一是程序简化。凡申请从事个体经营或申办私营企业的，可通过各级工商部门注册大厅优先登记注册。申请人只需提交登记申请书、验资报告等主要登记材料，可先予颁发营业执照，并在一定期限内按规定补齐相关材料。二是费用减免。除国家限制的行业外，工商部门自批准其经营之日起1年内免收其个体工商户登记费、管理费和各种证书费；对申办高新技术企业的，如资金确有困难，注册资本达不到最低限额的，允许分期到位；高校毕业生从事社区服务等活动的，一定期限内免予办理工商注册登记，免收各项工商管理费用。

2. 金融贷款优惠

一是优先贷款支持、适当发放信用贷款。对高校毕业生创业贷款，可由高校毕业生为借款主体，担保方可由其家庭或直系亲属家庭成员的稳定收入或有效资产提供相应的联合担保。对于资信良好、还款有保障的，在风险可控的基础上适当发放信用贷款。二是简化贷款手续。三是利率优惠。对创业贷款给予一定的优惠利率扶持，视贷款风险度不同，在法定贷款利率基础上可适当下浮或上浮。

3. 税费减免优惠

对新办的从事咨询业、信息业、技术服务业的企业或经营单位，对新办的独立核算的从事交通运输业、邮电通信业的企业或经营单位，对新办的独立核算的从事公用事业、商业、对外贸易业、旅游业、仓储业、居民服务业、饮食业、教育文化事业、卫生事业的企业或经营单位，对到“老、少、边、穷”地区新办的企业，可以免征或减征一定年限、比例的所得税。

4. 员工待遇优惠

一是员工聘请和培训享受减免费优惠。在一定时间内，可在有关网站免费查询人才、劳动力供求信息，免费发布招聘广告等。政府人事部门所属的人才中介服务机构免费为创办企业的毕业生、优惠为创办企业的员工提供培训、测评服务。二是社会保险参保有单独渠道。高校毕业生从事自主创业的，可在各级社会保险经办机构设立的个人缴费窗口办理社会保险参保手续。

以上就是大学生创业政策的主要内容，各省市自治区出台的政策虽然有些差异，但主体部分相差不是很大。

大学生创业政策的相继出台，体现了各级政府的重视，也使大学生创业有了良好的政策保障，这对推动大学生创业、正确引导大学生就业、促进社会的发展具有非常重要的作用和深远的意义。通过近几年实践的检验，我们也发现大学生创业政策还存在一些缺陷，需要进一步完善。

第四节 大学生创业能力的培养

一、创业能力

创业能力是一种能够顺利实现创业目标的特殊能力，是在创业实践中体现出来的影响创业实践活动效率、促使创业活动顺利进行的主体心理条件，具有较强的综合性和创造性。要想取得创业成功，除了具备强烈的创业意识和良好的创业心理品质，还必须培养和提高良好的创业能力。

（一）创业能力的特征

创业能力是能力中的特殊组成部分，除了具有一般能力的特征，还须具有自身的特征。

1. 强烈的社会实践性

创业活动不仅是内在的情感、意识活动，更重要的是外在的社会实践活动。创业能力的形成和发展与创业实践和社会实践紧密相连。只有在创业实践活动这一特定的时间与条件下，只有在创业实践活动提供的情境中，创业能力才能从无到有、从小到大、从弱到强地发展起来。

2. 高度的综合性

创业能力是一种以智力为核心、具有较高综合性的能力。创业能力结构的核心部分是智力，它包括观察力、注意力、记忆力、想象力、创造力等诸多能力；中间层次是由一般操作能力组成的多种特殊能力，主要是专业、职业等能力；表层部分是由一般能力和特殊能力组合形成的经营管理能力和各种综合性能力（如发现机会、把握机会、创造机会的能力，收集、处理、加工、利用信息的能力等）。综上所述，创业能力具有高度的综合性。

3. 突出的创造性

创业能力是一种具有突出创造性特征的能力。创业能力的创造性特征表现在创业实践活动的全过程。在市场经济不断发展、市场竞争日趋激烈的时期，要确保创业实践顺利圆满，就必须要求创业者具有创造性地提出问题和解决问题的能力。在这里，不仅需要逻辑推断和抽象思维的参与，也需要直觉思维和形象思维的参与；不仅需要集中思维，更需要发散思维。

4. 鲜明的个性

创业能力是在个性制约下形成并发挥作用的，也是与个性心理倾向和个性心理特征紧密联系在一起的。在创业能力发挥作用的过程中，性格又影响和制约着创业能力作用的发挥。

性格不同的人，使用能力和发挥能力的方式具有明显不同的特征。有的敢于冒险、有的擅长拼搏、有的巧于智取，等等。由此说明创业能力具有鲜明的个性。

（二）创业能力的构成

创业能力是由多种能力构成的，其中在创业实践中直接发挥作用的是专业技术能力、经营管理能力和综合性能力。

1. 专业技术能力

创业者是以服务或产品为社会做贡献的，必须具有一技之长，也就是说必须具有专业技术能力。专业技术能力作为一种创业能力具有以下功能：一是为创业者走向社会、投身于创业实践活动提供基本条件和手段；二是在一定条件下影响创业实践活动的效率；三是在一定的条件下，对高层次创业能力的有效发挥具有促进作用。纵观古今中外的创业者，他们均具有某一方面的专业知识和技能，有的甚至达到了精通的程度。从这个意义上说，专业技术能力是一种最基本的创业能力。

2. 经营管理能力

在创业能力中，经营管理能力是一种较高层次的能力。它从以下几个方面直接影响创业实践活动：一是它涉及创业实践活动中的每一个环节（规划、决策、实施、管理、评估、反馈等），影响创业实践活动的全过程；二是它涉及创业实践活动中人的选择、使用、组合和优化，并涉及群体控制的各个方面（如群体目标、群体内聚力、群体规范和价值等）；三是它涉及创业实践活动中资金的分配、使用、流动、培植等环节和过程，从而影响创业实践活动的规模和效益。所以，经营管理艺术就是资金的运筹艺术，而经营管理能力是创业能力的运筹性能力，直接提供效率和效益。

3. 综合性能力

在创业能力中，综合性能力是一种最高层次的能力，具有很强的综合性特征。首先，它是由多种特殊能力与经营管理能力综合而成的。这些特殊能力主要有发现机会、把握机会、利用机会和创造机会的能力，收集、处理、加工和运用信息的能力，适应变化、利用变化、驾驭变化的能力以及公关、社会活动能力，等等。这些特殊能力一旦与经营管理能力结合，就从整体上全方位地影响和作用于创业实践活动，使创业实践活动的方式和效率、效益产生根本性变化。

二、创业能力的培养

创业能力是指工资形式就业以外的“自我谋职”能力，这种能力与市场行为相结合，就是小型企业的建立，或者说是指一种能够顺利实现创业目标的特殊能力。创业能力的形成与发展始终与创业实践和社会实践紧密相连。创业能力是一种以智力为核心的具有较高综合性的能力，是一种具有突出的创造特性的能力。创业能力包括专业技术能力、经营管理和社交沟通能力、分析和解决实际问题的能力、信息接收和处理能力、把握机会和创造机会的能力方面。创业能力的培养途经包括：

1）通过学习增长知识、提高智力。创业者必须经过理论和实验的学习使自己成为“T”型知识结构人才，“T”型是用字母 T 来表示，上面的一横指知识的广博性，下面一竖指专业知识。具有“T”型知识结构的人也称为通才，创业者的知识结构应当是通才。

2）通过学习和实践增长才能。创业能力的获得和提高，除了通过课堂教学和自学等理论知识的学习来培养自己的创业知识和能力外，更应重视在实践中锻炼和培养。事物是多种多样、变化无常的，客观情况和环境也是复杂多变的，创业者必须重视实践活动，并在实践活动中积累经验、培养自己的分析判断、决策、交流、组织指挥能力等。

附：创业素质测评

美国的心理测验专家约翰·勃劳恩说：“创业的技巧虽然是学来的，但是具有某些素质的人占了先天的优势。”并非所有的人都具有创业的素质。心理社会学家认为，以下10类人不具备创业的素质：

1. 缺少职业意识的人。
2. 优越感过强的人。
3. 唯上是从，只会说“是”的人。
4. 偷懒的人。
5. 片面和骄傲的人。
6. 僵化和死板的人。
7. 感情用事的人。
8. “多嘴多舌”与“固执己见”的人。
9. 胆小怕事、毫无主见的人。
10. 患得患失又容易自满的人。

创业可行性自测

1. 你对创业企业的法律形式是否明确确定？

是　　不确定　　否

2. 你有把握筹集到创建自己企业的启动资金吗？

是　　不确定　　否

3. 你确定了将要出售的商品或提供的服务吗？

是　　不确定　　否

4. 你是否做了市场细分并确定了你的销售对象？

是　　不确定　　否

5. 你是否访问过10位以上的潜在的顾客，并向他们了解对你的产品或服务的意见？

是　　不确定　　否

6. 你知道谁是你的现实或潜在的竞争对手吗？

是　不确定　否

7. 你对主要竞争对手做过优势和劣势比较吗？

是　不确定　否

8. 你的开业地址确定了吗？

是　不确定　否

9. 你对销售的商品或提供的服务定出价目表了吗？

是　不确定　否

10. 你是否决定花一部分钱做广告宣传？

是　不确定　否

11. 你对企业的促销做出了预算吗？

是　不确定　否

12. 你是否已做了一年的销售预测？

是　不确定　否

13. 你是否已经根据销售预测做出了盈亏平衡分析？

是　不确定　否

14. 你对开业一年的损益状况做出预测分析了吗？

是　不确定　否

15. 你第一年的经营状况能保证不亏吗？

是　不确定　否

16. 你制订了第一年的现金流量计划吗？

是　不确定　否

17. 你与和开业有关的政府各部门都接洽过吗？

是　不确定　否

18. 你如果向银行贷款，是否有担保的资产？

是　不确定　否

19. 你知道需要怎样的员工及员工数量吗？

是　不确定　否

20. 你知道雇用员工所必须了解的法律知识吗？

是　不确定　否

21. 你知道对员工必须承担的责任和义务吗？

是　不确定　否

22. 你知道什么是为职工缴纳的“五险一金”吗？

是　不确定　否

23. 你知道你的企业必须投保哪些险种吗？

是　不确定　否

24. 你是否知道你的企业需要办理“特种行业”的申办手续？

是　不确定　否

25. 你对申办企业的手续做过详尽的咨询和调查吗？

是　　不确定　　否

26. 你清楚你的企业必须办理哪些许可证吗？

是　　不确定　　否

27. 你是否为申办你的企业制定了申办流程和期限表？

是　　不确定　　否

28. 你对将涉足的行业了解或懂行吗？

是　　不确定　　否

29. 你办企业是否获得家人的支持并已安排好了家庭开支？

是　　不确定　　否

30. 你是否坚信一定能把自己的企业办好？

是　　不确定　　否

提示：选择“是”得3分，选择“不确定”得1分，选择“否”得0分。

评价结果：满分为90分，高分可达80分以上。如果你的得分为60分以下，建议你再做努力，等准备较充分时再进入创业实施阶段。

第十四章　大学生一般创业过程

【学习导入】

掌握了创业的基本知识，如何进行创业活动呢？本章将学习实践创业的基本程序以及在创业活动中将遇到的问题和对策。如果你有创业的想法，请认真学习这一章吧。

第一节　实践创业的基本程序

一、确定创业方向

大学生确定创业方向要根据自身的特点，找准落脚点，比如，是投身于高科技领域、智力服务领域、连锁加盟领域，还是自己开个小店等。不同的行业对创业者知识、能力的要求不同，有的创业者可能在某一行业有出色的表现，在另一行业则难以成功。因此，创业者一定要根据自身的特点和行业的特点来合理定位。

1. 创业过程中应遵循的原则

1）适合自己。俗话说，“隔行如隔山”，因此创业者应尽量选择与自己的专业、学识、经验、兴趣、特长、性格相吻合的项目，选择自己的经济能力可以承受的项目。

2）从实际出发，不贪大求全。选择项目时应该根据自己的技术、经济能力选择适合发展的项目，切不可贪大求全。比如，你要开一个餐馆，且资金有限，那么就不应开一个规模过大的餐馆，否则后续经营资金就无法得到保障。

3）详细了解所选项目的发展前景。创业者首先要考察所选项目是否适合市场，是否有发展前景，切不可盲目行事。

4）谨慎行事，周密考察。虽说创业市场商机无限，各种创业信息随处可见，但创业者在选择创业项目的时候，切不可不做深入考察就盲目投资。

5）选准项目后最好在合适的时机介入，不可在行业已经达到饱和状态时再介入。

2. 方向介绍及分析

1）高科技领域。诸如软件开发、网页制作、网络服务、手机游戏开发等高科技领域，对创业者的专业知识、技能一般有较高的要求，因此，并不是所有的创业者都适合该领域，通常来说，技术功底深厚、专业成绩优秀者进入该领域后成功的可能性会更大。

2）连锁加盟领域。大学生可以选择连锁加盟企业，比如，创办一个小餐厅、校园小型超市或者数码速印站等。连锁加盟企业的门槛相对低些，成功的概率大些，因为连锁加盟企业通常会提供品牌、技术、设备支持。统计数据显示，在相同的经营领域，个人创业的成功率低于 20%，而加盟创业的成功率则高达 80%。社会上有各种各样的加盟企业，大学生选择加盟项目时，应该注意规避风险。一般来说，大学生创业者资金实力较弱，适合选择启动资金不多、人手配备要求不高的加盟项目，从小本经营开始为宜。此外，最好选择运营时间在五年以上、拥有十家以上加盟店的成熟品牌。

3）智力服务领域。大学生可以根据自己所学专业投身于智力服务领域，如开设一个设计工作室或者翻译事务所等。智力服务领域的项目成本较低，对于资金不足又有专长的大学生来说应该是一个不错的选择。

4）开店。除上面提到的创业领域外，大学生也可选择在高校内或周边开餐厅、咖啡屋、美发屋、书店等。大学生开店可以充分利用高校的学生顾客资源，且又熟悉同龄人的消费习惯，因此经营起来相对容易。

2. 信息收集与处理

信息收集是重要环节。在明确了创业构思，确定了创业方向后，创业者就应该有目的地收集相关行业的信息；如果打算开一家网络公司，那么网络公司方面的新闻、政策或者技术发展方向就应该成为关注的目标。这些信息可以从互联网、电视或者报纸等媒体获得。需要注意的是，即使仅仅针对一个创业方向，也会有无数的信息。要想从这些海量的信息中获取有价值的信息，在信息采集过程中应该遵循以下原则：

1）在采集信息前制定一定的标准，不可抱着“宁多勿缺”的原则去采集信息，毫无标准地采集大量信息，会给后期的信息整理带来许多麻烦。

2）信息采集要有目的性，不能所有的信息都采集；采集过程中也要讲求“轻重缓急”，先采集重要的信息，有时间的话再收集其他信息。

3）信息采集要全面、真实、可靠。

4）所采集的信息是那些含量大、价值高的信息。

5）采集的信息要保持系统性和连续性。

信息收集回来后，要本着准确、及时、系统、经济、浓缩的原则对采集的信息进行处理。首先要将那些杂乱无章的、处于原始状态的信息按照内容、时间、目的、要求等进行分类；其次就是从那些分好类的信息中通过比较或者其他方法发现其中的规律，比如，经济活动的变化趋势等；最后依据这些特点形成新的概念和结论，用于指导创业工作。

3. 制定详情的创业计划书

（1）创业计划书的概念

创业计划书又叫商业计划书，是对所创业项目的调查和论证，是为说服合作伙伴、潜在投资者、风险投资公司以取得合作支持或风险投资而提供的可行性商业报告。依据市场提供的信息，创业者要详细描述所选项目存在的机会，阐述创立公司把握这一机会的进程，说明所需要的资源，揭示风险和预期回报，并提出行动建议。由于创业计划书是面向可能的投资人、供应商、合作伙伴、政策机构等，因此创业计划书的编写应该清晰易读，让一个没有技术背景的人也能读懂。

(2) 创业计划书的作用

创业计划书是整个创业过程的灵魂，记载了有关创业的多方面的内容，包括事业描述、产品服务、市场分析、竞争分析、市场营销、风险分析、管理、投资回报与经营预测、财务分析等。应该说创业计划书在创业过程中担当着重要的角色，起着至关重要的作用。

首先，一份好的创业计划书可以帮助创业者理清思路、准确定位。著名投资家克雷那说："如果你想踏踏实实地做一份工作的话，写一份创业计划，它能迫使你系统地思考。有些创业可能听起来很棒，但是当你把所有细节和数据写下来的时候，你自己就崩溃了。"一个酝酿中的项目，往往很模糊，通过编写计划书，把创业过程中可能面临的问题写下来，之后再逐条推敲，这样创业者就能对这一项目有更清晰的认识。由于创业计划书涉及多个方面，创业者在编写的过程中更容易发现哪里存在问题，哪里还需要加强等。

其次，一份好的计划书可以更好地向投资者展示创业者的想法，以获得投资支持。编写创业计划书的目的不仅仅是使创业者对自己选择的创业项目有更深层次的认识，更重要的是向可能的潜在的投资者或融资对象很好地展示项目的可行性与良好的预期收益，从而获得投资支持。创业计划书的好坏，往往决定了投资交易的成败。对初创的风险企业来说，创业计划书的作用尤为重要，成功的创业计划书可以把计划中的风险企业推销给风险投资家，从而筹集到创建企业所需的资金。

最后，一份好的创业计划书可以为未来的行动做指导。由于创业计划书包含了多方面的内容，因此在日后的经营管理中，创业者可以以此来引导企业发展，避免走上不科学的发展途径，减少失误，增加创业成功的概率。

(3) 创业计划书的编写及内容

创业计划书的编写一般按照相对标准的文本格式进行，大家可以在互联网上找到许多创业计划书的模板。

虽然针对不同的读者模式略有不同，但通常来说，创业计划书都应遵从6C规范。所谓6C规范就是Concept（概念）、Customers（顾客）、Competitors（竞争者）、Capabilities（能力）、Capital（资本）、Continuation（持续经营）。Concept（概念）就是要告诉别人你卖的产品、你提供的服务是什么；Customers（顾客）就是要明确你的潜在顾客是哪些，是儿童还是女性或者其他，是年轻女性还是高级白领等；Competitors（竞争者）就是要知道你的竞争者是哪些，你提供的产品和服务与竞争者相比存在哪些竞争优势；Capabilities（能力）就是对自己的能力有清醒的认识，对选择的项目自己有没有能力经营好；Capital（资本）就是对项目需要的资金有清楚的认识，通过什么途径可以更好地获得资金等；Continuation（持续经营）就是项目在启动后如何更好地、持续地经营下去。

创业计划书一般包括摘要、综述、附录三部分。摘要是创业计划的概括，包括两至三页内容，附录部分主要是诸如营业执照影印本、专业术语说明、主要产品目录等一些附件。综述部分是企业计划书的核心部分，是对项目的详细论证，主要包括事业描述、产品服务、市场分析、竞争分析、市场营销、风险分析、管理、投资回报与经营预测、财务分析等几个方面。

1）事业描述。事业描述主要是对要进入的行业、卖的产品（或提供的服务）、目标顾客、产业的生命周期、企业的组织形式、开业时间、营业时间等进行描述。

2）产品服务。产品服务需要描述产品和服务是什么、具有什么样的特性、与竞争者的差异、产品的生产过程等。

3）市场分析。市场分析主要包括市场规模、市场结构与划分、目标市场设定、产品消费群体、消费方式、消费习惯及影响市场的主要因素分析、市场趋势预测和市场机会、行业政策等几个方面。

4）竞争分析。竞争分析主要分析有无行业垄断、竞争者的市场份额、主要竞争对手的情况（包括公司实力和产品情况等）、潜在竞争对手的情况和市场变化分析、公司产品或服务的竞争优势等。

5）市场营销。市场营销主要包括营销计划（区域、方式、渠道）、销售渠道、售后服务、销售队伍情况及销售福利分配政策、促销、市场渗透方式、产品价格方案等。

6）风险分析。风险分析主要包括资源（原材料/供应商）风险、市场不确定性风险、研发风险、生产不确定性风险、成本控制风险、竞争风险、政策风险、财务风险（应收账款/坏账）、管理风险、破产风险等。

7）管理。管理主要包括公司组织结构、管理制度及劳动合同、人事计划、薪资与福利方案等。

8）投资回报与经营预测。投资回报与经营预测主要包括投资回报以及公司未来几年的销售数量、销售金额、毛利率、投资报酬率预估及计算依据。

9）财务分析。财务分析主要包括财务分析说明、各项财务数据预测等。

4. 创业实施

（1）筹措资金

资金是创业的首要因素。如果有充足的资金，自然会更有利于创业。但是对于刚刚步入社会，经济基础薄弱的大学生而言，资金常常是一个比较大的问题。大学生可以向亲朋好友借钱，也可以向银行申请贷款，还可以寻求风险投资商的资金支持，或者由团队成员共同出资。

（2）选择地点

虽然现在创业对地点的要求并不严格，甚至可以在网上开店，但是对于某些创业者而言地点的选择还是非常重要的。比如，开一个餐馆，地点的选择对于创业成功就起着关键作用。选择地点时要依据创办企业的要求，尽量选择适合企业发展的地段，如咖啡馆可以开在高校或者公司密集的地方，餐馆可以开在社区或者写字楼附近等。

（3）组建创业团队

自主创业要处理的事情面广、量大，靠一个人的力量很难有效地应对。组建创业团队则能实现优势互补，有时还能解决资金短缺的问题，如大学生提供技术、合伙人提供资金等。

在组建创业团队时，应注意创业团队成员的性格搭配、角色分工以及股权分配等问题。一个好的团队可以形成强大的合力，增强企业的市场竞争力。

5. 注册开业

（1）登记

创业者应该依据自己创业的性质，依法办理企业法人登记或者营业登记，以取得经营权利。

依据《中华人民共和国企业法人登记管理条例》申请企业法人登记，须经企业法人登记主管机关审核，准予登记注册的，方可领取企业法人营业执照，取得法人资格。未经企业法人登记主管机关核准登记注册的，不得从事经营活动。企业法人登记注册主要包括以下几项内容：企业法人名称、住所、经营场所、法定代表人、经济性质、经营范围、经营方式、注册资金、从业人数、经营期限、分支机构等。申请企业法人登记的单位应当具备下列条件：

1）名称、组织机构和章程；

2）固定的经营场所和必要的设施；

3）符合国家规定并与其生产经营和服务规模相适应的资金数额和从业人员；

4）能够独立承担民事责任；

5）符合国家法律、法规和政策规定的经营范围。

而营业登记是指登记主管机关对从事经营活动又不具备法人条件的经营单位进行审查核准并颁发营业执照，确认其合法经营权的登记行为。办理营业登记的对象是：

1）联营企业。不具备法人条件的联营企业，不能独立承担民事责任，因此只能申请营业登记。

2）企业法人所属分支机构。指企业法人设立的不能独立承担民事责任的分支机构，如分厂、分店、门市部等。

3）其他从事经营活动的单位。

经营单位申请营业登记应具备以下条件：有符合规定的从业人员；有符合规定的经营范围；有相应的财务核算制度。不具备法人条件的联营企业还应有联合签署的协议。

（2）其他法定手续

在取得经营权之后，还需要办理银行账户和税务登记等法定手续，承担国家法律规定的权利和义务。

税务登记又称纳税登记，它是税务机关对纳税人实施税收管理的首要环节和基础工作，是征纳双方法律关系成立的依据和证明，也是纳税人必须依法履行的义务。各类企业、企业在外地设立的分支机构和从事生产、经营的场所，个体工商户和从事生产、经营的事业单位，应当自领取营业执照之日起30日内向所在地地方税务机关申请办理税务登记。其他纳税人应当自依照税收法律、行政法规的规定成为纳税义务人之日起30日内向所在地地方税务机关办理税务登记。

第二节 创业过程中应注意的问题及对策

创业之初会面临很多困难，如果从事自己不熟悉的行业，那么开业后亏本甚至倒闭的可能性很大，除非创业者有资本并能雇到一个十分可靠而且胜任这个行业的经理，独当一面去从事既缺乏相关知识，又无实际经验的工作确实难以成功。这也是在新开业的企业或商铺中为什么有40%以上失败的原因之一。

一、知识限制

知识匮乏是制约大学生创业成功的一个重要因素。有些大学生一味地追赶潮流，在知识和思想还没有准备好的情况下盲目创业。在创业计划大赛中，评委也从某些方面发现了创业者知识匮乏的现象，许多创业者无法把自己的创意准确而清晰地表达出来，缺少个性化的信息传递，对目标市场和竞争对手的情况缺乏了解，分析时采用的数据经不起推敲、没有说服力等。

建议：深入学习专业知识，提高专业技能；多读一些创业、经济、管理方面的书籍或者新闻，积累创业知识。

二、缺乏经验

大学毕业生创业普遍存在经验缺乏的问题，有些大学生缺乏承担风险的心理素质、商业创新能力和市场能力，其决策能力、领导能力和对市场的分析、预测能力都比较弱，管理模式也过于程序化。经验的缺乏以及一味的纸上谈兵往往会造成内部管理空有制度而不能贯彻执行，外部合作举步维艰而不知所措，导致创业失败。

建议：多读一些经营管理与创业实践方面的书籍，加快经验和知识的积累；多参加创业实践活动，提高自身能力。

三、缺乏务实精神

缺乏务实精神是大学生存在的另一个问题。有些大学生看到别人创业就去创业，对自己的能力和水平是否达到了创业的条件缺乏认识，也没有做好承受各种风险的心理准备；经营管理模式照搬书本或者克隆国外的；市场意识淡薄，在向投资人推广自己的创业项目时，一味空谈自己的产品和服务，而没有对该产品的市场定位、有多大的空间做深入的分析。

四、心理定位问题

有些大学生在创业之初是以“锻炼自己”为目的的。复旦大学对500名大学生从事创业活动主要目的的调查显示：近半数学生认为是“锻炼才干”，其次才是“盈利”。“锻炼自己”无可厚非，但是不应该成为创业的主要目的，试想有几个企业是冲着锻炼自己而创办的？如果投资人知道创业者创办企业是为了锻炼自己，又有谁愿意投资呢？学生本着“锻炼自己”的目的去创业也容易在遇到困难的时候退缩，从而无法创业成功。在市场经济条件下，创办企业应该是以合法的盈利为目的。

建议：重新审视并明晰自己的创业定位。

五、资金问题

资金对创业至关重要，对于刚刚步入社会、经济基础薄弱的大学生来说更是如此。虽然大学生自主创业可以申请小额担保贷款，但是实际办理过程中却有诸多门槛；即使是得到了部分初期资金，后续资金也无法保证。资金的匮乏往往使一些想创业的大学生徘徊于创业门口之外，或者最终无法成功。

建议：多方位寻求资金支持。可以向亲朋好友借，向银行申请贷款，也可以寻求风险投资商的支持，或者由团队成员共同出资。学生创业者应更多地具有“有多少实力做多少事”的观念，如果没有非常成型的项目，建议尽量选择小资金创业，做综合的积累。

第十五章　创业案例分析

【学习导入】向成才者学习什么

常常看到这样的现象：同班同学，学习成绩、智力水平相当，工作能力相差无几，基本处于同一条水平线上，但若干年后再看，有的人已经成为真正的人才，拥有旁人难以企及的未来；有的人却仍从事着庸庸碌碌的工作，为饭碗奔波。为什么反差如此之大呢？成才者是否掌握着什么特殊的秘诀呢？追寻成才者的轨迹，我们发现确有与众不同之处。

首先，成才者洞悉自己的发展方向，坚持理想，坚韧不拔地对待一时的不如意甚至挫折。成才者往往有自知之明，清楚在哪个领域有发展前途，总是围绕着专业或擅长的方面做文章。即使最初从事的工作并不理想，他也不会轻易地改换门庭，而是忍耐着等待机会。最重要的是，他坚持在这一行业里发展，只要熟悉了这个行当，就有希望。

而另外一些人，很聪明的人，或者受不了清贫和长久的等待，或者经受不住一个看似待遇很高的工作的诱惑，因此投身到不熟悉的行业中去，一旦并不如其所愿，则又要“跳槽”，但是，与其挖几口浅井，不如下力气挖一口深井。

其次，成才者在创业过程中稳扎稳打，不断进修欠缺的专业知识、磨砺自己的技能。有许多人工作后就把在校学习时的课本和继续学习的热忱一起束之高阁。但成才者不这样，从不贪图安逸和无所事事的工作，他总是自觉地让自己“受苦”，找一些有挑战性的、没有把握的工作来做，就算失败也要试一试。这样，也许他会遭遇许多挫折，但也锻炼了自己的能力，积累了经验。成才者谨慎地选择相关的工作，又把每一个工作作为起点，胜任它，超越它，迎接下一次挑战。

还有，成才者在机会来临的时候决不放过，他用百倍的勇气和信心牢牢地把握它。经过痛苦的忍耐与等待，经过长期的磨炼和积累，一个能充分发挥潜能的机会也许就会来临。这个时候，竞争也最为激烈，成才者会全力以赴，充分地展示出自己的才能，他调动一切的潜力和积累，用信心和勇气紧紧抓牢。于是他终于成功了！但他又以此为基点，努力地去获取更大的成功。有些人未能成功，就是因为没能迈进机会的门槛。

如果你徘徊在成才的路上，渴望着成功，那么请一定要明白掘井及泉的道理，懂得终身学习的重要性，并且有信心、有准备地迎接每一个机会的降临。

案例一　创业巾帼之张璇：环保洗衣洗出致富经

如今，干洗店遍布大街小巷，竞争尤为激烈，想要在此领域分一杯羹，没有一点实力或不花一点功夫还真是痴人说梦。进一步说，即使有实力或下了功夫也不一定能获得成功。肯定有人要问了，投入这个行业想成功真的有这么难？真的就没有其他捷径？

对于这些问题，理论的回答也许会让你听得云里雾里，不妨让我们先看看张璇的创业案例，也许，一些疑问就会迎刃而解！

时间穿越到2009年……

一个弱不禁风，但满脸充满坚毅与自信的勤劳姑娘张璇进入我们的视野。在创业路上，她在一步步前进，步伐不大，但显得格外稳健。

张璇，毕业于四川理工学院，目前职业为洗衣店老板娘（叫老了），绝活就是能掌握各种面料的特质。她利用“环保洗衣”的新概念（有位经济学者说过：在经济危机的时代，正是环保发展的最好时机。），惹火了洗衣市场，做大了她的生意！如果继续穿越到2010年，我们会看到张璇被推选为“2009中国经济女性年度人物”候选人的相关报道，她也成为众多希望自主创业者的榜样。

拉回心绪，看看张璇的创业日记，让我们一起目睹她如何亲手谱写创业的篇章！

辞职了，创业去！

日期：2009年10月28日　星期三

事件：昨天，我还是在广告公司上班的“职场新人”，今天，我辞职了。

广告公司的生活虽然安稳，可是总觉得少了点儿什么。或许因为自己学的是工商管理，待在别人手底下打工总是有那么点不情愿。自己创业吧，却一直没有合适的机会。

10月21日——我23岁生日的那一天，遇到了人生的重大转折。那天我跟着同事汪老师一起出去谈业务。中午吃饭的时候，正好碰到一个过来和汪老师谈加盟生意的朋友。原来汪老师还是一家专利洗衣项目四川培训基地的主任。

随便翻翻汪老师带来的资料，“环保洗衣”4个字吸引了我的眼球，我记得一个经济学者说过：在经济危机的时代，正是环保发展的最好时机。洗衣和人们的生活息息相关。“环保”“洗衣”这两个词语拼凑在一起，我感觉有点血液沸腾。

之后的几天，我一直跟爸爸妈妈商量加盟洗衣店的事情，做好了碰钉子的准备，没想到他们挺支持我。妈妈建议把店开在老家——四川省简阳市，这样熟人可以照顾生意。但我不想那样，想在成都闯闯。

昨天爸爸打电话跟我说，姑娘长大了，想当女强人就该在外面闯闯，还说支持我10万元做启动资金，在成都开店。哈哈，太高兴了，我的创业计划“有戏”了。

这10万元，是爸爸妈妈靠工资一点点存出来的，我感觉压力真大，不能辜负了他们的希望。

姐妹们都觉得我的决定太大胆了，我觉得既然决定了做一件事，就应该全力以赴去做好它，要是老想着“如果”“失败”这些问题，那我真的永远都不会成功了。

这次，我要“破釜沉舟”，辞职大干一番。

开门红，路难行！

日期：2009年11月22日　星期日

事件：真开心！“大生意”上门！

今天是洗衣店正式开门做生意的第一天，下午就来了一单“大生意”：一个客人送来一件貂皮大衣。

要知道貂皮是很贵重的东西，正式开业前一周，店面试营业的时候，这个客人就路过很多次，我给他详细介绍过我们的环保洗衣方法，今天这个客人能送到我这儿来洗，摆明了是对我的信任啊。

这样的"开门红"，让我找回了点信心。因为试营业期间，除了第一天有两个客人因为好奇，到店里来洗了10件衣服外，剩下的日子算得上"门可罗雀"。

洗衣店的竞争对手是附近的两家干洗店，他们都经营很长时间了，周边的顾客习惯了去那两家洗衣服。要想把他们的固定客源"抢"过来，可不是件容易的事儿。

我觉得我的优势在服务。比如顾客进门后，我的员工会面带微笑地对他们说"欢迎光临"；在洗衣物前一定会反复地检查清楚衣物的状况；顾客来取衣物时，员工会把票据双手奉上；所有洗衣费用，明码实价公示在墙上……在这些细微的地方让顾客们感受到我们的专业和诚心，这在其他洗衣店是没有的。

另外，想到传统的烘干机很容易因为温度的原因把衣物烘坏，我专门买了个空调放在取衣间，让衣物在合适的温度下被烘干。这就能保证衣服的养护效果，还节约了洗衣成本，可真是一举两得呢！

我相信，细节决定品质，服务决定成败。累，是我现在唯一的感受。虽然快过年了，可是我的心里却一点"年味儿"都没有。聘来的员工前几天请假回老家过年去了，不放心外面请来的临时工，于是我亲自上阵！

我相信，细节决定品质，服务决定成败。

真累啊，我该放弃吗？

日期：2009年年末　星期几不详

事件：累，是我现在唯一的感受。

快过年了，来洗衣物的人特别多。最近一周，每天我都是早上8点半开门，一直干到夜里1点多才能够休息。白天熨烫，晚上洗，还要负责前台接待。累，从身体浸透到了心里。

我真的适合创业吗？我真的能成功吗？这几天我经常偷偷地哭。

其实心里很明白，就算我现在什么工作都没有，都是教师的爸爸妈妈也会让我衣食无忧，可是从小我的性格就很独立，不愿意过安稳的生活。对于我的辞职创业，爸妈虽然表面上很支持，但是在他们的内心，还是希望女儿能够找一个稳定的工作吧。

就这样放弃了吗？真的说到放弃，我不甘心。

或许，我应该坚持再试试，苦尽后总会甘来的……

要坚强，不要放弃！

日期：2010年3月15日　星期一

事件：面对这个特殊的日子，我做了一个艰难的决定！

今天是消费者权益保护日，为了让更多顾客能够洗得放心，我决定从今天起，向每一位前来洗衣的客人发一份质量承诺：凡是在本店洗坏了的衣物，不管是否人为造成，一律由本店赔偿。

许多老顾客对我的这个举动都不是很在意，甚至一位顾客还告诉我，你们店洗的衣服我们信得过，不用什么质量承诺。我听了，不知道是该感动地哭，还是该开心地笑，觉得心里甜甜的。

想想春节前的那段“黑色记忆”，我真的很庆幸。幸好当时我没有被一时的软弱打倒，挺过来了，累点也值得。

中午休息的时候我算了算，从开店到现在，洗衣店小有盈余。人家开店至少会亏好几个月，看来我还算幸福的了，这就是勤劳的果实吧。

另外，和朋友共同投资的第一家分店，已经完成了选址和装修，员工也差不多培训完毕，这样看来，我也算是迎来事业上的春天了。

收获季，心里甜滋滋！

日期：2010年4月　星期几不详

事件：洗衣淡季来临，我没打算休息。

4月开始，是洗衣行业的“淡季”，我更要积极点，多找些大客户。

现在我已经和几个高档服装品牌的店面谈好了，帮他们清洗样品。听说竞争对手跟窗帘店、高档酒店等都有业务往来，我也要努力去争取，让洗衣店能够有更多、更大的客户。

……

如今，张璇的事业正在迈向一个新的高峰，她准备将她的环保洗衣理念推向全国。我们祝福她，最后不得不感慨：这个川妹子有点可爱。

案例简评：

张璇的创业经历，代表的是21世纪草根创业的历程，虽没有创业名人们的大起大落，但对“80后”“90后”出生的年轻人创业有不错的借鉴意义！

1）说干就干的超强执行力。目前大部分年轻人，嘴里天天在说要创业，可是每天还是按部就班地在上班，典型的口是心非。既然要创业，就要立马去干，因为时间拖得越久，创业积极性就会消磨得越多，最后安于现状。为此，创业想法不要轻易有，一旦有了就要立马去执行，这是执行力的体现，也是创业必备的素质。

2）女人创业要选对路。当前国内的创业环境对于女性而言虽有极大改善，但是相对于男性而言，还是处于弱势。为此，创业门路一定得选准，最好是女性的强势领域，如美容保健、服装、洗衣等，大致就是服务领域。张璇的成功，与她选择的创业门路有很大关系。

3）吃苦耐劳的精神。无论学习，还是工作以及创业，都离不开这种精神。如果你吃不起苦，我看还是不要创业了，因为开始就意味着结束，或者说，根本就没有开始。有句俗话就是：吃得苦中苦，方为人上人。张璇一路走来，再苦再累都挺过来了，现在也不用低声下气为他人打工，自己做起老板，意气风发，挥斥方遒！

4）细节管理。张璇在洗衣店的管理过程中，很注重细节，如双手递送物品、明码标价表贴墙上、取衣间装空调等，有了这些细节，就会博得客户青睐，回头率消费自不在话下。其实，服务行业是个非常注重细节的领域，如果你准备从事这一行，就要有足够的心理准备。

5）懂得释放压力。这个一般人也许并不注意，其实在实际的创业过程中，它很重要。懂得宣泄、懂得放松，才会有继续前进的勇气和毅力。张璇有时偷偷哭一哭，实际就是释放压力，因为她是女孩，选择这种方式也是情理之中。

6）不满足于现状。只有开始没有结束的创业才是成功的创业。因为，它没有限度，你想将它发展到什么程度，就有可能发展到什么程度，创业失败了也就意味创业结束了。张璇的创业脚步始终未停，淡季生意做到旺季水平，一店发展到多店，等等，都是她不满足现状的表现，这样才能将事业做大做强，同时焕发持久的生命力！

案例二：创业名人潘石屹

潘石屹，一位被看作是当今中国最活跃、最具有鲜明个性的房地产领袖之一。他与妻子张欣在1995年共同创立的SOHO中国有限公司已经成为北京最大的房地产开发商。作为董事长，他一直掌管着公司在中国的商业地产领域的开发业务。尤其在北京的CBD，他留下了永久的印记，在这个区域，无论在建筑的规模上还是在项目的销售额上，SOHO中国都是最大的开发商，并为中国首都大胆引入了标志性的当代建筑。

中央电视台说："潘石屹不是最有钱的，他的公司也不是规模最大的，但他和他的SOHO中国绝对是最吸引眼球的。"在人才济济的今天，为何潘石屹和他的SOHO中国能鹤立鸡群，他的发迹到底是靠运气、关系、不法手段还是自己的努力？让我们回到时间的拐点，去发现他是如何成长起来的。

家庭蒙受国难，逆境育出好男儿！

1963年，潘石屹生于甘肃天水农村，小时候父亲是"右派"，母亲常年卧病在床。迫于残酷的现实环境，潘石屹从小就自力更生，为全家的生活而奔波，同时，不忘坚持学习，这种好学精神在当时那个年代，难能可贵！

1979年，潘石屹凭借自己的刻苦努力考入兰州培黎学校，相当于中专。此期间还闹出了一个笑话。由于通信落后，潘石屹很晚才拿到录取通知书，当他赶了10多个小时的火车一个人踉踉跄跄来到兰州的时候，学校已经开学一个多月了。站在教学楼前，一身行囊的潘石屹不知道应该找谁报到，由于太累就睡着了，后来还是被其班主任金老师叫醒的。

1981年，潘石屹从培黎学校毕业，以600名学生中第二名的成绩被河北的中国石油管道学院录取。

1984年，潘石屹石油管道学院毕业，被分配到河北廊坊石油部管道局经济改革研究室。

1987年，潘石屹辞职便变卖家当到广东下海。由于没有边境通行证，首先是花了50元请人带路，从铁丝网下面的一个洞偷爬进了深圳特区。现实中的深圳并不像走马观花时看到的那么美好温馨。潘石屹为三餐而奔波，不久进了一家咨询公司。由于语言不通，饮食不适应，深圳的生活始终让潘石屹感到非常压抑。

1989年，公司正好要到刚刚建省的海南设立分号，认为"不能错过历史机会"的潘石屹主动请缨，随同一位老板（牟其中）南下海南，迎来了他自认为最多姿多彩的人生阶段。

海南炒房练胆，北上京城发迹！

公司到海南后，在海南中部接收了一个砖厂，潘石屹出任厂长。这个厂高峰的时候有400多名工人，少的时候也有100多号人，地处山区，管理起来并不容易。一是小偷多。灯泡、发电机经常被偷。二是民工薪资问题严重。众多民工经常集会要求加薪，时有暴力冲突发生！半年后砖厂停产，潘石屹重回海口。随着经济低潮的来临，大部分淘金者都撤了，潘石屹决定留下来碰碰运气。

1990年，与冯仑、王功权、张民耕在海南省合伙成立了海南农业高科技联合开发总公司，这也是其事业正式起步的标志。至此，潘石屹正式走上自主创业路！

1991年8月，潘石屹与人合伙注册成立万通公司，高息借贷1 000多万元炒房，随着海南经济第二波热潮的到来，在短短半年多时间里，万通积累下了超过千万元的资金。但好景不长，后来赔了一大半！不过，据潘石屹的相关回忆，炒楼虽赔，但赚了胆！

1992年8月，潘石屹预感到海南房产泡沫不能持久，即将崩盘，于是撤离海南，到西北考察市场机会，后来又北上京城。

机遇降临小潘，京城大干一番！

潘石屹在北京期间，大部分时间是考察市场，在去怀柔的一次考察过程中，遇上了改变其命运的事件！

正在怀柔县（今为怀柔区）政府食堂吃饭的潘石屹，无意中听旁桌的人讲，北京市给了怀柔几个定向募集资金的股份制公司指标，但没人愿意做。说者无意，听者有心。潘石屹抓住了这个机会，于1992年，创建北京万通实业股份有限公司。当潘石屹正暗自欢喜的时候，却接到相关部门的电话，几个部委领导要联合听他汇报工作！

潘石屹想逃避也不行，硬着头皮来到国家体改委，现场面对几十位大人物报告工作，边报告边抹汗，手还有点发抖！当时，一位领导提醒潘石屹："小伙子别太紧张，我们只是来听听新政策的实践情况的。"最后，一位司长拿着潘带过来的"股权证"样本称赞道，北京人做事就是规范，一张股权证都这么正规，外地企业有的就拿收据代替，这算是对北京万通的一点正面表扬。

1992年，万通新世界广场在阜成门开盘，香港利达行主席邓智仁找到万通公司要求代理销售。邓智仁通过成功的广告和定价策略获得代销的成功，将万通新世界广场卖到当时市价的三倍。这一次，北京万通挖到数亿元的利润，潘石屹开始崭露头角。

1994年4月，潘石屹认识了在华尔街高盛银行工作的张欣，同年10月两人结婚。

1995年9月，潘石屹离开万通与妻子创办红石实业，随后改名为SOHO中国公司，向京城第一地产大亨迈出了很给力的一步，SOHO中国的大局面随之被拉开，从此他的事业一帆风顺，名利双收。

1996年，潘石屹创办项目公司北京中鸿天房地产有限公司，开发SOHO现代城。

2001年，潘石屹被深圳住交会评选为"中国地产十大风云人物"。

2002年和2003年，潘石屹两度被"博鳌亚洲论坛"邀为主讲人。2003年，被"世界经济论坛"邀为主讲人。

2004年，潘石屹被评选为"中国最具影响力的人士"之一。

2007年10月8日，SOHO中国在香港联交所主板成功上市。

2007年12月2日，SOHO中国董事长潘石屹当选为北京市人大代表。

2007年12月23日，潘石屹新浪博客总访问量突破4000万。

2008年3月，SOHO中国自上市以来第一次发布年度业绩报告：SOHO中国2007年营业额较2006年增长300%，达到69.54亿元人民币；而纯利则飙升477%，达到19.66亿元人民币。

案例简评：

当初土生土长的农村娃今天摇身一变成地产大亨，这不是天上掉馅饼，这是其摸滚打爬一步步走出来的，其间有苦难、有纠结、有彷徨、有欢笑、有机遇……这丰富多彩的创业历程聚合反应成就了今日的潘石屹。对于我们准备创业或正在创业的人士而言，能从他的创业“百宝囊”中取出哪些对自己有用的东西呢？

1）穷苦家的孩子早当家。幼年贫穷是坏事，也是好事。关键看人处于这个环境，内心如何去修炼，自甘贫穷就好比烂泥巴扶不上墙，磨炼心志就能创造无限可能。不仅潘石屹如此，好多大人物都是如此，为此，出身贫穷的你不要自卑，只要相信自己，潜力定会惊人。

2）努力学习文化知识。当前的社会大学毕业即失业现象频发，这就误导了很多学子及家长，认为读书无用。其实这是很肤浅的看法，读书无用只是学的人没有好好地用以及不知道怎么用，并不代表知识就没用。想成大器，离不开学习，尤其是当前的社会环境，竞争激烈，没有一个智慧的头脑是无法出人头地的，当然富二代、官二代不在考虑之列。潘石屹的成就，离不开当初他的努力学习，这一点不容怀疑。

3）尽可能多地增加自己的阅历。俗话说：见多识广。一个人的阅历越丰富，抓住机遇的可能性就越高。潘石屹从在食堂的一句旁听中受到启发，跟他多年的打拼阅历不无关系。也正应了这句话：上天只偏爱有准备的人。

4）重视市场考察。这个是成功人士之所以成功的关键，因为市场决定利润。企业重大决策的制定都与市场息息相关，市场分析得越精准，企业发展就会芝麻开花节节高。潘石屹无论是在打工阶段还是自己做企业时，都很注重市场的考察，从案例中处处可见。

5）找好人生另一半。这个相信大多数成功人士深有感触。潘石屹更是感触至深。他老婆先前在高盛的工作阅历对他的发展起到很大帮助，因为房地产产业链对资金的依赖尤其强，换句话说对银行或风投的依赖特别强。潘石屹的长处是开发市场的能力，融资乏力是他的短板，但融资是其老婆张欣的长处，这就是所谓的优势互补。

6）制定准确的战略规划。规划制定得准确就能确保企业持久发展，当然，要准确制定也不是件容易的事，不过通过潘石屹的案例，我们可以学会一点：专注。专注某个领域，做大做强。比如，潘石屹面对疯狂的房地产市场，以商业地产为主打，并且只做核心 CBD 地带。

案例三：创业名人之叶国富：放大 10 元店的饰界价值

很多人对小饰品这种小摊式生意嗤之以鼻，33 岁的叶国富却推开了这扇不起眼的财富之门。只用了 5 年时间，叶国富的“哎呀呀”从一家小小的 10 元店起步，发展为拥有 2 000 多家店铺，年零售总额近 12 亿元。他的成功告诉人们一个道理：即使在那些不起眼的商业地带，也可能蕴藏着不可限量的宝藏。

业务冠军开起饰品小店

1998 年 6 月 10 日黄昏，21 岁的叶国富从湖北踏上了南下的列车。成绩名列前茅的他本该读大学继续深造，却因为拖欠学费拿不到中专毕业证。为了避免毕业即失业，他瞒着父母，南下闯广东。

在广东佛山，叶国富不停地应聘。3 个月后，他终于得到了一份工作——钢管厂的业务员。

厂里的业务员大多不熟悉生产流程，客户报出要货数量后，业务员往往不能立即确定交货时间，要回厂询问后才能答复。与同事们不一样的是，叶国富每天出去跑业务之前，都会到车间去转转，既熟悉了生产流程，又掌握了生产进度，客户报出要货数量，他能立即敲定交货时间，赢得了客户的信任。

一年后，叶国富的业绩高居榜首。拿着 12 万元的销售提成，叶国富总想做点儿大事。

2001 年末，在一个销售培训会上，叶国富认识了现在的妻子、当时做化妆品销售的杨云云。随着两个年轻人的心渐渐走到一起，一个想法逐步成形——叶国富懂销售，杨云云熟悉化妆品行业，何不合力开个化妆品店?

佛山人气最旺的百花商场里，一个商铺招标。这个商铺位于商场二层的过道拐角处，只有 15 平方米，前几个租期的服装生意都很冷清，招标底价因此低至每月 1 500 元。叶国富认为，过道拐角处拥有可观的人流量，是难得的旺铺。化妆品是小物件，不需要像服装那么大的陈列面积，15 平方米足以摆得琳琅满目。在接下来的一周，叶国富天天到这里来看人流量，决心拿下这个商铺。

一份标书需要诚意金 5 000 元，叶国富花 1 万元拿了两份标书，在一份标书上填上1 500 元。招标结果让所有人大跌眼镜。中标的那份标书上写着“1 501.9 元”。这是叶国富的另一份标书。

2002 年年初，小店开张。杨云云负责去化妆品厂进货，叶国富负责店铺销售，既卖化妆品又给顾客化妆。投入了 10 万元的化妆品店很快火了起来，甚至出现了顾客排队等化妆的情形，第一月平均每天营收 2 000 元。

不到一年的时间，叶国富相继在百花商场三层和四层相同位置的商铺开了化妆品店，还从广州买来大头贴拍照机。2002 年，他的 4 家店铺净赚 40 多万元。

10 元店“哎呀呀”华丽诞生

“你们店一天能卖几个钱?”2004 年，一个离职去饰品店上班的前员工来拍大头贴，叶国富不屑地问她。在绝大多数人看来，小小的饰品不过是摆在地摊上、不入流的小生意，即使摆在店铺里，也赚不了多少钱。

“一天四五千元吧。”她的回答让叶国富吃惊。

在繁华的广州上下九步行街，叶国富看到，不足 1 000 米长的街道两旁，开着十几家 10 元饰品店，几乎每家店都很火。叶国富不再犹豫，返回佛山，把百花商场 4 家化妆品店中的一家改为 10 元饰品店，又投资 10 万元，在佛山最繁华的祖庙路开了一家 50 多平方米的 10 元饰品店。

佛山追求时尚的女性很快发现，同样的东西在精品店卖 18 元，在叶国富的 10 元店只卖 6 元。不少人走进 10 元店说的第一句话是：“哎呀呀，这么便宜!”消费者的感叹启发了叶国富，2004 年 11 月，他成立了哎呀呀饰品公司，把 10 元店也更名为“哎呀呀”。

干大事者必先劳其体肤

2004年年末，叶国富认识了尚道营销策划公司执行董事张桓。整整一天的深谈，使叶国富脑海里浮出行业的大格局观。当时，饰品行业可谓诸侯割据，在招商加盟模式下，200家店以上规模的品牌不下10家。张桓说，如果“哎呀呀”用一年左右把店铺做到200家以上，就能迅速跻身第一集团。

2005年5月1日凌晨一点，广州上下九步行街格外安静。一到早上就是五一黄金周的营销大战，商家都在养精蓄锐，等待奋力一战。整条街上，只有“哎呀呀”的灯亮了一整夜。

早上7点半，许多商家准备开始一天的忙碌时，吃惊地发现，昨晚连招牌都没挂上的“哎呀呀”门店，仅仅过了一个晚上，就以装修时尚、货品齐全的形象闪亮登场。

那个晚上，为了抢时间装修、铺货，叶国富只在车里睡了一个小时。

在广州站稳脚跟后，叶国富开始筹备招商加盟。他联系了广州周边50多个饰品、化妆品厂家，为“哎呀呀”供货。太太杨云云出任买手，负责搜集饰品、化妆品的最新款式。

敢为人先　步步领先

2005年7月，正式招商后两个月，“哎呀呀”已发展到30多家店铺。当时，人们觉得饰品连锁只是小生意，几乎没有谁愿意大手笔请明星代言。叶国富认为，同样是时尚潮流的载体，服装和饰品有很多共通之处。服装业能请明星代言，饰品业为什么不能？

当年8月，“哎呀呀”签约香港影星应采儿。当时，叶国富的流动资金只有100多万元，却掏出其中60%支付代言费。幸运的是，叶国富赌对了。明星代言彰显了“哎呀呀”的实力，其知名度和美誉度有了明显提升。2006年，“哎呀呀”店铺数量达到400家。

叶国富慢慢理出了一条差异化竞争策略：人无我有，敢为人先。

为了让加盟商迅速接受新品，叶国富提出了一个颇为“强硬”的方案：“总部每周配送1 000元新货给加盟商试销，每款产品不超过5个。此后，加盟商可以再进畅销的款式。即使有款式滞销，四五个产品也卖得完。”

接下来的两个月，“哎呀呀”的新品从被买手发现到被顾客购买仅需7天。新品每月推出一次，同一顾客每月进店一次足矣；若新品每周推出一次，同一顾客每月就可能光顾4次。这大大提高了客流量，拉动了销售。

身处产品升级换代速度极快的时尚行业，是否具有快速反应能力，几乎决定着一个企业的生死。怎样才能让自己一个人的快速应变，转变为“哎呀呀”整个企业的快速反应呢？

叶国富斟酌再三，决定使用罚款手段。“只有经济处罚能让人心生畏惧。”不涉及经济损失，反复宣讲的纪律很难被放在心上，罚款可以帮人养成认真负责的习惯。此后，“哎呀呀”拥有了一支纪律严明、令行禁止的快速反应部队。

2009年，“哎呀呀”的店铺达2 000多家，年零售总额突破12亿元。如今，33岁的叶国富带领着“哎呀呀”朝着全球饰品连锁冠军的目标进发。

案例简评：

叶国富的创业可谓顺风顺水，一路之上，从销售员转型做店老板，再由店老板逐步成为公司大老板，几乎一气呵成，并在3年时间内晋升为亿万富翁，不得不让人佩服其“命

好”。当然，说其命好太过片面，因为任何成功都不是偶然的，为此，他的成功创业案例还是有很多值得创业者学习的东西：

1）敢闯敢拼。这一点在叶国富身上表现得淋漓尽致，当然，这也是环境逼出来的。

2）善于发现问题并有效改进。比如能做到销售冠军以及后面的经营转型，都跟他这个能力直接挂钩。

3）市场眼光精准。看准女性饰品市场的成长空间极具潜力，所以专注于女人的生意。

4）敢于突破现状，兼具赌徒特征。如花巨资聘请明星代言以及不断提升店面数量等。

5）注重细节创新。如营销手段、品牌命名等都体现这一点。

6）吃苦耐劳。店面装修事件就是最好的例证。

7）平价制胜。平价销售小饰品，疯狂聚集人气，加速扩张步伐，最终以规模取胜！

附　录　高校毕业生就业创业政策百问（2017 版）

一、鼓励引导高校毕业生面向城乡基层、中西部地区以及民族地区、贫困地区和艰苦边远地区就业

1. 什么是基层就业？

基层就业就是到城乡基层工作。国家近几年出台了一系列优惠政策鼓励高校毕业生积极参加社会主义新农村建设、城市社区建设和应征入伍。一般来讲，“基层”既包括广大农村，也包括城市街道社区；既涵盖县级以下党政机关、企事业单位，也包括社会团体、非公有制组织和中小企业；既包含单位就业，也包括自主创业、自谋职业。

2. 国家鼓励毕业生到基层就业的主要优惠政策包括哪些？

按照《国务院关于做好当前和今后一段时期就业创业工作的意见》（国发〔2017〕28 号）、《中共中央办公厅　国务院办公厅印发〈关于进一步引导和鼓励高校毕业生到基层工作的意见〉的通知》（中办发〔2016〕79 号）、《国务院关于进一步做好新形势下就业创业工作的意见》（国发〔2015〕23 号）、《国务院办公厅关于做好 2014 年全国普通高等学校毕业生就业创业工作的通知》（国发〔2014〕22 号）、《国务院办公厅关于做好 2013 年全国普通高等学校毕业生就业工作的通知》（国办发〔2013〕35 号）和《国务院关于进一步做好普通高等学校毕业生就业工作的通知》（国发〔2011〕16 号）等文件规定：

（1）完善工资待遇进一步向基层倾斜的办法，健全高校毕业生到基层工作的服务保障机制，鼓励毕业生到乡镇特别是困难乡镇机关事业单位工作。

（2）对高校毕业生到中西部地区、艰苦边远地区和老工业基地县以下基层单位就业、履行一定服务期限的，按规定给予学费补偿和国家助学贷款代偿（本专科学生每人每年最高不超过 8 000 元、研究生每人每年最高不超过 12 000 元）。

（3）结合政府购买服务工作的推进，在基层特别是街道（乡镇）、社区（村）购买一批公共管理和社会服务岗位，优先用于吸纳高校毕业生就业。

（4）落实完善见习补贴政策，对见习期满留用率达到 50% 以上的见习单位，适当提高见习补贴标准，允许就业见习补贴用于见习单位为见习人员办理人身意外伤害保险以及对见习人员的指导管理费用。

（5）将求职补贴调整为求职创业补贴，对象范围扩展到已获得国家助学贷款的毕业年度高校毕业生，以及贫困残疾人家庭、建档立卡贫困家庭高校毕业生和特困人员中的高校毕业生。

（6）艰苦边远地区基层机关招录高校毕业生可适当放宽学历、专业等条件，降低开考比例，可设置一定数量的职位面向具有本市、县户籍或在本市、县长期生活的高校毕业生。

各地区要结合城镇化进程和公共服务均等化要求，充分挖掘教育、劳动就业、社会保障、医疗卫生、住房保障、社会工作、文化体育及残疾人服务、农技推广等基层公共管理和服务领域的就业潜力，吸纳高校毕业生就业。要结合推进农业科技创新、健全农业社会化服务体系等，引导更多高校毕业生投身现代农业。

3. 国家对在基层工作的高校毕业生职业发展有哪些鼓励政策措施？

按照《国务院关于做好当前和今后一段时期就业创业工作的意见》（国发〔2017〕28号）、《中共中央办公厅　国务院办公厅印发〈关于进一步引导和鼓励高校毕业生到基层工作的意见〉的通知》（中办发〔2016〕79号）、《国务院关于进一步做好新形势下就业创业工作的意见》（国发〔2015〕23号）、《国务院办公厅关于做好2014年全国普通高等学校毕业生就业创业工作的通知》（国办发〔2014〕22号）、《国务院办公厅关于做好2013年全国普通高等学校毕业生就业工作的通知》（国办发〔2013〕35号）和《国务院关于进一步做好普通高等学校毕业生就业工作的通知》（国发〔2011〕16号）等文件规定：

（1）在干部人才选拔任用机制上，进一步强化基层工作经历的政策导向，向在基层工作的优秀高校毕业生倾斜。

（2）自2012年起，省级以上机关录用公务员，除特殊职位外，按照有关规定一律从具有2年以上基层工作经历的人员中考录。

（3）市地级以上机关应拿出一定数量职位面向具有基层工作经历的公务员进行公开遴选。

（4）省、市级所属事业单位面向社会公开招聘时，应拿出一定数量岗位公开招聘有基层事业单位工作经历的人员。有条件的地区，可明确具体公开遴选或招聘的比例。

（5）鼓励国有大中型企业建立健全人力资源管理激励机制，将在基层生产和管理一线表现优秀的高校毕业生纳入后备人才队伍，加大从基层一线选拔任用中层干部的力度。

（6）对具有基层工作经历的高校毕业生，在研究生招录和事业单位选聘时实行优先。

（7）高校毕业生在中西部地区和艰苦边远地区县以下基层单位从事专业技术工作，申报相应职称时，可不参加职称外语考试或放宽外语成绩要求。充分挖掘社会组织吸纳高校毕业生就业潜力，对到省会及省会以下城市的社会团体、基金会、民办非企业单位就业的高校毕业生，所在地的公共就业人才服务机构要协助办理落户手续，在专业技术职称评定方面享受与国有企事业单位同类人员同等待遇，对于吸纳高校毕业生就业的社会组织，符合条件的可同等享受企业吸纳就业扶持政策。

（8）对到农村基层和城市社区从事社会管理和公共服务工作的高校毕业生，符合公益性岗位就业条件并在公益性岗位就业的，按照国家现行促进就业政策的规定，给予社会保险补贴和公益性岗位补贴。

4. 什么是基层社会管理和公共服务岗位？

所谓基层社会管理和公共服务岗位，包括大学生村官、支教、支农、支医、乡村扶贫，以及城市社区的法律援助、就业援助、社会保障协理、文化科技服务、养老服务、残疾人居家服务、廉租房配套服务等岗位。

2009年4月，人力资源和社会保障部下发《关于公布第一批基层社会管理和公共服务岗位目录的通知》（人社部函〔2009〕135号），向社会公布第一批基层社会管理和公共服务岗位目录，以指导各地做好鼓励和引导高校毕业生到基层就业的工作。这批发布的岗位目录共分为基层人力资源和社会保障管理、基层农业服务、基层医疗卫生服务、基层文化科技服务、基层法律服务、基层民政、托老托幼、助残服务、基层市政管理、基层公共环境与设施管理维护以及其他等9大类领域，包括在街道（乡镇）、社区（村）等基层单位从事公共就业服务、社会保障、劳动关系协调、劳动监察、农业、扶贫开发、医疗、卫生、保健、防疫、文化、科技、体育、普法宣传、民事调解、托老、养老、托幼、助残、公共设施设备管理养护等相关事务管理服务工作的50种岗位。

5. 什么是其他基层社会管理和公共服务岗位？

在街道社区、乡镇等基层开发或设立的相应的社会管理和公共服务岗位。部分由政府出资，或由相关组织和单位出资。所安排使用的人员按规定享受相关补贴。

6. 什么是公益性岗位？

由政府开发、以满足社区及居民公共利益为目的的管理和服务岗位。对符合条件在公益性岗位安置就业的就业困难人员，按规定给予社会保险补贴和岗位补贴。符合公益性岗位安置条件的就业困难高校毕业生，可按规定享受公益性岗位就业援助政策。

7. 什么是公益性岗位社会保险补贴？

按照《财政部、人力资源社会保障部关于进一步加强就业专项资金管理有关问题的通知》（财社〔2011〕64号）规定，对就业困难人员的社会保险补贴实行“先缴后补”的办法。在公益性岗位安排就业困难人员，并缴纳社会保险费的，按其为就业困难人员实际缴纳的基本养老保险费、基本医疗保险费和失业保险费给予补贴，不包括就业困难人员个人应缴纳的基本养老保险费、基本医疗保险费和失业保险费，以及企业（单位）和个人应缴纳的其他社会保险费。社会保险补贴期限，一般最长不超过3年。

8. 什么是公益性岗位补贴？

对在公益性岗位安排就业困难人员就业的单位，按其实际安排就业困难人员人数给予岗位补贴。公益性岗位补贴期限，一般最长不超过3年。

在公益性岗位安排就业困难人员就业的单位，可按季向当地人力资源社会保障部门申请公益性岗位补贴。公益性岗位补贴申请材料应附：符合享受公益性岗位补贴条件的人员名单及身份证复印件、就业创业证复印件、发放工资明细账（单）、单位在银行开立的基本账户等凭证材料，经人力资源社会保障部门审核后，财政部门将补贴资金支付到单位在银行开立的基本账户。

9. 为鼓励高校毕业生面向基层就业，实施学费补偿和助学贷款代偿政策的主要内容是什么？

按照《国务院关于进一步做好新形势下就业创业工作的意见》（国发〔2015〕23号）、《关于调整完善国家助学贷款相关政策措施的通知》（财教〔2014〕180号）、《财政部、教育部关于印发〈高等学校毕业生学费和国家助学贷款代偿暂行办法〉的通知》（财教

〔2009〕15号）等文件规定，高校毕业生（全日制本专科、高职生、研究生、第二学士学位毕业生）到中西部地区、艰苦边远地区和老工业基地县以下基层单位就业、履行一定服务期限的，按规定给予学费补偿和国家助学贷款代偿。在校学习期间获得国家助学贷款（含高校国家助学贷款和生源地信用助学贷款，下同）的，补偿的学费优先用于偿还国家助学贷款本金及其全部偿还之前产生的利息。定向、委培以及在校期间已享受免除全部学费政策的学生除外。

目前，国家助学贷款资助标准已经调整为，全日制普通本专科学生（含第二学士学位、高职学生，下同）每人每年申请贷款额度不超过8 000元；年度学费和住宿费标准总和低于8 000元的，贷款额度可按照学费和住宿费标准总和确定。全日制研究生每人每年申请贷款额度不超过12 000元；年度学费和住宿费标准总和低于12 000元的，贷款额度可按照学费和住宿费标准总和确定。

国家助学贷款资助标准调整后，《财政部 教育部 总参谋部关于印发〈高等学校学生应征入伍服义务兵役国家资助办法〉的通知》（财教〔2013〕236号）、《财政部 教育部 民政部 总参谋部总政治部关于实施退役士兵教育资助政策的意见》（财教〔2011〕538号）和《财政部 教育部关于印发〈高等学校毕业生学费和国家助学贷款代偿暂行办法〉的通知》（财教〔2009〕15号）中有关学费补偿、国家助学贷款代偿和学费资助的标准，相应调整为本专科学生每人每年最高不超过8 000元、研究生每人每年最高不超过12 000元。学费补偿、国家助学贷款代偿和学费资助的其他事项，仍按原规定执行。

10. 国家实施补偿学费和代偿助学贷款的就业地域范围包括哪些？

国家对到中西部地区和艰苦边远地区基层单位就业、并履行一定服务期限的中央部门所属高校毕业生，按规定实施相应的学费补偿和助学贷款代偿。这里涉及的地域范围主要包括：

（1）西部地区：西藏、内蒙古、广西、重庆、四川、贵州、云南、陕西、甘肃、青海、宁夏、新疆等12个省（自治区、直辖市）；

（2）中部地区：河北、山西、吉林、黑龙江、安徽、江西、河南、湖北、湖南、海南等10个省；

（3）艰苦边远地区：由国务院确定的经济水平、条件较差的一些州、县和少数民族地区。（详情可登录中国政府网查询：http：//www. gov. cn）

（4）基层单位：

①中西部地区和艰苦边远地区县以下机关、企事业单位，包括乡（镇）政府机关、农村中小学、国有农（牧、林）场、农业技术推广站、畜牧兽医站、乡镇卫生院、计划生育服务站、乡镇文化站、乡镇劳动就业服务站等；

②工作现场地处以上地区县以下的气象、地震、地质、水电施工、煤炭、石油、航海、核工业等中央单位艰苦行业生产第一线。

11. 学费补偿和助学贷款代偿的标准和年限是多少？

学费补偿、国家助学贷款代偿及学费减免标准，本专科生每人每年最高不超过8 000元，研究生每人每年最高不超过12 000元。

本科、专科（高职）、研究生和第二学士学位毕业生补偿学费或代偿国家助学贷款的年限，分别按照国家规定的相应学制计算。在校学习的时间低于相应学制规定年限的，按照实际学习时间计算补偿学费或代偿助学贷款年限。在校学习时间高于相应学制年限的，按照学制规定年限计算。

每年代偿学费或国家助学贷款总额的三分之一，三年代偿完毕。

12. 中央部门所属高校毕业生如何申请学费补偿和助学贷款代偿？

（1）在办理离校手续时向学校递交学费和国家助学贷款代偿申请表和毕业生本人、就业单位与学校三方签署的到中西部地区、艰苦边远地区和老工业基地县以下基层单位服务3年以上的就业协议；

（2）在校学习期间获得国家助学贷款的，在与国家助学贷款经办银行签订毕业后还款计划时，注明已申请国家助学贷款代偿，如获得国家助学贷款代偿资格，不需自行向银行还款；

（3）高校负责审查申请资格并上报全国学生资助管理中心。

13. 地方所属高校毕业生到基层就业如何获得学费补偿和助学贷款代偿？

按照《财政部、教育部关于印发〈高等学校毕业生学费和国家助学贷款代偿暂行办法〉的通知》（财教〔2009〕15号）要求，各地要抓紧研究制订本地所属高校毕业生面向本辖区艰苦边远地区基层单位就业的学费补偿和助学贷款代偿办法。地方所属高校毕业生到基层就业是否可以获得学费补偿或国家助学贷款代偿，以及如何申请办理补偿或代偿等，请向学校所在地政府有关部门查询。

14. 到基层就业如何办理户口、档案、党团关系等手续？

对到中西部地区、艰苦边远地区和老工业基地县以下基层单位就业的高校毕业生，实行来去自由的政策，户口可留在原籍或根据本人意愿迁往就业地区；人事档案原则上统一转至就业单位所在地的县级政府人力资源社会保障部门，由公共就业和人才服务机构提。

15. 中央有关部门实施了哪些基层就业项目？

近年来，中央各有关部门主要组织实施了5个引导高校毕业生到基层就业的专门项目，包括：团中央、教育部、财政部、人力资源和社会保障部等四部门从2003年起组织实施的“大学生志愿服务西部计划”；中组部、人力资源社会保障部、教育部等八部门从2006年开始组织实施的“三支一扶”（支教、支农、支医和扶贫）计划；教育部、财政部、人力资源社会保障部、中央编办等四部门从2006年开始组织实施的“农村义务教育阶段学校教师特设岗位计划”；中组部、教育部、财政部、人力资源社会保障部等部门从2008年起组织实施的“选聘高校毕业生到村任职工作”；农业部、人社部、教育部等部门从2103年起组织实施的“农业技术推广服务特设岗位计划”。

16. 什么是农村义务教育阶段学校教师特设岗位计划

2006年，教育部、财政部、原人事部、中央编办下发《关于实施农村义务教育阶段学校教师特设岗位计划的通知》（教师〔2006〕2号），联合启动实施“特岗计划”，公开招聘高校毕业生到“两基”攻坚县农村义务教育阶段学校任教。特岗教师聘期3年。

17. 农村教师特岗计划实施的地区范围包括哪些？

2006—2008年“特岗计划”的实施范围以国家西部地区“两基”攻坚县为主（含新疆生产建设兵团的部分团场），包括纳入国家西部开发计划的部分中部省份的少数民族自治州，适当兼顾西部地区一些有特殊困难的边境县、少数民族自治县和少小民族县。2009年，实施范围扩大到中西部地区国家扶贫开发工作重点县。2015—2016年中央特岗计划实施范围具体为：《中国农村扶贫开发纲要（2011—2020年）》确定的11个集中连片特殊困难地区和四省藏区县，中西部地区国家扶贫开发工作重点县，省级扶贫开发工作重点县，西部地区原“两基”攻坚县（含新疆生产建设兵团的部分团场），纳入国家西部开发计划的部分中部省份的少数民族自治州以及西部地区一些有特殊困难的边境县，少数民族自治县和少小民族县。特岗计划设岗县（市），必须是教师总体缺编、结构性矛盾突出的县（市）。

18. 农村教师特岗计划招聘对象和条件是什么？

（1）以高等师范院校和其他全日制普通高校应届本科毕业生为主，可招少量应届师范类专业专科毕业生。

（2）取得教师资格，具有一定教育教学实践经验，年龄在30岁以下的全日制普通高校往届本科毕业生。

（3）参加过“大学生志愿服务西部计划”、有从教经历的志愿者和参加过半年以上实习支教的师范院校毕业生同等条件下优先。

（4）报名者应同时符合教师资格条件要求和招聘岗位要求。

19. 农村教师特岗计划的招聘程序有哪些？

特岗教师实行公开招聘，合同管理。合同规定用人单位和应聘人员双方的权利和义务。

招聘工作由省级教育、人力资源社会保障、财政、编办等相关部门共同负责，遵循“公开、公平、自愿、择优”和“三定”（定县、定校、定岗）原则，按下列程序进行：①公布需求，②自愿报名，③资格审查，④考试考核，⑤集中培训，⑥资格认定，⑦签订合同，⑧上岗任教。

20. 什么是选聘高校毕业生到村任职？

2008年，中组部、教育部、财政部、人力资源和社会保障部出台了《关于印发〈关于选聘高校毕业生到村任职工作的意见（试行）〉的通知》（组通字〔2008〕18号），计划用五年时间选聘10万名高校毕业生到农村担任村党支部书记助理、村委会主任助理或团支部书记、副书记等职务。从2010年开始，扩大选聘规模，逐步实现“一村一名大学生村官”计划的目标。选聘的高校毕业生在村工作期限一般为2~3年。

21. 选聘到村任职的对象是什么？要满足哪些条件？选聘程序是什么？

选聘对象为30岁以下应届和往届毕业的全日制普通高校专科以上学历的毕业生，重点是应届毕业和毕业1至2年的本科生、研究生，原则上为中共党员（含预备党员），非中共党员的优秀团干部、优秀学生干部也可以选聘。

基本条件是：①思想政治素质好，作风踏实，吃苦耐劳，组织纪律观念强。②学习成绩良好，具备一定的组织协调能力。③自愿到农村基层工作。④身体健康。此外，参加人力资源和社会保障部、团中央等部门组织的到农村基层服务的“三支一扶”“志愿服务西部计划”等活动期满的高校毕业生，本人自愿且具备选聘条件的，经组织推荐可作为选聘对象。

选聘工作一般通过个人报名、资格审查、组织考察、体检、公示、决定聘用、培训上岗等程序进行。

22. 什么是“三支一扶”计划？

三支一扶是支教、支医、支农、扶贫的简称。2006年，中组部、原人事部等八部门下发《关于组织开展高校毕业生到农村基层从事支教、支农、支医和扶贫工作的通知》（国人部发〔2006〕16号），以公开招募、自愿报名、组织选拔、统一派遣的方式，从2006年开始连续5年，每年招募2万名高校毕业生，主要安排到乡镇从事支教、支农、支医和扶贫工作。服务期限一般为2～3年。招募对象主要为全国普通高校应届毕业生。

2011年4月，人力资源和社会保障部下发《关于继续做好高校毕业生三支一扶计划实施工作的通知》（人社部发〔2011〕27号），决定继续组织开展高校毕业生“三支一扶”计划，从2011年起，每年选拔2万名，五年内选拔10万名高校毕业生到基层从事“三支一扶”服务。

23. 什么是大学生志愿服务西部计划？

大学生志愿服务西部计划由共青团中央牵头，教育部、财政部、人力资源社会保障部共同组织实施。从2003年开始，每年招募1.8万名普通高等学校应届毕业生，到西部贫困县的乡镇从事为期1～3年的教育、卫生、农技、扶贫以及青年中心建设和管理等方面的志愿服务工作。

24. 什么是农业技术推广服务特设岗位计划？

农业技术推广服务特设岗位计划由农业部牵头，人力资源社会保障部、教育部和科技部共同组织实施。从2013年开始，每年招募一批普通高等学校应届毕业生，到乡镇或区域性农业技术推广机构从事为期2～3年的农业技术推广、动植物疫病防控、农产品质量安全服务等工作。

25. 参加中央部门组织实施的基层就业项目，服务期满后享受哪些优惠政策？

根据中组部、人力资源和社会保障部、教育部、财政部、共青团中央《关于统筹实施引导高校毕业生到农村基层服务项目工作的通知》（人社部发〔2009〕42号）等政策规定，参加中央部门组织实施的基层就业项目、服务期满的毕业生，享受以下优惠政策：

（1）公务员招录优惠：每年拿出公务员考录计划的一定比例，专门用于定向招录服务期满且考核称职（合格）的服务基层项目人员。服务基层项目人员也可报考其他职位。

（2）事业单位招聘优惠：鼓励在项目结束后留在当地就业，参加各基层就业项目相对应的自然减员空岗，全部聘用服务期满的高校毕业生。从2009年起，到乡镇事业单位服务的高校毕业生服务满1年后，在现岗位空缺情况下，经考核合格，即可与所在单位签订不少于3年的聘用合同。同时，各省（区、市）县及县以上相关的事业单位公开招聘工作人员，应拿出不低于40%的比例，聘用各专门项目服务期满考核合格的高校毕业生。

（3）考学升学优惠：服务期满后三年内报考硕士研究生初试总分加10分；同等条件下优先录取；高职（高专）学生可免试入读成人本科。

（4）国家补偿学费和代偿助学贷款政策：参加各基层就业项目的毕业生，符合规定条件的，可享受相应的学费补偿和助学贷款代偿政策。

（5）服务期满自主创业的，可享受税收优惠、行政事业性收费减免、小额贷款担保和贴息等有关政策。

（6）其他：各基层就业项目服务年限计算工龄。服务期满到企业就业的，按照规定转接社会保险关系。

26. 高校毕业生到艰苦边远地区或国家扶贫开发工作重点县就业有什么优惠政策？

按照《中共中央办公厅　国务院办公厅印发〈关于进一步引导和鼓励高校毕业生到基层工作的意见〉的通知》（中办发〔2016〕79号）文件规定：

（1）对到中西部地区、东北地区或艰苦边远地区、国家扶贫开发工作重点县县以下机关事业单位工作的高校毕业生，新录用为公务员的，试用期工资可直接按试用期满后工资确定，试用期满考核合格后的级别工资，在未列入艰苦边远地区或国家扶贫开发工作重点县的中西部地区和东北地区的高定一档，在三类及以下艰苦边远地区或国家扶贫开发工作重点县的高定两档，在四类及以上艰苦边远地区的高定三档。

（2）招聘为事业单位正式工作人员的，可提前转正定级，转正定级时的薪级工资，在未列入艰苦边远地区或国家扶贫开发工作重点县的中西部地区和东北地区的高定一级，在三类及以下艰苦边远地区或国家扶贫开发工作重点县的高定两级，在四类及以上艰苦边远地区的高定三级。

（3）落实对乡镇机关事业单位工作人员实行的工作补贴政策，当前补贴水平不低于月人均200元，并向条件艰苦的偏远乡镇和长期在乡镇工作的人员倾斜。落实艰苦边远地区津贴增长机制。

二、鼓励企业特别是中小企业吸纳高校毕业生就业

27. 国家对鼓励中小企业吸纳高校毕业生有哪些政策措施？

按照《国务院关于进一步做好新形势下就业创业工作的意见》（国发〔2015〕23号）、《国务院办公厅关于做好2014年全国普通高等学校毕业生就业创业工作的通知》（国办发〔2014〕22号）、《国务院办公厅关于做好2013年全国普通高等学校毕业生就业工作的通知》（国办发〔2013〕35号）、《国务院关于进一步支持小型微型企业健康发展的意见》（国发〔2012〕14号）和《国务院关于进一步做好普通高等学校毕业生就业工作的通知》（国发〔2011〕16号）等文件规定：

（1）对招收高校毕业生达到一定数量的中小企业，地方财政应优先考虑安排扶持中小企业发展资金，并优先提供技术改造贷款贴息。

（2）对劳动密集型小企业当年新招收登记失业高校毕业生，达到企业现有在职职工总数30%（超过100人的企业达15%）以上，并与其签订1年以上劳动合同的劳动密集型小企业，可按规定申请最高不超过200万元的小额担保贷款并享受50%的财政贴息。

（3）高校毕业生到中小企业就业的，在专业技术职称评定、科研项目经费申请、科研成果或荣誉称号申报等方面，享受与国有企事业单位同类人员同等待遇。

（4）对小微企业新招用毕业年度高校毕业生，签订1年以上劳动合同并缴纳社会保险

费的，给予1年社会保险补贴。

28. 国家对引导国有企业吸纳高校毕业生就业有哪些政策措施？

按照《国务院关于进一步做好新形势下就业创业工作的意见》（国发〔2015〕23号）、《国务院办公厅关于做好2014年全国普通高等学校毕业生就业创业工作的通知》（国办发〔2014〕22号）、《国务院办公厅关于做好2013年全国普通高等学校毕业生就业工作的通知》（国办发〔2013〕35号）和《关于做好2013—2014年国有企业招收高校毕业生工作有关事项的通知》（国资厅发分配〔2013〕37号）等文件规定：

（1）承担对口支援西藏、青海、新疆任务的中央企业要结合援助项目建设，积极吸纳当地高校毕业生就业。

（2）建立国有企事业单位公开招聘制度，推动实现招聘信息公开、过程公开和结果公开。

（3）国有企业招聘应届高校毕业生，除涉密等特殊岗位外，要实行公开招聘，招聘应届高校毕业生信息要在政府网站公开发布，报名时间不少于7天；对拟聘人员应进行公示，明确监督渠道，公示期不少于7天。

29. 企业招收就业困难高校毕业生享受什么优惠政策？

按照《财政部、人力资源社会保障部关于进一步加强就业专项资金管理有关问题的通知》（财社〔2011〕64号）规定，对各类企业（单位）招用符合条件的就业困难高校毕业生，与之签订劳动合同并缴纳社会保险费的，按其为就业困难高校毕业生实际缴纳的基本养老保险费、基本医疗保险费和失业保险费给予补贴，不包括企业（单位）和个人应缴纳的其他社会保险费。

根据《就业促进法》有关规定，就业困难人员是指因身体状况、技能水平、家庭因素、失去土地等原因难以实现就业，以及连续失业一定时间仍未能实现就业的人员。就业困难人员的具体范围，由省、自治区、直辖市人民政府根据本行政区域的实际情况规定。

企业（单位）按季将符合享受社会保险补贴条件人员的缴费情况单独列出，向当地人力资源社会保障部门申请补贴。社会保险补贴申请材料应附：符合享受社会保险补贴条件的人员名单及身份证复印件、就业创业证复印件、劳动合同等就业证明材料复印件、社会保险征缴机构出具的社会保险费明细账（单）、企业（单位）在银行开立的基本账户等凭证材料，经人力资源社会保障部门审核后，财政部门将补贴资金支付到企业（单位）在银行开立的基本账户。

30. 企业为高校毕业生开展岗前培训享受什么优惠政策？

按照《国务院关于进一步做好新形势下就业创业工作的意见》（国发〔2015〕23号）、《国务院办公厅关于做好2014年全国普通高等学校毕业生就业创业工作的通知》（国办发〔2014〕22号）、《财政部、人力资源和社会保障部关于进一步加强就业专项资金管理有关问题的通知》（财社〔2011〕64号）等文件规定，企业新录用毕业年度高校毕业生与其签订6个月以上期限劳动合同，在劳动合同签订之日起6个月内由企业依托所属培训机构或政府认定的培训机构开展岗前就业技能培训的，根据培训后继续履行劳动合同情况，按照当地确定的职业培训补贴标准的一定比例，对企业给予定额职业培训补贴。

企业开展岗前培训前，需将培训计划大纲、培训人员花名册及身份证复印件、劳动合同复印件等材料报当地人力资源社会保障部门备案，培训后根据劳动者继续履行劳动合同情况，向人力资源社会保障部门申请职业培训补贴。申请材料经人力资源社会保障部门审核后，财政部门按规定将补贴资金直接拨入企业在银行开立的基本账户。企业申请职业培训补贴应附：培训人员花名册、培训人员身份证复印件、就业创业证复印件、劳动合同复印件、职业培训合格证书等凭证材料。

对小型微型企业新招用高校毕业生按规定开展岗前培训的，各地要根据当地物价水平，适当提高培训费补贴标准。

31. 高校毕业生从企业到机关事业单位就业后工龄如何计算？

按照《国务院关于进一步做好普通高等学校毕业生就业工作的通知》（国发〔2011〕16号）等文件规定，高校毕业生从企业、社会团体到机关事业单位就业的，其按规定参加企业职工基本养老保险的缴费年限合并为连续工龄。

32. 高校毕业生到企业特别是中小企业就业可否在当地落户？

按照《国务院办公厅关于做好2014年全国普通高等学校毕业生就业创业工作的通知》（国办发〔2014〕22号）、《国务院办公厅关于做好2013年全国普通高等学校毕业生就业工作的通知》（国办发〔2013〕35号）文件规定，要简化高校毕业生就业程序，消除其在不同地区、不同类型单位之间流动就业的制度性障碍。切实落实允许包括专科生在内的高校毕业生在就（创）业地办理落户手续的政策（直辖市按有关规定执行）。

省会及以下城市要放开对吸收高校毕业生落户的限制，简化有关手续，应届毕业生凭普通高等学校毕业证书、全国普通高等学校毕业生就业报到证、与用人单位签订的就业协议书或劳动（聘用）合同办理落户手续；非应届毕业生凭与用人单位签订的劳动（聘用）合同和普通高等学校毕业证书办理落户手续。高校毕业生到小型微型企业就业、自主创业的，其档案可由当地市、县一级的公共就业人才服务机构免费保管。办理高校毕业生档案转递手续，转正定级表、调整改派手续不再作为接收审核档案的必备材料。

33. 流动人员人事档案如何保管？

按照《关于进一步加强流动人员人事档案管理服务工作的通知》（人社部发〔2014〕90号）、《流动人员人事档案管理暂行规定》规定，流动人员档案具体包括：非公有制企业和社会组织聘用人员的档案；辞职辞退、取消录（聘）用或被开除的机关事业单位工作人员档案；与企事业单位解除或终止劳动（聘用）关系人员的档案；未就业的高校毕业生及中专毕业生的档案；自费出国留学及其他因私出国（境）人员的档案；外国企业常驻代表机构的中方雇员的档案；自由职业或灵活就业人员的档案；其他实行社会管理人员的档案。

流动人员人事档案管理实行集中统一、归口管理的管理体制，主管部门为政府人力资源社会保障部门，接受同级党委组织部门的监督和指导。流动人员人事档案具体由县级以上（含县级）公共就业和人才服务机构以及经人力资源社会保障部门授权的单位管理，其他单位未经授权不得管理流动人员人事档案。严禁个人保管本人或他人的档案。跨地区流动人员的人事档案，可由其户籍所在地或现工作单位所在地的公共就业和人才服务机构管理。

高校毕业生到具有档案管理权限的机关、事业单位、国有企业就业的，由单位直接接收、管理档案。到无档案管理权限的单位(私营企业、外资企业等)就业的，可由各地公共就业和人才服务机构负责提供档案管理等人事代理服务。高校毕业生离校时没有就业的，档案可由学校统一发回原户籍所在地公共就业和人才服务机构保管。档案不允许个人保存。

2015 年 1 月 1 日起，取消收取人事关系及档案保管费、查阅费、证明费、档案转递费等名目的费用。各级公共就业和人才服务机构应提供免费的流动人员人事档案基本公共服务。

34. 什么是人事代理？高校毕业生怎样办理人事代理？

公共就业和人才服务机构可在规定业务范围内接受用人单位和个人委托，从事下列人事代理服务：(1) 流动人员人事档案管理；(2) 因私出国政审；(3) 在规定的范围内申报或组织评审专业技术职务任职资格；(4) 转正定级和工龄核定；(5) 大中专毕业生接收手续；(6) 其他人事代理事项。

按照《人才市场管理规定》有关规定，人事代理方式可由单位集体委托代理，也可由个人委托代理；可多项委托代理，也可单项委托代理；可单位全员委托代理，也可部分人员委托代理。

单位办理委托人事代理，须向代理机构提交有效证件以及委托书，确定委托代理项目。经代理机构审定后，由代理机构与委托单位签订人事代理合同书，明确双方的权利和义务，确立人事代理关系。

35. 高校毕业生如何与用人单位订立劳动合同？

劳动合同法第七条规定，用人单位自用工之日起即与劳动者建立劳动关系。第十条规定，建立劳动关系，应当订立书面劳动合同。已建立劳动关系，未同时订立书面劳动合同的，应当自用工之日起一个月内订立书面劳动合同。用人单位与劳动者在用工前订立劳动合同的，劳动关系自用工之日起建立。

第八条规定，用人单位(企业、个体经济组织、民办非企业单位等组织)招用劳动者时，应当如实告知劳动者工作内容、工作条件、工作地点、职业危害、安全生产状况、劳动报酬，以及劳动者要求了解的其他情况；用人单位有权了解劳动者与劳动合同直接相关的基本情况，劳动者应当如实说明。

第九条规定，用人单位招用劳动者，不得扣押劳动者的居民身份证和其他证件，不得要求劳动者提供担保或者以其他名义向劳动者收取财物。

36. 什么是社会保险？我国建立了哪些社会保险制度？

社会保险是指国家通过立法，按照权利与义务相对应原则，多渠道筹集资金，对参保者在遭遇年老、疾病、工伤、失业、生育等风险情况下提供物质帮助(包括现金补贴和服务)，使其享有基本生活保障、免除或减少经济损失的制度安排。

社会保险法第二条规定，我国建立基本养老保险、基本医疗保险、工伤保险、失业保险、生育保险等社会保险制度，保障公民在年老、疾病、工伤、失业、生育等情况下依法从国家和社会获得物质帮助的权利。其中，基本养老保险制度包括职工基本养老保险制度、新型农村社会保险制度和城镇居民社会养老保险制度；基本医疗保险制度包括职工基本医疗保险制度、新型农村合作医疗制度和城镇居民医疗保险制度。

37. 用人单位应该履行哪些社会保险义务？享有哪些社会保险权利？

（1）社会保险义务：一是申请办理社会保险登记的义务；二是申报和缴纳社会保险费的义务；三是代扣代缴职工社会保险的义务；四是向职工告知缴纳社会保险费明细的义务。

（2）社会保险权利：一是有权免费查询、核对其缴费记录；二是有权要求社会保险经办机构提供社会保险咨询等相关服务；三是可以参加社会保险监督委员会，对社会保险工作提出咨询意见和建议，实施社会监督；四是对侵害自身权益和不依法办理社会保险事务的行为，有权依法申请行政复议或者提起行政诉讼。此外，还有权对违反社会保险法律、法规的行为进行举报、投诉。

38. 参加社会保险的个人享有哪些权利？

高校毕业生依法缴纳社会保险费后，享有以下权利：

（1）有权依法享受社会保险待遇；

（2）有权监督本单位为其缴费情况；

（3）有权免费向社会保险经办机构查询、核对其缴费和享受社会保险待遇权益记录；

（4）有权要求社会保险经办机构提供社会保险咨询等相关服务；

（5）对侵害自身权益和不依法办理社会保险事务的行为，有权依法申请行政复议或者提起行政诉讼。

此外，还有权对违反社会保险法律、法规的行为进行举报、投诉。

39. 目前国家对用人单位及其职工和参保个人缴纳社会保险费的费率是如何规定的？

（1）用人单位及其职工缴纳社会保险费的费率。根据《国务院关于完善企业职工基本养老保险制度的决定》（国发〔2005〕38号）、《国务院关于建立城镇职工基本医疗保险制度的决定》（国发〔1998〕44号）、《失业保险条例》（国务院令第258号）规定，用人单位缴纳基本养老保险、基本医疗保险和失业保险的费率，分别是原则上为本单位工资总额的20%、6%左右和2%；用人单位缴纳工伤保险费按照《工伤保险条例》（国务院令第586号）规定实行行业差别费率和浮动费率，有关费率确定按照国家相应规定执行；用人单位缴纳生育保险费的费率按照《企业职工生育保险试行办法》（劳部发〔1994〕504号）规定执行，由统筹地区政府根据实际情况自行确定，但不得超过用人单位工资总额的1%。职工本人缴纳基本养老保险、基本医疗保险和失业保险的费率，分别为本人工资的8%、2%和1%。

（2）参保个人缴纳社会保险费的费率。根据《国务院关于完善企业职工基本养老保险制度的决定》（国发〔2005〕38号）规定，无雇工的个体工商户和灵活就业人员参加职工基本养老保险的缴费费率为20%，其中8%计入个人账户；无雇工的个体工商户和灵活就业人员参加职工基本医疗保险的缴费费率，按国家有关规定，统筹地区可以参照当地基本医疗保险建立统筹基金的缴费水平确定。

（3）城镇居民参加居民医疗保险和农村居民参加新型农村社会养老保险及新型农村合作医疗，主要采取定额方式缴纳社会保险费。

40. 高校毕业生如何处理劳动人事纠纷？

发生劳动人事争议，可以通过协商解决。当事人不愿协商或协商不成的，可以向调解组织申请调解；不愿调解、调解不成或者达成调解协议后不履行的，可以向劳动人事争议仲裁委员会申请仲裁；对仲裁裁决不服的，除法律另有规定的外，可以向人民法院提起诉讼。

对用人单位违反劳动保障法律、法规和规章的情况，高校毕业生可向人力资源社会保障部门举报、投诉。劳动保障监察机构将依法受理，纠正和查处有关违法行为。

41. 什么是服务外包和服务外包企业？

服务外包是指企业将其非核心的业务外包出去，利用外部最优秀的专业化团队来承接该业务，从而使其专注核心业务，达到降低成本、提高效率、增强企业核心竞争力和对环境应变能力的一种管理模式。

服务外包企业是指其与服务外包发包商签订中长期服务合同，承接服务外包业务的企业。

42. 目前服务外包产业主要涉及哪些领域及地区？

服务外包分为信息技术外包服务（ITO）、技术性业务流程外包服务（BPO）和技术性知识流程外包（KPO）等。ITO包括软件研发及外包、信息技术研发服务外包、信息系统运营维护外包等领域。BPO包括企业业务流程设计服务、企业内容管理数据库服务、企业运营数据库服务、企业供应链管理数据库服务等领域。KPO包括知识产权研究、医药和生物技术研发和测试、产品技术研发、工业设计、分析学和数据挖掘、动漫及网游设计研发、教育课件研发、工程设计等领域。

我国目前有服务外包示范城市21个，分别是北京、天津、上海、重庆、大连、深圳、广州、武汉、哈尔滨、成都、南京、西安、济南、杭州、合肥、南昌、长沙、大庆、苏州、无锡、厦门。

43. 服务外包企业吸纳高校毕业生有哪些财政支持？

按照《国务院办公厅关于鼓励服务外包产业加快发展的复函》（国办函〔2010〕69号）、《人力资源社会保障部、商务部关于加快服务外包产业发展促进高校毕业生就业的若干意见》（人社部发〔2009〕123号）等文件规定，对符合条件的服务外包企业，每新录用1名大学以上学历员工从事服务外包工作并签订1年期以上劳动合同的，给予企业不超过每人4500元的培训支持；对符合条件的培训机构培训的从事服务外包业务人才（大学以上学历），通过服务外包业务专业知识和技能培训考核，并与服务外包企业签订1年期以上劳动合同的，给予培训机构每人不超过500元的培训支持。

服务外包企业吸纳高校毕业生参加就业见习的，享受相关财政补助政策。服务外包企业吸纳就业困难高校毕业生就业，享受社会保险补贴等扶持政策。就业困难高校毕业生参加服务外包培训可按规定享受职业培训补贴和职业技能鉴定补贴。

三、鼓励大学生应征入伍，报效祖国

44. 国家鼓励大学生应征入伍服义务兵役，这里的“大学生”如何界定？

指根据国家有关规定批准设立、实施高等学历教育的全日制公办普通高等学校、民办普通高等学校和独立学院，按照国家招生规定录取的全日制普通本科、专科（含高职）、研究生、第二学士学位的应（往）届毕业生、在校生和已被普通高校录取但未报到入学的学生。

征集的大学生以男性为主，女性大学生征集根据军队需要确定。

45. 公民应征入伍需要满足哪些政治条件和基本身体条件？

征集服现役的公民必须热爱中国共产党，热爱社会主义祖国，热爱人民军队，遵纪守法，品德优良，决心为抵抗侵略、保卫祖国、保卫人民的和平劳动而英勇奋斗。征兵政治审查的内容包括：应征公民的年龄、户籍、职业、政治面貌、宗教信仰、文化程度、现实表现以及家庭主要成员和主要社会关系成员的政治情况等。

公民应征入伍要符合国防部颁布的《应征公民体格检查标准》和有关规定。其中，有几项基本条件：

身高：男性 160 cm 以上，女性 158 cm 以上。

体重：男性：不超过标准体重的 30%，不低于标准体重的 15%。

女性：不超过标准体重的 20%，不低于标准体重的 15%。

标准体重 =（身高 – 110）kg。

视力：大学生右眼裸眼视力不低于 4.6，左眼裸眼视力不低于 4.5。屈光不正，准分子激光手术后半年以上，无并发症，视力达到相应标准的，合格。

内科：乙型肝炎表面抗原呈阴性，等等。

46. 应征入伍服义务兵役大学生的年龄是如何规定的？

男性普通高等学校在校生为年满 18 至 22 周岁，高职（专科）毕业生可放宽到 23 周岁，本科及以上学历毕业生可放宽到 24 周岁。

女性普通高等学校在校生为年满 18 到 20 周岁，应届毕业生放宽到 22 周岁。

47. 高校毕业生应征入伍服义务兵役要经过哪些程序？

（1）网上报名预征：有应征意向的高校毕业生可在夏秋季征兵开始之前登录“大学生应征入伍网上报名平台”（网址为 http：//zbbm. chsi. com. cn 或 http：//zbbm. chsi. cn，下同）进行报名，填写、打印应届毕业生预征对象登记表和高校毕业生应征入伍学费补偿国家助学贷款代偿申请表（以下分别简称登记表、申请表），交所在高校征兵工作管理部门。

（2）初审、初检：毕业生离校前，在高校参加身体初检、政治初审，符合条件者确定为预征对象，高校协助兵役机关将登记表和申请表审核盖章发给毕业生本人，并完成网上信息确认。初审、初检工作最晚在 7 月 15 日前完成。

（3）实地应征：高校应届毕业生可在学校所在地应征入伍，也可在入学前户籍所在地应征入伍。

（4）组织高校应届毕业生在学校所在地征集的，结合初审、初检工作同步进行体格检查和政治审查，在毕业生离校前完成预定兵，9 月初学校所在地县（市、区）人民政府征兵办公室为其办理批准入伍手续。政治审查以本人现实表现为主，由其就读学校所在地的县（市、区）公安部门负责，学校分管部门具体承办，原则上不再对其入学前和就读返乡期间的现实表现情况进行调查。

（5）在入学前户籍所在地应征入伍的，高校应届毕业生 7 月 30 日前将户籍迁回入学前户籍地，持登记表和申请表到当地县级兵役机关参加实地应征，经体格检查、政治审查合格的，9 月初由当地县（市、区）人民政府征兵办公室办理批准入伍手续。

48. 大学生征集工作由哪个部门牵头负责？

高校所在地兵役机关会同有关部门进入高校开展征集工作，高校由学生管理部门或学校武装部门牵头负责，有意向参军入伍的大学生可向所在学校学工部（处）、就业中心、资助中心或武装部咨询有关政策。

49. 高校毕业生应征入伍服义务兵役享受哪些优惠政策？

高校毕业生应征入伍服义务兵役，除享有优先报名应征、优先体检政审、优先审批定兵、优先安排使用“四个优先”政策，家庭按规定享受军属待遇外，还享受优先选拔使用、学费补偿和国家助学贷款代偿、退役后考学升学优惠、就业服务等政策。

50. 高校毕业生应征入伍“四个优先”政策是怎样规定的？

高校毕业生预征对象参军入伍享受“四个优先”政策：

（1）优先报名应征。报名由县级兵役机关直接办理。夏秋季征兵开始前，县级兵役机关通知其报名时间、地点、注意事项等。确定为预征对象的高校毕业生，持应届毕业生预征对象登记表，可以直接到学校所在地或户籍所在地县级兵役机关报名应征。

（2）优先体检政考。体检由县级兵役机关直接办理。夏秋季征兵体检前，县级兵役机关通知其体检时间、地点、注意事项等。确定为预征对象的高校毕业生，未能在规定时间内在学校参加体检的，本人持应届毕业生预征对象登记表，可在征兵体检时间内报名直接参加体检。

（3）优先审批定兵。审批定兵时，应当优先批准体检政审合格的高校毕业生入伍。高职（专科）以上文化程度的合格青年未被批准入伍前，不得批准高中文化程度的青年入伍。

（4）优先安排使用。在安排兵员去向时，根据高校毕业生的学历、专业和个人特长，优先安排到军兵种或专业技术要求高的部队服役；部队对征集入伍的高校毕业生，优先安排到适合的岗位，充分发挥其专长。

51. 大学生应征入伍服义务兵役给予国家资助的内容是什么？

高等学校学生应征入伍服义务兵役国家资助，是指国家对应征入伍服义务兵役的高校学生，在入伍时对其在校期间缴纳的学费实行一次性补偿或获得的国家助学贷款（国家助学贷款包括校园地国家助学贷款和生源地信用助学贷款，下同）实行代偿；应征入伍服义务兵役前正在高等学校就读的学生（含按国家招生规定录取的高等学校新生），服役期间按国家有关规定保留学籍或入学资格，退役后自愿复学或入学的，国家实行学费减免。

52. 高校学生应征入伍享受学费补偿、国家助学贷款代偿及学费减免的标准是多少？

按照《关于调整完善国家助学贷款相关政策措施的通知》（财教〔2014〕180号）、《财政部、教育部、总参谋部关于印发〈高等学校学生应征入伍服义务兵役国家资助办法〉的通知》（财教〔2013〕236号）、《关于对直接招收为士官的高等学校学生施行国家资助的通知》（财教［2015］462号）文件规定：

（1）学费补偿、国家助学贷款代偿及学费减免标准，本专科生每人每年最高不超过8 000元，研究生每人每年最高不超过12 000元。

（2）学费补偿或国家助学贷款代偿金额，按学生实际缴纳的学费或获得的国家助学贷款（国家助学贷款包括本金及其全部偿还之前产生的利息，下同）两者金额较高者执行，据实补偿或者代偿。退役复学后学费减免金额，按学校实际收取学费金额执行。超出标准部分不予补偿、代偿或减免。

（3）获学费补偿学生在校期间获得国家助学贷款的，补偿资金必须首先用于偿还国家助学贷款。如补偿金额高于国家助学贷款金额，高出部分退还学生。

（4）从2015年起，国家对直接招收为士官的高等学校学生施行国家资助，入伍时对其在校期间缴纳的学费实行一次性补偿或获得的国家助学贷款（包括校园地国家助学贷款和生源地信用助学贷款）实行代偿。

53. 高校学生应征入伍服义务兵役都可以享受国家资助政策吗？

在校期间已免除全部学费的学生，定向生、委培生和国防生，其他不属于服义务兵役到部队参军的学生，均不享受学费补偿和国家助学贷款代偿政策。

54. 高校学生应征入伍服义务兵役享受学费补偿、国家助学贷款代偿和学费减免的年限如何计算？

学费补偿、国家助学贷款代偿和学费减免的年限，按照国家对本科、专科（高职）、研究生和第二学士学位规定的相应修业年限据实计算。以入伍时间为准，入伍前已达到的修业规定年限，即为学费补偿或国家助学贷款代偿的年限；退役复学后应完成的国家规定的修业年限的剩余期限，即为学费减免的年限；复学后攻读更高层次学历不在减免学费范围之内。

专升本、本硕连读、中职高职连读、第二学士学位毕业生补偿学费或代偿国家助学贷款的年限，分别按照完成本科、硕士、高职和第二学士学位阶段学习任务规定的学习时间计算。

专升本、本硕连读学制在校生，在专科或本科学习阶段应征入伍的，以实际学习时间实行学费补偿或国家助学贷款代偿；在本科或硕士学习阶段应征入伍的，以本科已学习时间或硕士已学习时间计算，实行学费补偿或国家助学贷款代偿，其以前专科学习时间或本科学习时间不计入学费补偿或国家助学贷款代偿。中职高职连读学生学费补偿或国家助学贷款代偿的年限，按照高职阶段实际学习时间计算。

55. 高校学生申请应征入伍服义务兵役国家资助的程序是什么？

（1）应征报名的高校学生登录大学生征兵报名系统，按要求在线填写、打印高校学生应征入伍学费补偿国家助学贷款代偿申请表（一式两份，以下简称申请表）并提交学校学生资助管理部门。在校期间获得国家助学贷款的学生，需同时提供《国家助学贷款借款合同》复印件和本人签字的一次性偿还贷款计划书。

（2）学校相关部门对申请表中学生的资助资格、标准、金额（如有生源地信用助学贷款，学校应联系贷款经办银行或贷款经办地县级学生资助管理机构确认贷款金额）等相关信息审核无误后，对申请表加盖公章，一份留存，一份返还学生。

（3）学生在征兵报名时将申请表交至入伍所在地县级人民政府征兵办公室（以下简称“县级征兵办”）。学生通过征兵体检被批准入伍后，县级征兵办对申请表加盖公章并返还学生。

（4）学生将申请表原件和入伍通知书复印件，寄送至原就读高校学生资助管理部门。

56. 因个人原因被部队退回，高校学生已获国家资助的经费要被收回吗？

因本人思想原因、故意隐瞒病史或弄虚作假、违法犯罪等行为造成退兵的学生，学校取消其受助资格，并不得申请学费减免。各省（区、市）人民政府征兵办公室应在接收退兵后及时将被退回学生的姓名、就读高校、退兵原因等情况逐级上报至国防部征兵办公室，并按照学生原就读高校的隶属关系，通报同级教育行政部门。

被部队退回并被取消资助资格的学生，如学生返回其原户籍所在地，已补偿的学费或代偿的国家助学贷款资金由学生户籍所在地县级教育行政部门会同同级人民政府征兵办公室收回；如学生返回其原就读高校，已补偿的学费或代偿的国家助学贷款由学生原就读高校会同退役安置地县级人民政府征兵办公室收回。各县级教育行政部门和各高校应在收回资金后十日内，逐级汇总上缴全国学生资助管理中心。收回资金按规定作为下一年度学费补偿或国家助学贷款代偿经费。

57. 高校毕业生入伍服义务兵役年限是多少？

我国现行的义务兵役制度服役年限是两年。

58. 大学生士兵退役后享受哪些就学优惠政策？

（1）高职（专科）学生入伍经历可作为毕业实习经历。

（2）退役大学生士兵入学或复学后免修军事技能训练，直接获得学分。

（3）设立“退役大学生士兵”专项硕士研究生招生计划。根据实际需求，每年安排一定数量专项计划，专门面向退役大学生士兵招生。在全国研究生招生总规模内单列下达，不得挪用。

（4）将高校在校生（含高校新生）服兵役情况纳入推免生遴选指标体系。鼓励开展推荐优秀应届本科毕业生免试攻读研究生工作的高校在制定本校推免生遴选办法时，结合本校具体情况，将在校期间服兵役情况纳入推免生遴选指标体系。在部队荣立二等功及以上的退役人员，符合研究生报名条件的可免试（指初试）攻读硕士研究生。

（5）将考研加分范围扩大至高校在校生（含高校新生）。退役人员在继续实行普通高校应届毕业生退役后按规定享受加分政策的基础上，允许普通高校在校生（含高校新生）应征入伍服义务兵役退役，在完成本科学业后 3 年内参加全国硕士研究生招生考试，初试总分加 10 分，同等条件下优先录取。

（6）退役大学生士兵专升本实行招生计划单列。高职（专科）学生应征入伍服义务兵役退役，在完成高职学业后参加普通本科专升本考试，实行计划单列，录取比例在现行30%的基础上适度扩大，具体比例由各省份根据本地实际和报名情况确定。

（7）高校新生录取通知书中附寄应征入伍优惠政策。高校向新生寄送录取通知书时，附寄应征入伍宣传单，宣传单主要内容包括优惠政策概要、报名流程指南、学籍注册要求等。

（8）放宽退役大学生士兵复学转专业限制。大学生士兵退役后复学，经学校同意并履行相关程序后，可转入本校其他专业学习。

（9）具有高职（高专）学历的，退役后免试入读成人本科，或经过一定考核入读普通本科；荣立三等功以上奖励的，在完成高职（专科）学业后，免试入读普通本科；

（10）应征入伍的高校毕业生退役后报考政法干警招录培养体制改革试点招生时，教育考试笔试成绩总分加10分。

59. 什么是政法干警招录培养体制改革试点考试？

国家为培养政治业务素质高，实战能力强的应用型、复合型政法人才，加强政法机关公务员队伍建设，2008年开始重点从部队退役士兵和普通高校毕业生中选拔优秀人才，为基层政法机关特别是中西部和其他经济欠发达地区的县（市）级以下基层政法机关提供人才保障和智力支持。

60. 应征入伍的高校应届毕业生离校后户口档案存放在哪里，如何迁转？

被确定为预征对象的高校应届毕业生，回入学前户籍所在地应征的，将户口迁回入学前户籍所在地，档案转到入学前户籍所在地人才交流中心存放。在学校所在地应征的，可将户籍和档案暂时保留在学校。

高校应届毕业生批准入伍后，其户口档案予以注销，档案放入新兵档案。

61. 高校应届毕业生退役后户档迁移有何优惠政策？

高校应届毕业生入伍服义务兵役退出现役后一年内，可视同当年的高校应届毕业生，凭用人单位录（聘）用手续，向原就读高校再次申请办理就业报到手续，户档随迁（直辖市按照有关规定执行）。

62. 没有参加网上报名预征的大学生是否还可以应征入伍并享受有关优惠政策？

未参加网上报名预征的大学生，在征兵期间需要补办网上预征手续，没有经过网上报名预征的大学生不享受有关优惠政策。

63. 什么是士官？与义务兵有什么区别？

我军现役士兵按兵役性质分为义务兵役制士兵和志愿兵役制士兵。义务兵役制士兵称为义务兵，志愿兵役制士兵称为士官。士官属于士兵军衔序列，但不同于义务兵役制士兵，是士兵中的骨干。义务兵实行供给制，发给津贴，士官实行工资制和定期增资制度。

64. 国家资助直接招收为士官的高等学校学生如何界定？

是指直接从非军事部门招收为部队士官的全日制普通本专科（含高职）、研究生、第二学士学位的应（往）届毕业生，以及成人高校的普通本专科（高职）应（往）届毕业生；纳入全国高等学校招生统一考试、直接招录或选拔补充为部队士官的定向生。

四、积极拓宽重点领域就业渠道

65. 国家鼓励和引导高校毕业生去哪些重要领域就业创业？

“一带一路”“长江经济带”“京津冀协同发展”等国家重大战略提供了大量的岗位需求。高校毕业生要主动对接人才需求，积极到重点地区、重大工程、重大项目、重要领域去就业。要抓住实施“中国制造2025”“互联网+”行动计划等契机，到先进制造业、现代服务业和现代农业等领域就业创业。

66. 什么是“一带一路”倡议？

“一带一路”是“丝绸之路经济带”和“21世纪海上丝绸之路”的简称。它将充分依靠中国与有关国家既有的双多边机制，借助既有的、行之有效的区域合作平台，一带一路旨在借用古代丝绸之路的历史符号，高举和平发展的旗帜，积极发展与沿线国家的经济合作伙伴关系，共同打造政治互信、经济融合、文化包容的利益共同体、命运共同体和责任共同体。

67. “一带一路”倡议将给大学生就业带来哪些机遇？

“一带一路”的互联互通项目将推动沿线各国发展战略的对接与耦合，发掘区域内市场的潜力，促进投资和消费，创造需求和就业。2015 年 3 月，国家发展改革委、外交部、商务部联合发布了《推动共建丝绸之路经济带和 21 世纪海上丝绸之路的愿景与行动》。“一带一路”经济区开放后，承包工程项目突破 3 000 个。2015 年，我国企业共对“一带一路”相关的 49 个国家进行了直接投资，投资额同比增长 18.2%。2015 年，我国承接“一带一路”相关国家服务外包合同金额 178.3 亿美元，执行金额 121.5 亿美元，同比分别增长 42.6%和 23.45%。2016 年 6 月底，中欧班列累计开行 1 881 列，其中回程 502 列，实现进出口贸易总额 170 亿美元。

68. 国家和地方重大科研项目包括哪些？哪些高校毕业生可以被吸纳为研究助理或辅助人员？签订的服务协议应包含哪些内容？

按照《科技部、教育部、财政部、人力资源和社会保障部、国家自然科学基金委员会关于鼓励科研项目单位吸纳和稳定高校毕业生就业的若干意见》（国科发财〔2009〕97 号）规定，由高校、科研机构和企业所承担的民口科技重大专项、973 计划、863 计划、科技支撑计划项目以及国家自然科学基金会的重大重点项目等，可以聘用高校毕业生作为研究助理或辅助人员参与研究工作。此外的其他项目，承担研究的单位也可聘用高校毕业生。

吸纳对象主要以优秀的应届毕业生为主，包括高校以及有学位授予权的科研机构培养的博士研究生、硕士研究生和本科生。

被吸纳高校毕业生需与项目承担单位签订服务协议，明确双方的权利、责任和义务，但不是项目承担单位的正式在编职工。

签订的服务协议应包含：

（1）项目承担单位的名称和地址；

（2）研究助理的姓名、居民身份证号码和住址；

（3）服务协议期限；

（4）工作内容；

（5）劳务性费用数额及支付方式；

（6）社会保险；

（7）双方协商约定的其他内容。

服务协议不得约定由毕业生承担违约金。

69. 科研项目服务协议的期限如何约定？履行期间是否可以解除协议？

根据《人力资源和社会保障部办公厅关于重大科研项目单位吸纳高校毕业生参与研究工作签订服务协议有关问题的通知》（人社厅发〔2009〕47 号）等文件规定，服务协议期限最多可签订三年，三年以下的服务协议期限已满而项目执行期未满的，根据工作需要可以协商续签至三年。

服务协议履行期间，毕业生可以提出解除服务协议，但应提前 15 天书面通知项目承担单位。

项目承担单位提出解除服务协议的，应当提前30日书面通知毕业生本人。研究助理被解除服务协议或协议期满终止后，符合条件的毕业生可按规定享受失业保险待遇。

70. 科研项目承担单位是否给被吸纳的高校毕业生上保险？被吸纳的高校毕业生户档如何迁转？服务协议期满后如何就业？

项目承担单位应当为毕业生办理社会保险，具体包括基本养老保险、基本医疗保险、失业保险、工伤保险、生育保险，并按时足额缴费，根据《国务院关于做好当前和今后一段时期就业创业工作的意见》（国发〔2017〕28号）等文件规定，将社会保险补助纳入劳务费列支，劳务费不设比例限制。参保、缴费、待遇支付等具体办法参照各项社会保险有关规定执行。

毕业生参与项目研究期间，根据当地情况，其户口、档案可存放在项目承担单位所在地或入学前家庭所在地公共就业和人才服务机构。项目承担单位所在地或入学前家庭所在地公共就业和人才服务机构应当免费为其提供户口、档案托管服务。

协议期满，如果项目承担单位无意续聘，则毕业生到其他岗位就业。同时，国家鼓励项目承担单位正式聘用（招用）人员时，优先聘用担任过研究助理的人员。项目承担单位或其他用人单位正式聘用（招用）担任过研究助理的人员，应当分别依据《中华人民共和国劳动合同法》、《国务院办公厅转发人事部关于在事业单位试行人员聘用制度意见的通知》（国办发〔2002〕35号）等规定执行。

71. 毕业生服务科研项目协议期满被用人单位正式录（聘）用后，如何办理落户手续？工龄如何接续？

担任过研究助理的人员被正式聘用（招用）后，按照有关规定，凭用人单位录（聘）用手续、劳动合同和普通高等学校毕业证书办理落户手续；工龄与参与项目研究期间的工作时间合并计算，社会保险缴费年限合并计算。

五、支持高校毕业生到国际组织实习任职

72. 什么是国际组织？

国际组织是具有国际性行为特征的组织，是两个或两个以上国家（或其他国际法主体）为实现共同的政治经济目的，依据其缔结的条约或其他正式法律文件建立的有一定规章制度的常设性机构。

国际组织分为政府间组织和非政府间组织，也可分为区域性国际组织和全球性国际组织。政府间的国际组织有联合国、欧洲联盟、世界贸易组织等，非政府间的国际组织有国际奥委会、国际红十字会等。

73. 联合国的国际公务员有哪几种？哪些职位是面向高校毕业生的？

联合国的国际公务员主要分为三种：D类、P类和G类。D代表的是Director，即高级管理人员；P代表Professional，即专业人员；而G则是General，即一般事务。

D类属于领导类职务，部分是在联合国内部一级一级晋升上来的，另外一部分则来自各国直接派遣，比如我国各部委派驻到联合国的工作人员。

G类属于基础性岗位，大多是行政、秘书等辅助性雇员，一般从机构所在国当地招聘。

P类是联合国的中坚力量，因此，对于想加入联合国的高校毕业生而言，最常规的方式，是参加联合国的YPP考试（即青年专业人员考试）。

74. 什么是联合国青年专业人员（YPP）考试？

联合国青年专业人员（YPP）考试是2012年联合国对原国家竞争考试（NCRE）改革后的考试项目，是联合国招聘工作人员的主要方式之一，由人力资源社会保障部协助联合国在华举办。

青年专业人员考试的对象为初级业务官员（P1/P2级），由联合国秘书处每年根据各会员国占地域分配的理想员额幅度情况，邀请无代表性、代表性不足或即将变为代表性不足的会员国参加考试。会员国同意参加后，其国民可通过联合国网站报名参加本年考试。

联合国将对申请参加考试的人员进行初步网上筛选，确定最终参加考试人员名单。考试一般由笔试和面试两个阶段的测试组成。通过考试选拔的人员将进入联合国后备人员名单，当出现职位空缺时，由联合国从后备人员名单中选聘。

75. 国家对高校毕业生到国际组织实习任职提供哪些指导服务？

（1）提供“高校毕业生国际组织实习任职服务平台”（http：//gj. ncss. org. cn/），为毕业生到国际组织实习任职和参加志愿活动等，提供信息、咨询、培训等服务。

（2）鼓励有条件的高校结合国际组织人才需求，开展培养推送高校毕业生到国际组织实习任职工作，将国际组织基本情况、招聘要求、职业发展路径等内容，纳入大学生就业指导教材和课程。

（3）国家留学基金管理委员会从全国优秀应届毕业生中选派实习生，前往联合国教科文组织、国际民航组织及国际电信联盟进行实习，为期3～12个月，并可提供奖学金资助。详见教育部留学基金委网站（http：//www. csc. edu. cn/）

76. 高校毕业生到国际组织实习任职，需要哪些能力？如何在校做好准备？

（1）语言水平

联合国有六种官方工作语言，即英语、法语、西班牙语、阿拉伯语、俄语和汉语。其中英语和法语最为重要，两者兼具的求职者进入国际组织有着天然的优势。联合国的很多机构在招聘时都要求应聘者能够使用两种或两种以上语言进行交流。除了要做到听说读写“四会”，更为重要的是运用这些语言进行沟通交流，比如能够进行协商谈判，做口头报告，在公众面前演讲，撰写相关报告或文件等。而且联合国要求员工必须能够与不同的对象进行交流，并做到有效、清晰、简洁、准确可信、能阐释复杂的问题，同时要有吸引力，便于对方理解。

在大学时期，要注重外语能力的培养，努力熟练掌握“听说读写”的基本技能，也要多锻炼使用外语进行口头和书面交流的实际运用能力。有条件的话也可以参加托福、雅思等在国际上被广泛承认的语言水平考试，取得的成绩有助于申请国际组织的实习、志愿、正式工作项目。

（2）综合素质

国际组织对所聘公务员的要求，不单纯是技术性、专业性的，更重要的是在任何职场都需要的沟通能力、管理能力，尤其强调国际组织、跨文化工作所需要的某些能力，例如伙伴关系（partnership）、团队精神（team spirit）、协同配合（synergy）、互动（interaction）、相互尊重与理解（mutual respect and understanding）等。在工作中，要有意识的培养有效行为的能力，避免无效行为。

世界卫生组织有一个全球能力模板（Global Competency Model），反映了对国际公务员各方面能力的总体要求，分为核心能力、管理能力、领导能力三大类，共13项内容，很具有参考价值。

六、鼓励支持高校毕业生自主创业，稳定灵活就业

77. 高校毕业生自主创业，可以享受哪些优惠政策？

按照《国务院关于进一步做好新形势下就业创业工作的意见》（国发〔2015〕23号）、《国务院办公厅关于深化高等学校创新创业教育改革的实施意见》（国办发〔2015〕36号）等文件规定，高校毕业生自主创业优惠政策主要包括：

（1）税收优惠：持人社部门核发就业创业证（注明“毕业年度内自主创业税收政策”）的高校毕业生在毕业年度内（指毕业所在自然年，即1月1日至12月31日）创办个体工商户、个人独资企业的，3年内按每户每年8 000元为限额依次扣减其当年实际应缴纳的营业税、城市维护建设税、教育费附加和个人所得税。对高校毕业生创办的小型微利企业，按国家规定享受相关税收支持政策。

（2）创业担保贷款和贴息支持：对符合条件的高校毕业生自主创业的，可在创业地按规定申请创业担保贷款，贷款额度为10万元。鼓励金融机构参照贷款基础利率，结合风险分担情况，合理确定贷款利率水平，对个人发放的创业担保贷款，在贷款基础利率基础上上浮3个百分点以内的，由财政给予贴息。

（3）免收有关行政事业性收费：毕业2年以内的普通高校毕业生从事个体经营（除国家限制的行业外）的，自其在工商部门首次注册登记之日起3年内，免收管理类、登记类和证照类等有关行政事业性收费。

（4）享受培训补贴：对高校毕业生在毕业学年（即从毕业前一年7月1日起的12个月）内参加创业培训的，根据其获得创业培训合格证书或就业、创业情况，按规定给予培训补贴。

（5）免费创业服务：有创业意愿的高校毕业生，可免费获得公共就业和人才服务机构提供的创业指导服务，包括政策咨询、信息服务、项目开发、风险评估、开业指导、融资服务、跟踪扶持等“一条龙”创业服务。各地在充分发挥各类创业孵化基地作用的基础上，因地制宜建设一批大学生创业孵化基地，并给予相关政策扶持。对基地内大学生创业企业要提供培训和指导服务，落实扶持政策，努力提高创业成功率，延长企业存活期。

（6）取消高校毕业生落户限制，允许高校毕业生在创业地办理落户手续（直辖市按有关规定执行）。

78. 大学生创业工商登记有什么要求？

深化商事制度改革，进一步落实注册资本登记制度改革，坚决推行工商营业执照、组织机构代码证、税务登记证“三证合一”，推进“三证合一”登记制度改革意见和统一社会信用代码方案，实现“一照一码”。放宽新注册企业场所登记条件限制，推动“一址多照”、

集群注册等，降低大学生创业门槛。

79. 对大学生自主创业学籍管理有什么要求？

根据《教育部关于做好2016届全国普通高等学校毕业生就业创业工作的通知》（教学〔2015〕12号）文件规定，对有自主创业意愿的大学生，实施弹性学制，放宽学生修业年限，允许调整学业进程、保留学籍休学创新创业。

80. 高校对自主创业大学生可提供什么条件？

按照《普通高等学校学生管理规定》（中华人民共和国教育部令第41号）、《教育部关于做好2016届全国普通高等学校毕业生就业创业工作的通知》（教学〔2015〕12号）文件规定：

（1）学生参加创新创业、社会实践等活动以及发表论文、获得专利授权等与专业学习、学业要求相关的经历、成果，可以折算为学分，计入学业成绩。具体办法由学校规定。学校应当鼓励、支持和指导学生参加社会实践、创新创业活动，可以建立创新创业档案、设置创新创业学分。

（2）学校可以根据情况建立并实行灵活的学习制度。对休学创业的学生，可以单独规定最长学习年限，并简化休学批准程序。

（3）休学创业或退役后复学的学生，因自身情况需要转专业的，学校应当优先考虑。

（4）各地各高校建设一批大学生创业示范基地，继续推动大学科技园、创业园、创业孵化基地和实习实践基地建设，高校应开辟专门场地用于学生创新创业实践活动，教育部工程研究中心、各类实验室、教学仪器设备等原则上都要向学生开放。

（5）各高校要优化经费支出结构，多渠道统筹安排资金，支持创新创业教育教学，资助学生创新创业项目。

81. 高校毕业生怎样提升自主创业的能力？

各高校要根据人才培养定位和创新创业教育目标要求，促进专业教育与创新创业教育有机融合，调整专业课程设置，挖掘和充实各类专业课程的创新创业教育资源，在传授专业知识过程中加强创新创业教育。面向全体学生开发开设创新创业必修课和选修课，纳入学分管理。

各地人力资源社会保障部门已形成一些成熟的创业培训模式，如“GYB”（产生你的企业想法）、“SYB”（创办你的企业）、“IYB”（改善你的企业）；高校毕业生可选择参加创业培训和实训，并可按规定享受培训补贴，以提高创业能力。

82. 高校如何开展创新创业教育？

健全创新创业教育课程体系。高校要加快创新创业教育优质课程信息化建设，推出一批资源共享的慕课、视频公开课等在线开放课程。建立在线开放课程学习认证和学分认定制度。组织学科带头人、行业企业优秀人才，联合编写具有科学性、先进性、适用性的创新创业教育重点教材。

改革教学方法和考核方法。高校要广泛开展启发式、讨论式、参与式教学，扩大小班化教学覆盖面，推动教师把国际前沿学术发展、最新研究成果和实践经验融入课堂教学，注重培养学生的批判性和创造性思维，激发创新创业灵感。运用“大数据”技术，掌握不同学生学习需求和规律，为学生自主学习提供更加丰富多样的教育资源。改革考试考核内容和方式，注重考查学生运用知识分析、解决问题的能力，探索非标准答案考试，破除“高分低能”积弊。

强化创新创业实践。高校要加强专业实验室、虚拟仿真实验室、创业实验室和训练中心建设，促进实验教学平台共享。各地区、各高校科技创新资源原则上向全体在校学生开放，开放情况纳入各类研究基地、重点实验室、科技园评估标准。鼓励各地区、各高校充分利用各种资源建设大学科技园、大学生创业园、创业孵化基地和小微企业创业基地，作为创业教育实践平台，建好一批大学生校外实践教育基地、创业示范基地、科技创业实习基地和职业院校实训基地。完善国家、地方、高校三级创新创业实训教学体系，深入实施大学生创新创业训练计划，扩大覆盖面，促进项目落地转化。举办全国大学生创新创业大赛，办好全国职业院校技能大赛，支持举办各类科技创新、创意设计、创业计划等专题竞赛。支持高校学生成立创新创业协会、创业俱乐部等社团，举办创新创业讲座论坛，开展创新创业实践。

83. 如何向高校毕业生创设的小微企业优先转移科技成果？

国家鼓励利用财政性资金设立的科研机构、普通高校、职业院校，通过合作实施、转让、许可和投资等方式，向高校毕业生创设的小微企业优先转移科技成果。

84. 怎样申请创业担保贷款？在哪些银行可以申请创业担保贷款？

创业担保贷款按照自愿申请、社区推荐、人力资源社会保障部门审查、贷款担保机构审核并承诺担保、商业银行核贷的程序，办理贷款手续。

各国有商业银行、股份制商业银行、城市商业银行和城乡信用社都可以开办创业担保贷款业务，各地区根据实际情况确定具体经办银行。在指定的具体经办银行可以办理创业担保贷款。

85. 哪些项目属于微利项目？

微利项目由各省、自治区、直辖市人民政府结合当地实际情况确定，并报财政部、中国人民银行、人力资源和社会保障部备案。对于从事微利项目的，财政据实全额贴息，展期不贴息。

86. 离校后未就业高校毕业生如何参加就业见习？

人力资源社会保障部门通过媒体、公共就业和人才服务机构以及电视、网络、报纸等多种渠道，发布就业见习信息，公布见习单位名单、岗位数量、期限、人员要求等有关内容，或者组织开展见习单位和高校毕业生的双向选择活动，帮助离校未就业高校毕业生和见习单位对接。离校后未就业回到原籍的高校毕业生可与原籍所在地人力资源社会保障部门及当地团组织联系，主动申请参加就业见习。

87. 就业见习期限有多长？

高校毕业生就业见习期限一般为3~12个月。

高校毕业生就业见习活动结束后，见习单位对高校毕业生进行考核鉴定，出具见习证明，作为用人单位招聘和选用见习高校毕业生的依据之一。在见习期间，由见习单位正式录（聘）用的，在该单位的见习期可以作为工龄计算。

88. 离校未就业高校毕业生参加就业见习享受哪些政策和服务？

（1）获得基本生活补助（基本生活补助费用由见习单位和地方政府分担，各地要根据当地经济发展和物价水平，合理确定和及时调整基本生活补助标准）；

（2）免费办理人事代理；

（3）办理人身意外伤害保险；

（4）见习期满未被录用可继续享受就业指导与服务。

89. 见习单位能享受什么优惠政策？

对企业（单位）吸纳离校未就业高校毕业生参加就业见习的，由见习企业（单位）先行垫付见习人员见习期间基本生活补助，再按规定向当地人力资源社会保障部门申请就业见习补贴。

就业见习补贴申请材料应附：实际参加就业见习的人员名单、就业见习协议书、见习人员身份证、登记证复印件和大学毕业证复印件、企业（单位）发放基本生活补助明细账（单）、企业（单位）在银行开立的基本账户等凭证材料，经人力资源社会保障部门审核后，财政部门将资金支付到企业（单位）在银行开立的基本账户。

见习单位支出的见习补贴相关费用，不计入社会保险缴费基数，但符合税收法律法规规定的，可以在计算企业所得税应纳税所得额时扣除。

90. 高校毕业生如何申请参加职业培训？

职业培训由各地人力资源社会保障部门负责组织实施。高校毕业生可到当地人力资源社会保障部门咨询了解职业培训开展情况，选择适宜的培训项目参加。

职业培训工作主要由政府认定的培训机构、技工院校或企业所属培训机构承担。

91. 高校毕业生能否享受职业培训补贴政策？如何申请职业培训补贴？

高校毕业生毕业年度内参加就业技能培训或创业培训，可按规定向当地人力资源社会保障部门申请职业培训补贴。毕业后按规定进行了失业登记的高校毕业生参加就业技能培训或创业培训，也可向当地人力资源社会保障部门申请职业培训补贴。

按照《财政部、人力资源社会保障部关于进一步加强就业专项资金管理有关问题的通知》（财社〔2011〕64号）等文件规定，申请材料经人力资源社会保障部门审核后，财政部门按规定将补贴资金直接拨付给申请者本人。职业培训补贴申请材料应附：培训人员身份证复印件、就业创业证复印件、职业资格证书（专项职业能力证书或培训合格证书）复印件、就业或创业证明材料、职业培训机构开具的行政事业性收费票据（或税务发票）等凭证材料。

高校毕业生参加就业技能培训或创业培训后，培训合格并通过职业技能鉴定取得初级以上职业资格证书（未颁布国家职业技能标准的职业应取得专项职业能力证书或创业培训合格证书），6个月内实现就业的，按职业培训补贴标准的100%给予补贴。6个月内没有实现就业的，取得初级以上职业资格证书，按职业培训补贴标准的80%给予补贴；取得专项职业能力证书或创业培训合格证书，按职业培训补贴标准的60%给予补贴。

92. 高校毕业生如何获取职业资格证书？

高校毕业生个人可向职业技能鉴定所（站）自主申请职业技能鉴定。职业技能鉴定要参加理论知识考试和操作技能（专业能力）考核。经鉴定合格者，由人力资源社会保障部门核发相应的职业资格证书。

93. 高校毕业生能否享受职业技能鉴定补贴政策，如何申请技能鉴定补贴？

按照《财政部、人力资源社会保障部关于进一步加强就业专项资金管理有关问题的通知》（财社〔2011〕64号）等文件规定，对高校毕业生在毕业年度内通过初次职业技能鉴定并取得职业资格证书或专项职业能力证书的，按规定给予一次性职业技能鉴定补贴。

通过初次职业技能鉴定并取得职业资格证书或专项职业能力证书的，可向职业技能鉴定所在地人力资源社会保障部门申请一次性职业技能鉴定补贴。职业技能鉴定补贴申请材料应附：申请人身份证复印件、就业创业证复印件、职业资格证书复印件、职业技能鉴定机构开具的行政事业性收费票据（或税务发票）等凭证材料，经人力资源社会保障部门审核后，财政部门按规定将补贴资金支付给申请者本人。

七、为高校毕业生提供就业指导、就业服务和就业援助

94. 主要有哪些机构为高校毕业生提供就业服务？

（1）公共就业和人才服务机构

由各级人力资源社会保障部门举办的公共就业和人才服务机构，为高校毕业生免费提供政策咨询、就业信息、职业指导、职业介绍、就业援助、就业与失业登记或求职登记等各项公共服务，按规定为登记失业高校毕业生免费提供人事档案管理等服务。此外，还定期开展面向高校毕业生的公共就业和人才服务专项活动，比如每年5月“民营企业招聘周”、每年9月“高校毕业生就业服务月”、每年11月“高校毕业生就业服务周”等，为高校毕业生和用人单位搭建供需对接平台。

（2）高校毕业生就业指导机构

目前，各省教育部门、各高校普遍建立了高校毕业生就业指导机构，为毕业生提供就业咨询、用人单位招聘及实习实训信息、求职技巧、职业生涯辅导、毕业生推荐、实习实践能力提升和就业手续办理等多项就业指导和服务。

（3）职业中介机构

主要包括从事人力资源服务的经营性机构，政府鼓励各类职业中介机构为高校毕业生提供就业服务，对为登记失业高校毕业生提供服务并符合条件的职业中介机构按规定给予职业介绍补贴。

95. 职业中介机构如何享受职业介绍补贴？

按照《财政部、人力资源社会保障部关于进一步加强就业专项资金管理有关问题的通知》（财社〔2011〕64号）等文件规定，在工商行政部门登记注册的职业中介机构，可按经其就业服务后实际就业的登记失业人员人数向当地人力资源社会保障部门申请职业介绍补贴。

职业介绍补贴申请材料应附：经职业中介机构就业服务后已实现就业的登记失业人员名单、接受就业服务的本人签名及居民身份证（以下简称身份证）复印件、就业创业证（以下简称登记证）复印件、劳动合同等就业证明材料复印件、职业中介机构在银行开立的基本账户等凭证材料。申请材料经人力资源社会保障部门审核后，财政部门按规定将补贴资金

支付到职业中介机构在银行开立的基本账户。

96. 高校毕业生获取就业信息的主要渠道有哪些？

（1）浏览各类就业信息网站，包括中央有关部门主办的全国性就业信息网站、地方有关部门主办的就业信息网站、各高校就业信息网站及校内bbs求职版面、其他专业性就业网站等；

（2）参加各类招聘和双向选择活动，包括国家有关部门、各地、学校、用人单位等相关机构组织的各类现场或网络招聘活动；

（3）参与校企合作实习，包括社会实践、毕业实习等活动；

（4）查阅媒体广告，如报纸、刊物、电台、电视台、视频媒体等；

（5）他人推荐，如导师、校友、亲友等；

（6）主动到单位求职自荐等。

97. 在校期间高校毕业生可以通过哪些途径提升就业能力？

在学好专业知识技能的同时，根据学校要求或安排，毕业生可以通过选修或必修就业指导课程、参与学校组织的就业实习、技巧辅导、模拟招聘等活动，学习和了解相关职业的资料和信息，充分借助社会实践平台，全面提升就业能力。

高校毕业生还可通过学校实施的毕业证书与职业资格证书“双证书”制度、组织到企业顶岗实习、参加人力资源社会保障部门认定的定点机构开展的职业技能培训等，切实增强自身的岗位适应能力与就业竞争力，促进职业素养的养成。

98. 困难家庭高校毕业生包括哪些毕业生？享受哪些帮扶政策？

困难家庭高校毕业生是指：来自城镇低保家庭、低保边缘户家庭、农村贫困家庭和残疾人家庭的普通高校毕业生。

各级机关考录公务员、事业单位招聘工作人员时，免收困难家庭高校毕业生的报名费和体检费。

为帮助困难家庭的高校毕业生求职就业，高校一般都会安排经费作为困难家庭毕业生的求职补助，或对已成功就业的困难家庭毕业生给予奖励。困难家庭的毕业生可向所在院系书面申请。学校也应根据平时掌握的情况，对困难家庭的毕业生给予主动帮助。

从2013年起，对享受城乡居民最低生活保障家庭、获得国家助学贷款的毕业年度内高校毕业生，可给予一次性求职创业补贴，补贴标准由各省级财政、人力资源社会保障部门会同有关部门根据当地实际制定，所需资金按规定列入就业专项资金支出范围。

99. 高校毕业生如何办理就业登记和失业登记？离校后未就业如何获得相应的就业指导和服务？

在法定劳动年龄内、有劳动能力和就业要求、处于无业状态的城镇常住人员，可以到常住地的公共就业服务机构进行失业登记。各地公共就业服务机构要为登记失业的各类人员提供均等化的政策咨询、职业指导、职业介绍等公共就业服务和普惠性就业政策，并逐步使外来劳动者与当地户籍人口享有同等的就业扶持政策。将就业失业登记证调整为就业创业证，免费发放，作为劳动者享受公共就业服务及就业扶持政策的凭证。有条件的地方可积极推动社会保障卡在就业领域的应用。

100. 离校未就业高校毕业生享受哪些服务和政策？

按照《国务院办公厅关于做好2013年全国普通高等学校毕业生就业工作的通知》（国办发［2013］35号）和《人力资源社会保障部关于实施离校未就业高校毕业生就业促进计划的通知》（人社部发〔2013〕41号）要求，为做好离校未就业高校毕业生就业工作，从2013年起实施离校未就业高校毕业生就业促进计划：

（1）地方各级人社部门所属公共就业人才服务机构和基层公共就业服务平台要面向所有离校未就业高校毕业生（包括户籍不在本地的高校毕业生）开放，办理求职登记或失业登记手续，发放就业创业证，摸清就业服务需求。其中，直辖市为非本地户籍高校毕业生办理失业登记办法按现行规定执行；

（2）对实名登记的所有未就业高校毕业生提供更具针对性的职业指导；

（3）对有求职意愿的高校毕业生要及时提供就业信息；

（4）对有创业意愿的高校毕业生，各地要纳入当地创业服务体系，提供政策咨询、项目开发、创业培训、融资服务、跟踪扶持等“一条龙”创业服务。及时提供就业信息；

（5）要将零就业家庭、经济困难家庭、残疾等就业困难的未就业高校毕业生列为重点工作对象，提供“一对一”个性化就业帮扶，确保实现就业；

（6）对有就业见习意愿的高校毕业生，各地要及时纳入就业见习工作对象范围，确保能够随时参加；

（7）对有培训意愿的离校未就业高校毕业生，各地要结合其专业特点，组织参加职业培训和技能鉴定，按规定落实相关补贴政策；

（8）地方各级公共就业人才服务机构要为离校未就业高校毕业生免费提供档案托管、人事代理、社会保险办理和接续等一系列服务，简化服务流程，提高服务效率；有条件的地方可对到小微企业就业的离校未就业高校毕业生，提供免费的人事劳动保障代理服务；

（9）加大人力资源市场监管力度，严厉打击招聘过程中的欺诈行为，及时纠正性别歧视和其他各类就业歧视。加大劳动用工、缴纳社会保险费等方面的劳动保障监察力度，切实维护高校毕业生就业后的合法权益。